일은 사랑이다

일은 사랑이다

프랜시스 헤셀바인 외 지음 | 이미숙 옮김

Work IS Love

StarRich
Books

일은 사랑이다

초판 인쇄 2019년 12월 15일
초판 발행 2019년 12월 20일

지은이 프랜시스 헤셀바인 외
옮긴이 이미숙
펴낸이 이혜숙
펴낸곳 (주)스타리치북스

출판 감수 이은희
출판 책임 권대홍
출판 진행 황유리
편집 교정 김영희
표지 디자인 권대홍
본문 디자인 스타리치북스 디자인팀
홍보 마케팅 허성권

등록 2013년 6월 12일 제2013-000172호
주소 서울시 강남구 강남대로62길 3 한진빌딩 2~8층
전화 02-6969-8955

스타리치북스 페이스북 www.facebook.com/starrichbooks
스타리치북스 블로그 blog.naver.com/books_han
스타리치몰 www.starrichmall.co.kr
홈페이지 www.starrichbooks.co.kr
글로벌기업가정신협회 www.epsa.or.kr

값 18,000원
ISBN 979-11-85982-65-6 13320

우리의 친구이자 멘토 피터 드러커Peter Drucker에게 이 책을 바친다.
그의 가르침과 격려가 이 책을 위한 영감을 주었다.

리더십에 대한 내 정의가
내 참모습과 내가 지금 그 일을 하는 이유,
그리고 내 믿음을 정의한다.
나는 이 정의를 되풀이해서 시험한다.
리더십은 행동방식이 아니라 존재방식의 문제이다.

– 프랜시스 헤셀바인 Frances Hesselbein

프랜시스 헤셀바인과 마셜 골드스미스 그리고 세라 맥아서가 내게 그들이 편집한 《일은 사랑이다》의 머리말을 부탁했을 때 진심으로 기뻐하며 열광적으로 "좋다!"라고 답변했다.

내가 이상적인 인물로 생각하는 세 사람의 최신작에 참여하다니, 이 얼마나 영광스러운 일인가. 나는 그들의 작품과 리더십을 높이 평가하며 이에서 많은 혜택을 받았다.

나는 곧바로 책을 처음부터 끝까지 읽었고 책에 담긴 리더십의 메시지와 책의 구성방식에 깊은 감명을 받았다. 이 리더십 메시지에서 우리는 자신의 목적과 열정을 돌아볼 기회를 얻을 것이다. 나는 우리 모두에게 매우 중요한 문제를 다룬 이 책을 여러 사람과 공유하고 싶다. 이 책은 "창밖을 바라볼 때 다른 사람들에게는 보이지 않지만 여러분은 볼 수 있는 것은 무엇인가?"라는 헤셀바인의 질문에 대한 각 기고 작가의 의견과 프랜시스 헤셀바인의 다섯 가지 리더십 철학의 한 항목을 연결하는 방식으로 구성되어 있다.

- 리더십은 행동방식이 아니라 존재방식의 문제이다
- 봉사가 삶이다
- 결정적인 순간
- 문을 여는 사람이 되어라
- 밝은 미래여!

나는 각 기고 작가의 의견을 읽다가 프랜시스 헤셀바인의 질문에 대한 내 대답을 찾고 싶다는 생각이 들었다.

창밖을 바라볼 때 다른 사람들에게는 보이지 않지만 내가 볼 수 있는 것은 무엇인가? 나는 더 위대한 선을 위해 협력하는 유능하고 의욕적인 사람들을 본다. 모든 벤처나 기업, 제품이나 삶의 성공에 절대적으로 중대한 세 가지 요소를 본다. 그리고 리더들의 독특한 공헌을 본다. 이들은 더 위대한 선을 위해 가치를 전달하는, 현명하고 건강한 조직을 창조할 책임을 자신과 리더십 팀에게 맡긴다.

나는 프랜시스 헤셀바인의 질문을 깊이 생각하는 동안 내 리더십 여정, 그리고 여러분이 이 책을 숙독하면서 자신의 목적을 발견하고 깨닫도록 도울 방법을 고민할 기회를 얻었다.

앨런의 이야기

내가 성장하는 동안 우리 집의 형편은 그리 넉넉지 않았다. 하지만 나를 사랑하고 내가 이 세상에 큰 변화를 일으키고 이바지할 것이라고 믿는 부모님이 있었으니 나는 대단한 행운아였다. 부모님은 이 목적을 위해 내게 다음과 같은 가르침을 주었고, 나는 평생 이 가르침을 간직했다.

- 삶의 목적은 사랑한 다음 사랑받는 것이다
- 봉사가 삶이다
- 이해받으려고 노력하기 전에 이해하려고 노력하라
- 중요한 사람이 되는 것은 멋진 일이지만 멋진 사람이 되는 것이 더욱 중요하다
- 다른 사람들과 협력함으로써 많은 사람에게 가장 긍정적으로 공헌할 수 있다
- 평생 배우고 끊임없이 향상하라
- 모든 사람을 존중하라. 우리는 모두 하나님의 피조물이며 그렇기 때문에 사랑받을 가치가 있다
- 하나로 통합된 삶을 개발해 일생의 과업을 이룩하라

그리고 모든 아이가 그랬듯이 나는 세상과 어울리고 싶었다. 리바이스Levi's 청바지와 위전스Weejuns 단화, 그리고 언젠가 자동차를 가지고 싶었고, 대학생이 되고 싶었다. 그래서 나는 부모님의 가르침과 격려를 발판으로 삼아 내 앞길은 '봉사하는 것'이라고 결정했고, 그렇게 하면 그 특별한 청바지를 살 수 있을지 모른다고 생각했다.

나는 〈TV 가이드 TV Guide〉와 신문 돌리기, 이후 잔디 깎기 사업을

필두로 '일'을 시작했다. 딜런스Dillons 식품점에서는 포장 담당과 계산대 직원을 거쳐 야간 관리자로 일했다. 나는 목수였고, 목장과 농장의 일꾼이었다. 운동을 했고, 대학 남학생 사교클럽의 회장이자 대표였다. 그러는 동안 캔자스대학교University of Kansas에서 항공우주공학을 공부하며 여름방학에는 비치크래프트Beechcraft와 세스너Cessna, 보잉에서 일했다.

첫 번째 '일'을 할 때부터 나는 내 봉사와 관련이 있는 다른 이해관계자, 즉 고객, 부모님, 가족, 고용주, 직원, 공급업체, 지역사회, 경쟁업체, 투자가와 '협력'할 때의 힘과 장점을 확실히 깨달았다.

나는 모든 일을 '봉사'라고 생각했으며 '봉사하는 것'이 무척 좋았다. 고객에게 원하는 것을 묻는 것이 좋았고, 내 봉사를 받은 후에 그들의 얼굴에 떠오르는 감사의 미소를 소중하게 여겼다. 배우고, 성장하고, 그들의 기대를 능가하는 것이 정말 좋았다. 그리고 사람들의 삶을 개선하는 일에 의미 있는 공헌을 한 다음 느끼는 만족감이 퍽 좋았다. 모든 이해관계자와 협력해 모든 사람에게 가치를 창조하는 일이 매우 좋았다. 그래서 나는 내 '일'을 하면서 다음과 같은 협력 원칙과 관행을 계속 수정하고 개선했다.

- 사람이 우선이다
- 모든 사람을 참여시켜라
- 강력한 비전과 포괄적인 전략, 끈질긴 실행
- 명확한 성과 목표
- 단일 계획

- 사실과 데이터 – 비밀은 관리할 수 없다 – 데이터가 우리를 해방 시킨다
- 모든 사람이 계획, 현황, 각별한 주의가 필요한 영역을 안다
- 계획을 제안하라 – 긍정적인 '방법 모색' 태도
- 서로 존중하고 경청하며 지원하고 감사하라
- 감정적 회복력 – 프로세스를 믿어라
- 즐겨라 – 여정과 서로의 존재를 즐겨라 – 다른 사람의 희생을 감사히 여겨라

보잉과 훗날 포드에서 입사 후 내 봉사의 범위가 커짐에 따라 나는 제품 프로그램과 기업에 지원하고 지휘하며 다음과 같은 협력 관리 시스템을 지속적으로 수정하고 협력 원칙과 관행을 실행했다.

- 우리의 거버넌스 프로세스
- 우리의 리더십 팀
- 우리의 협력 원칙과 관행
- 우리의 가치 창조 로드맵 프로세스
- 우리의 사업 계획 검토 프로세스
- 우리 지도부의 독특한 책임과 공헌

내 협력 관리 시스템은 매우 신뢰할 만한 프로세스로 입증되었다. 이 시스템은 조직을 관리하고 모든 이해관계자를 참여시키며 급변하는

세계에 지속적으로 가치를 전달하는 과정에 각 구성원에게 기대하는 행동을 명확히 전달했다.

나는 내 평생 과업인 이 협력 원칙과 관행, 관리 시스템으로 '내 사랑을 눈에 보이게 만들었다.' 이는 리더들이 더 위대한 선을 위해 협력하는 과정에 이용할 수 있는 시스템이다. 그리고 영감을 불러일으키는 프랜시스 헤셀바인의 질문을 바탕으로 쓴 이 책이 여정의 다음 단계로 나를 이끌고 내 협력 원칙과 관행, 관리 시스템을 이 간단한 머리말에 공유함으로써 다시금 '내 사랑을 눈에 보이게 만들었다.'

독자 여러분이 이 책을 읽고 모조리 흡수하기를 바란다. 이 대단한 소트 리더와 기고 작가의 가르침을 빠짐없이 섭취하라. 그런 다음 프랜시스 헤셀바인의 이 질문 "창밖을 바라볼 때 다른 사람들에게는 보이지 않지만 여러분이 볼 수 있는 것은 무엇인가?"를 자문하라. 여러분의 목적을 깊이 생각하고 분석하라. 자신에게 중요한 것이 무엇인지를 탐구하고 발견한 다음 일과 삶에서 실천하라. 그러면 여러분과 다른 사람들이 여러분의 사랑을 볼 수 있다는 사실을 발견하며 모든 사람이 더 위대한 선을 위해 협력하도록 돕는 리더의 모습에 한걸음 더 가까워질 것이다.

앨런 멀럴리 _보잉과 포드 사의 전 CEO

이 책을 읽는 독자는 대부분 피터 드러커라는 이름이 낯설지 않을 것이다. 그를 "현대 경영의 창시자"라고 일컫는 사람도 많다. 실제로 2005년 〈비즈니스위크 BusinessWeek〉는 피터 드러커가 세상을 떠나기 직전에 그를 "경영을 창조한 사나이"라고 표현했다. 유명한 스승이자 작가, 구루(guru, 힌두교, 불교, 시크교 등의 종교에서 일컫는 스승으로, 자아를 터득한 신성한 교육자를 가리킨다—옮긴이)인 드러커는 이렇게 말했다. "사람들이 나를 구루라고 일컫는 것은 '협잡꾼charlatan'의 철자가 너무 어렵기 때문이다."

드러커는 경영의 미래를 설명하는 본인의 비상한 능력을 이처럼 무심하게 표현했다. "나는 결코 예측하지 않는다. 그저 창밖을 바라보고 보이지 않지만 볼 수 있는 것을 볼 뿐이다."[1]

이 명언은 그가 우리에게 남긴 무수한 선물 가운데 하나일 뿐이지만 이 책에서는 핵심적인 초점이다.

---

1 www.forbes.com/forbes/1997/0310/5905122a.html.

2011년 뉴욕시의 포시즌 레스토랑The Four Seasons Restaurant으로 훌쩍 넘어가보면 피터 드러커가 "내가 알고 있는 가장 위대한 리더"라고 표현했던 프랜시스 헤셀바인과 내(세라 맥아서)가 서로 만난 후에 처음으로 점심을 함께 먹고 있다. 일과 삶, 목적에 관한 멋진 토론이 이어진다.

점심을 먹는 중에 헤셀바인이 내 눈을 똑바로 쳐다보며 내 팔에 손을 얹더니 매서운 질문을 던진다. "창밖을 바라볼 때 다른 사람들에게는 보이지 않지만 당신이 볼 수 있는 건 뭔가요?" 나는 움찔한다. 판에 박힌 속성의 답변을 허용하지 않는 질문이다. 그것은 내게 내 세계관을 검토하라고 요구하지만 간단한 대답이 머릿속에 선뜻 떠오르지 않는다. 몇 년 후에 헤셀바인과 다시 점심을 먹을 무렵 나는 마침내 내게 의미 있는 대답을 명확하게 정리한다. 이 대답은 내 이야기가 된다. 그녀의 대답은 그녀의 이야기가 된다. 마셜의 대답은 그의 이야기가 된다. 이런 식으로 계속된다.

헤셀바인이 가장 좋아하는 명언인 "일은 눈에 보이게 만든 사랑이다"에서 제목을 딴 이 책의 아이디어는 2016년 11월 헤셀바인과 유쾌하게 저녁을 먹은 후에 떠오른 것이다. 당시 미국은 45대 대통령 선거를 앞두고 있었다. 변화와 불확실성의 기운이 감돌았다. 모든 사람이 특정 후보자가 선출될 경우의 미래와 결과, 여파에 대해 저마다 할 말이 있었다. 다시 말해 모든 사람이 창밖을 바라보고 있었다.

변화가 일어나는 시기에는 (피터 드러커가 곧잘 말했듯이) 결정을 내릴 권한이 우리에게 없다 해도 수동적인 태도를 취하기가 어렵다. 우리는 누가 결정을 내리고 조치를 취하는지 지켜보고 어떻게 하면 우리가 더 좋은 성과를 거둘 수 있을지 생각한다. 하지만 대부분은 전체 시스템을 생각하며 사회 전반을 위해 행동할 더 좋은 방법을 구상하지 못하고, 그 결과 그 일을 부분으로 나누어 수행한다. 제각기 견해가 다른 우리는 친구들과 대화를 나누면서 최대한 여러 가지 견해를 생산적이고 효과적인 비전으로 통합하고자 노력한다. 세계 사회로서 성공하려면 우리 모두가 이 모든 과정을 배워야 한다.

그래서 11월의 그 운명적인 날 헤셀바인과 내가 만났을 때 "창밖을 바라볼 때 다른 사람들에게는 보이지 않지만 당신은 볼 수 있는 것이 무엇이냐?"는 그녀의 질문은 내 머릿속에 큰 울림을 주었다. 다른 사람들에게는 보이지 않지만 나는 보는 것은 내가 사회에 선사할 수 있는 독특한 선물이다. 다시 말해 그것은 내가 집중하는 영역, 내 목적, 내 전문지식, 타고난 내 지식, '봉사하라는 내 소명'이다.

어떻게 하면 우리가 각자 창밖을 바라볼 때 우리가 보는 것을 인식할 수 있을까? 어린 시절 우리는 대부분 이 방법을 전혀 몰랐을 테며 한 번도 생각하지 않은 사람도 많을 것이다. 성장기와 학창시절에도 이 방법을 가르쳐준 사람은 없었다. 그리고 어린 나이에 자신의 소명을 깨달은 행운아가 아니라면 우리는 방향이나 목적도 모른 채 오랜 세월을 살았을 것이다. 그런데 설령 우연한 선택의 결과로 좀 더 안정적인 삶을 살았던 사람일지라도 이제 변화해야 할 때가 왔을지 모른다. 어떻게 다음 단계를 결정할까? 어떤 방향을 선택해야 할지를 어떻게 알까? 그것이 우리 삶의 다음 국면에서 성취감과 의미를 선사할지 여부를 어떻게 알 수 있을까?

이 책의 편집자이자 기고 작가인 우리는 이것이 우리 모두가 받는 학습, 다시 말해 언제든 삶의 다양한 시점에 자신의 소명과 선물, 목적을 인식하는 방법의 일부로 삼아야 한다고 생각한다. 우리 개개인이 공부에 집중하고, 결정을 내리고, 열정을 선택하고, 피터 드러커를 움직였던 사회 시스템에서처럼 각자 맡은 역할을 수행하고, 제 역할을 수행하는 사회를 창조할 방법을 이해해야 한다. 이 이해에 접근할 수 있는 한 가지 방법은 우리가 스스로 프랜시스 헤셀바인이 제시한 지혜로운 질문의 답을 찾는 것이다.

이 책에는 두 가지 목적이 있다. 첫째, 각자 프랜시스 헤셀바인의 질문을 자문하고 자신의 목적과 열정, 소명을 발견할 방법을 가르친다. 둘째, 세계 사회가 발전하고 건강하게 작동하는 과정에 기여할 수 있도록 각자 타고난 재능을 일깨운다.

우리는 이 목적을 달성하고자 현재와 미래의 위대한 소트 리더들 (thought leaders, 학문이나 사상의 권위자로 인정받는 사람이나 조직을 일컫는 말—옮긴이)에게 "창밖을 바라볼 때 다른 사람들에게는 보이지 않지만 당신은 볼 수 있는 것이 무엇이냐?"는 질문에 답해 달라고 요청했다.

대단히 심오하고 생각을 자극하는 이 질문은 사회에 대한 가장 본질적인 생각과 걱정, 두려움과 희망을 탐구할 것을 요구한다. 아울러 이 책에 참여한 사람들에게 응원과 아이디어, 우리가 무엇을 보는지에 대한 해답을 찾으라는 도전을 제시한다.

세계로 무대를 넓히자면 한 집단으로서 우리의 목적을 확인하기에 지금보다 더 적기는 없다. 우리는 이렇게 자문해야 한다. '우리의 목적은 무엇인가? 비록 서로 다르지만 우리가 어떻게 세계라는 한 사회에서 밝은 미래를 위해 협력할 수 있을까?'

이를테면 미국은 지난 10년 동안 '누가 우리를 이끌며 우리는 어떻게 리더를 따를 것인가'라는 문제를 둘러싸고 분열되어 있었다. 이 분열로 말미암아 우리가 한 사회로 전진하는 과정에 제동이 걸렸다. "정부는 무용지물"이라는 말이 얼마나 난무했는가? 이런 정체상태가 일어나자 많은 사람이 어느 한편을 선택해야 했다. 그 결과 우리는 모든 사람에게 유리한 일을 위해 협력하기보다는 자기 것을 잃지 않으려고 자기 편이 이기기를 바라고 있다. 이것이 목적인 것이다. 하지만 《일은 사랑이다》에서 목적을 탐구하고 정의하는 우리는 이것이 모든 사람에게 보탬이 되는 공통의 목적이라고 생각하지 않는다.

한 개인으로서 우리의 목적을 찾고, 우리의 소명을 이해하고, 다른 사람과 달리 우리가 본질적으로 아는 것과 그 목적에 도움이 되는 것을 깨달아 헌신하는 일은 삶의 도전일지 모른다. 한편으로 그것은 삶의 기회가 될 수 있다. 우리는 이 목적을 이해하고 자신의 평생 과업으로 삼는 사람, 다시 말해 의미 있는 삶을 몸소 실천하는 역할모델을 원한다. 따라서 《일은 사랑이다》에서 우리는 세계의 몇몇 위대한 소트 리더와 미래의 리더에게 그들이 보는 것은 무엇이며 이 비전이 어떻게 그들의 삶과 결정, 공헌에 영향을 미치는지 전해 달라고 요청함으로써 대화를 시작한다.

《일은 사랑이다》는 프랜시스 헤셀바인의 리더십 철학을 토대로 삼아 5 PART로 구성했다.

PART 1 리더십은 행동방식이 아니라 존재방식의 문제이다

리더십의 핵심은 직위나 목적지가 아니라 품성이다. 훌륭한 리더는 굳건한 품성을 지니고 있다. 훌륭한 리더가 된다는 것은 어떤 의미인가?

PART 2 봉사가 삶이다

봉사하라는 소명을 받은 사람들에게 봉사의 기쁨과 책임은 비단 현재 상태나 일자리에만 국한되지 않는다.

PART 3 결정적인 순간

결정적인 순간이란 이전에는 의식하지 못했던 무언가를 인식할 때 얻는 경험을 뜻한다. 이런 순간이 우리의 품성을 형성하며 수많은 삶의 선택에 영감을 불어넣는다.

PART 4 문을 여는 사람이 되어라

우리와 다른 사람을 위해 문을 연다는 것은 무슨 의미인가? 이 문을 통과하면 미래에 대한 공통된 긍정적 비전을 향해 함께 걸어갈 수 있다.

PART 5 밝은 미래여!

이 부분에서는 미래에 대한 희망과 현재 등장한 도전에 대한 해결책을 공유한다. 이 해결책이 우리가 그리는 밝은 미래로 우리를 이끌어 줄 것이다.

이 책을 한 장씩 차례대로 읽거나, 목차에서 가장 좋아하는 소트 리더의 글을 찾거나, 아니면 마음을 움직이는 부분부터 시작해서 해당 주제와 관련된 작가의 아이디어와 생각, 공헌에 대해 읽을 수 있다.

인류의 역사에서 협력하는 미래를 원하는 사람이라면 반드시 함께 노력해야 하는 시기에 《일은 사랑이다》가 등장했다. 우리는 협력함으로써 우리가 생각하는 가장 거대한 도전과 기회, 그리고 이런 문제를 발전시킬 방법에 대한 통찰력을 세계 사회에서 공유해야 한다. 협력하려면 창밖을 바라보고, 다른 사람들에게는 보이지 않는 것을 보고 동료들과 공유해야 한다. 다른 사람들이 자신의 견해를 나눌 때는 귀를 기울이고 관계를 맺어 협력하며 건전하고 제 역할을 수행하는 사회를 건설해야 한다.

감사의
말

피터 드러커에게 깊이 감사한다. "나는 예측하지 않는다. 그저 창밖을 바라보고 보이지 않지만 볼 수 있는 것을 볼 뿐이다"라는 그의 단순한 발언이 이 책의 토대가 되었다.

독특하고 사려 깊은 답변으로써 우리를 밝은 미래로 이끄는 모든 멋진 기고 작가들, 이 책을 독자에게 선사한 발행인, 그리고 보이지 않는 곳에서 이 사랑의 작품이 세상에 나오도록 도운 모든 사람에게 감사한다. 지금껏 내가 살아오는 동안, 특히 이 책을 준비하는 동안 나를 지지하고 격려한 가족과 친구, 스승과 멘토에게 심심한 감사를 표한다.

가장 사랑하는 내 친구이자 영감을 주는 존재인 프랜시스 헤셀바인, 마셜 골드스미스, 로렌스 S. 라이언스Laurence S. Lyons, 네이선 라이언스Nathan Lyons, 타보 고트프레드슨Taavo Godtfredsen, 더그 베이커Doug Baker, 조지워싱턴대학교George Washington University, 그리고 외조를 잘하는 내 멋진 남편에게 특히 고마움을 전한다. 이 사람들이 없었다면 이 책은 완성되지 못했을 것이다.

일을 사랑하는 당신에게

혁신적이고 창조적인 기업가정신의 발굴과 공유를 목적으로 설립된 글로벌기업가정신협회를 이끌어오면서 각계 기업가들을 만날 수 있었습니다. 감사하게도 많은 경제인분들이 국가경제 성장에 이바지하고자 하는 협회의 뜻에 크게 공감하고 동참해주셨습니다. 그분들의 성원에 힘입어 기업가정신 확산을 위한 활동에 박차를 가하는 요즘입니다.

한편 협회 활동을 전개해나가면서 기업가들의 애환을 적잖이 목격하곤 합니다. 남부러울 것 없어 보이는 그들의 뒷모습은 퍽 고단해보였습니다.

사실 대한민국 기업가는 외로운 존재입니다. 우리 사회가 요구하는 막중한 책임, 그리고 '경제인'에 대한 사회적 시선이나 편견 등에서 그들은 자유롭지 못합니다.

자국 기업가에게 관대하지 않은 사회일수록 개개인은 저마다 확고한 경영 철학을 지녀야 합니다. 치열한 경영 생태계에서는 자신만의 철학을 세워야만 외풍에 휘둘리지 않고 기업을 지킬 수 있기 때문입니다.

안타깝게도 국내 기업가들은 항상 목말라 있습니다. 정신적인 갈증입니다. 국내에서는 기업가로서 리더십에 대한 인사이트를 얻을 수 있는 기회가 절대적으로 부족합니다.

《일은 사랑이다》는 지금보다 더 나은 리더를 꿈꾸는 기업가를 위한 책입니다. 리더십 개발 분야의 세계적인 권위자, 프랜시스 헤셀바인은 위대한 리더는 스스로를 끊임없이 성찰해야 한다고 말하며, "창밖을 바라볼 때 다른 사람들에게는 보이지 않지만 여러분이 볼 수 있는 것은 무엇인가?"라는 이 위대한 질문을 우리에게 던집니다.

대단히 심오하면서도 내면을 자극하는 이 질문은 독자 스스로에게 리더로서의 목적과 열정, 그리고 사명감을 생각해볼 기회를 제공합니다. 또 사회에 대한 가장 본질적인 생각과 걱정, 두려움과 희망 등을 탐구하게 함으로써 세계 사회 속 리더로서의 비전을 일깨우도록 유도합니다. 글로벌 리더 33인의 자기 성찰 에세이가 리더십에 대한 깊은 통찰을 원했던 국내 독자들에게 단비와도 같은 글이 되리라 생각합니다.

어려운 환경을 헤쳐나가면서도 기업을 키우려는 뚜렷한 의지, 우리는 이것을 기업가정신이라고 부릅니다. 지금 나의 창밖에는 건강한 기업가정신을 지닌 사람들이 보입니다. 그들은 불철주야 일하면서도 자신의 기업을 건강한 방향으로 이끌기 위해 노력합니다. 녹록지 않은 현실 속에서도 기업가로서의 정체성을 잃지 않고 사회에 기여할 수 있는 일이 무엇인지 찾고, 고뇌하는 인물들입니다. 이들의 생각, 가치관, 철학 등이 100년 기업의 토대를 만들어가리라 확신합니다. 그리고 그들처럼 한국형 기업가정신과 사회적 책임을 겸비한 기업가를 육성하는 것이 이 사회에 대한 나의 일이자 사랑이고 소명입니다.

일을 숙명으로 여기며 살아가는 기업가들이 있습니다. 사랑하기에 가능한 일입니다. 그러나 쉼 없이 달리기만 한다면 어느 순간 소진된 연료통과 함께 목적지를 잃고 방황할지도 모릅니다. 그토록 사랑해 마지않던 일을 오래도록, 행복하게 하기 위해서는 때로는 쉬어 가야 합니다.

독자 여러분에게 《일은 사랑이다》를 읽는 것이 쉼인 동시에 자신을 돌아볼 수 있는 중요하고도 의미 있는 시간이 되기를 바랍니다. 만약 일을 사랑하지 않았다면 일을 사랑하는 계기가 되기 바랍니다. 일을 사랑하고 있다면 더욱 차고 넘치게 사랑하기 바랍니다. 각자의 자리에서 각자의 일을 사랑함으로써 우리의 세계가 풍요로워지기를 진심으로 바랍니다.

김광열 _(사)글로벌기업가정신협회 협회장

리더십은
행동방식이 아니라
존재방식의 문제이다

PART 1

리더 겸 작가인 프랜시스 헤셀바인은 자신의 작품에서 리더십은 행동방식이 아니라 존재방식의 문제임을 일깨운다. 리더십의 핵심은 직책이나 목적이 아니라 품성이다. 훌륭한 리더는 굳건한 품성을 갖추고 있다. 사명에 초점을 맞추고 가치관을 토대로 삼으며 인구통계학에 따라 움직인다. 그들의 관리 원칙은 사명과 혁신, 다양성이다.

이 책의 첫 부분에서 기고 작가들은 이 정의를 출발점으로 삼아 독특한 시각으로 리더십을 탐구한다. 다시 말해 이 거대한 변화의 시대에 훌륭한 리더와 그렇지 않은 리더는 어떤 사람이며 어떻게 훌륭한 리더가 되는지를 탐구한다.

프랜시스 헤셀바인은 PART 1의 초반부에서 자신만의 리더십 브랜드를 개발하는 데 피터 드러커가 미친 영향을 자세히 소개한다. 멘토십의 중요성을 강조하고 리더십의 가치관과 원칙을 명확히 정의한다. 마셜 골드스미스는 과거 리더들의 공통된 특성을 소개하고 미래 리더들의 일곱 가지 핵심 트렌드를 공유함으로써 동굴인부터 오늘날 전문 관리자에 이르기까지 리더십의 진화를 시대별로 보여준다. 데이브 얼리치Dave Ulrich는 낯선 문화를 연구하는 인류학자라는 외부 관찰자의 시각으로 자신의 조직을 바라보는 방법을 주창한다. 그는 여러분의 조직을 바라보고 귀를 기울이는 방식을 전환할 지혜와 다양한 시각의 가치를 묘사하며, 이것이 인력자원 전문가와 리더의 통찰력과 능력을 향상시킨다는 사실을 입증한다. 휘트니 존슨Whitney Johnson은 파도의 이미지를 S-곡선 모형에 적용해 파괴(disruptions, 시장의 제품 혁신과 아이디어)에 이용하고 일과 삶에서 일어나는 인간성 파괴를 분석한다. 그녀는 정기적으로 '새로운 파도를 타야 할' 필요성을 강조하고 파도 주기에 편승할 방법을 제시한다. 패트릭 렌치오니Patrick Lencioni는 여러분이 생각하는 리더십의 진정한 의미에 대해 진지하게 자기성찰을 실천할 방법과 더불어 여러분의 정체성이 이따금 불편한 진실들을 폭로하기도 하지만 궁극적으로 더 큰 만족과 능력을 얻을 수 있는 길을 연다는 사실을 보여준다. 타보 고트프레드슨Taavo Godtfredsen은 리더가 자신의 행동과 함께 의도를 더욱 정확하게 평가함으로써 팀원에게 가장 적절히 영향을 미칠 수 있는 몇 가지 실질적인 행동 단계를 제안한다. 그리고 마지막으로 수전 스콧은 창업자 정신과 리더십에 대한 사로잡힘의 역할을 고려하고 자신의 기업인 피어스 주식회사Fierce, Inc.를 창업하도록 원동력을 제공한 핵심 아이디어를 확인한다.

제1장

·

피터 드러커와 함께한
나의 여행

프랜시스 헤셀바인

펜실베이니아Pennsylvania에서 걸스카우트 단團을 인솔하는 자원봉사자로 시작해 전 세계 여성에게 봉사하는 최대 조직(USA 걸스카우트, Girl Scouts of the USA)의 CEO로 입신하기까지 프랜시스 헤셀바인Frances Hesselbein은 언제나 사명과 가치관, 인구통계 데이터에 따라 움직였다. 빌 클린턴Bill Clinton 전 대통령은 1970년대 걸스카우트를 변화시킨 프랜시스 헤셀바인의 공로를 인정해 민간인 최고 영예 훈장인 대통령 훈장Presidential Medal of Freedom을 수여했다. 프랜시스 헤셀바인은 25년이 넘는 세월 동안 뉴욕에 본부를 두고 작지만 강력한 조직을 이끌었다. 이곳에서 그녀는 교육과 간행물로 새로운 세대의 지도자를 계속 육성한다. 프랜시스 헤셀바인 리더십재단Frances Hesselbein Leadership Forum의 이사장이자 국제정책대학원Graduate School for Public and International Affairs과 피츠버그대학교 존슨 책임

리더십연구소Johnson Institute for Responsible Leadership의 일원이며 〈리더투리더
Leader to Leader〉 편집장이다. 명예박사 학위를 21개 받았고 자서전 3권을
발표했으며, 책 30권을 30개 국어로 공동 편집했다. 미국 대표로 68개
국을 방문한 그녀는 〈포천 Fortune〉에서 '세계 50대 리더'로 선정되었다.

■　■　■

우리는 그녀의 원칙을 바탕으로 조직을 변화시켰다.

1970년대 후반 뉴욕에 와서 USA 걸스카우트의 CEO를 맡고 6년이
지날 무렵 나는 당시 뉴욕대학교New York University 총장이었던 존 브래데
머스John Brademus에게 편지 한 통을 받았다. 그는 유니버시티 클럽
University Club에서 피터 드러커Peter Drucker의 강연을 듣는 만찬에 나를 초대
했다. 나는 그때껏 피터 드러커를 직접 만난 적은 없으나 그가 쓴 책이
라면 빼놓지 않고 읽었다.

나는 그렇게 큰 행사에서 그를 대면할 기회를 얻기는 어려울 것이
라고 짐작했지만 그의 목소리를 현장에서 들을 수 있는 기회였다. 다름
아닌 피터 드러커였다. 그는 전 세계 여성을 위한 최대 조직의 자원봉
사자와 직원들에게 영향을 미친 위대한 소트 리더였다.

초대장에는 "오후 5시 30분. 리셉션"이라고 적혀 있었다. 서부 펜실
베이니아에서 성장한 내게 5시 30분은 그야말로 5시 30분을 의미한다.
그래서 저녁이 되자 나는 정시에 도착했다. 리셉션장으로 들어섰을 때

그곳에 있는 사람은 나와 바텐더 두 명뿐이었다. 나는 뒤돌아섰다. 방금 들어온 한 사내가 내 뒤에 서 있었다. 그는 '피터 드러커'라고 자신을 소개했다. (비엔나에서 성장한 그에게도 5시 30분은 5시 30분을 의미하는 것이 분명했다.) 나는 몹시 놀란 나머지 '안녕하세요'라고 인사하는 대신 불쑥 "당신이 걸스카우트에 얼마나 중요한 분인지 아시나요?"라고 물었다. 그는 "아니요. 말씀해주시죠"라고 답변했다.

나는 다음과 같이 설명했다. "우리의 335개 걸스카우트연맹 가운데 어디를 가더라도 당신의 책이 책장에 가득할 겁니다. 우리의 기업 계획 관리 모노그래프(개인, 가족, 집단, 지역사회 등 한 사회적 단위를 대상으로 전체 생활 과정이나 몇 가지 측면을 사회적 상황 속에서 상세히 기술한 기록 — 옮긴이)를 읽고 우리의 경영진과 지도부 구조를 유심히 보면 당신의 철학을 발견하실 거예요."

드러커는 다음과 같이 대꾸했다. "매우 용감하시네요. 저는 겁이 나서 그렇게 못할 것 같습니다. 말씀해주시죠. 효과가 있던가요?"

나는 그에게 "대단히 효과적"이라고 대답하고 이렇게 덧붙였다. "전 지금껏 당신께 전화를 걸 용기를 내려고 애썼습니다. 클레어몬트Claremont를 찾아가 당신에게 한 시간을 뺏어도 괜찮을지 물어보고 싶었어요."

드러커는 다음과 같이 전했다. "우리 두 사람이 동시에 움직일 필요가 있을까요? 제가 다음 달에 뉴욕을 방문할 예정인데 당신께 하루를 내어드리죠."

우리가 다시 만나기에 앞서 우리의 순환 지배 관리 시스템은 물론이고 우리 연맹을 살펴본 드러커는 USA 걸스카우트가 전국에서 가장 관리가 훌륭한 조직이라고 밝혔다. 그는 "열심히 일하는 강인한 여성은 무슨 일이든 할 수 있다"라고 말했다. 나는 강인한 것은 모르겠지만 열심히 일하는 것만큼은 자신 있다.

그리고 1981년, 드디어 우리가 만나는 대망의 날이 왔다. 전국의 이사회 임원과 직원들이 회의실에 모여 있었다. 그들은 지역 연맹의 파트너와 함께 드러커의 원칙을 바탕으로 조직을 변화시킨 훌륭한 사람들이었다. 그래서 확신컨대 그들은 드러커가 지난 5년간의 성과를 언급할 것이라고 예상했을 것이다. 드러커는 우리 앞에 서서 회의에 참석하도록 허락해준 것에 감사를 전하고 다음과 같은 말로 우리의 허를 찔렀다. "여러분은 여러분의 참모습을 보지 못하십니다. 여러분이 하는 일의 중요성을 제대로 이해하지 못하시죠. 우리가 사는 사회는 아이들에게 관심을 기울이는 척 가장하지만 사실 그렇지 않으니까요." 나는 자리에서 일어나 이 말에 반론을 제기하고 싶었으나 무슨 말을 해야 할지 전혀 떠오르지 않았다. 그는 다음과 같이 말을 이었다. "그런데 여러분은 어서 자라라고 강요하는 사회에서 한동안 소녀가 소녀로 머물 수 있는 기회를 주고 있습니다."

그 획기적인 첫날 이후에 그는 매년 걸스카우트에 2~3일 동안 자신의 시간을 할애했다. 이후 8년간 그는 우리를 연구하고 우리와 이야기를 나누며 우리에게 조언을 전하고 우리에 관해 글을 썼다.

나는 1990년에 USA 걸스카우트를 떠나면서 펜실베이니아주 이스턴Easton에 집을 매입했다. 한 발행인에게 우리의 사명에 대한 책을 쓰기로 약속한 터라 여행을 많이 다니지 않을 참이었다.

6주가 지난 후에 나는 비영리 사회사업 분야에 드러커의 작품과 철학을 전파하고자 캘리포니아주 클레어몬트로 향했다. 나는 본의 아니게 세계에서 가장 작은 한 재단(피터 F. 드러커 비영리 리더십 재단 Peter F. Drucker Foundation for Nonprofit Leadership)의 CEO가 되었다. 직원이나 자금도 없이 더 넓은 세상에 피터 드러커를 소개하고 사회사업 분야를 변화시킨다는 강력한 비전만 공동 창립자들과 함께 나누었다. 이 이후의 일은 굳이 말할 필요가 없다. 몇 년 동안 우리 조직의 이름은 바뀌었고 우리의 자료와 간행물은 우리 웹사이트(www.HesselbeinForum.org)와 30개 언어로 세계를 누비는 우리의 책 30권, 그리고 우리의 계간지 〈리더투리더〉에 충실히 기록되어 있다. 우리는 27년째 사회사업 분야의 지도부와 더불어 재계와 정계에 몸담은 그들의 파트너에게 힘을 불어넣는다는 우리의 사명을 다하고 있다.

리더십은 행동방식이 아니라 존재방식의 문제이다

USA 걸스카우트의 CEO로 일할 때 나는 자신만의 표현과 언어, 그리고 우리가 제공해야 할 리더십의 핵심과 정신을 전달하고 구현할 수 있는 방식으로 리더십을 정의해야 한다는 사실을 깨달았다. 오랫동안 고민한 끝에 나는 리더십에 대한 나만의 정의를 개발했다. "리더십은 행동방식이 아니라 존재방식의 문제이다."

존재방식이 정의되고, 리더들에게 수용되고, 모든 행동과 의사소통에서 그리고 리더십을 발휘하는 모든 순간에 구현되고 발현되지 않는 한 이 세상에서 방법에 대한 어떤 조언도 효과가 없을 것이다.

현재와 미래의 리더는 존재방식(특성, 품성, 사고방식, 가치관, 원칙, 용기를 발전시킬 방식)에 초점을 맞추어야 한다. 존재방식 리더는 조직의 가장 소중한 자산은 사람임을 알고 말과 행동, 관계에서 이 인상적인 철학을 실천한다. 가장 사소한 것부터 가장 중대한 것에 이르기까지 모든 상호작용에서 존재방식 리더의 행동에는 기업을 구성하는 사람들의 가치와 존엄성에 대한 믿음이 드러날 것이다.

우리는 행동방식을 배우고 다른 사람에게 행동방식을 가르치며 우리 삶의 대부분을 보내지만 결국 성과와 결과를 결정하는 것은 리더의 자질과 품성이라는 사실을 안다. 존재방식이라는 특성은 기술의 집합체가 아니다. 그것은 오히려 위로하고, 견디고, 도전하고, 수용하는 경이로운 방식에서 모습을 드러낸다. 나는 '왜'의 가치를 열렬히 믿는다. '왜'란 우리의 참모습과 믿음, 행동, 그리고 다른 사람들과의 관계를 정의하는 가치관과 원칙, 믿음을 뜻한다. 다른 사람들은 불확실한 세계에서 리더십을 향해 함께 집단 여행을 떠난 동반자이다.

리더십에 대한 내 정의가 내 참모습과 내가 지금 그 일을 하는 이유, 그리고 내 믿음을 정의한다. 나는 이 정의를 되풀이해서 시험한다. 리더십은 행동방식이 아니라 존재방식의 문제이다.

미래의 리더를 대한 요구

오늘날의 세계는 사명에 대한 피터 드러커의 개념과 정의를 널리 퍼뜨릴 수 있는 리더를 요구한다. 피터 드러커는 조직이 지금 하는 일의 이유와 목적, 존재 이유를 사명이라고 정의했다. 미래의 리더는 사명에 집중하고 가치관을 토대로 삼으며 인구통계학에 따라 움직이는 조직에 투자함으로써 우리나라의 여러 측면과 문화를 반영해야 한다.

우리에게는 조직의 구성원이나 고객, 우리가 관계를 맺는 수많은 청중과 소통하는 리더가 필요하다. 우리는 소통을 통해 '의사소통이란 무언가를 말하는 것이 아니라 상대방의 경청을 받는 것'이라는 사실을 전달한다.

이제 여러분에게 비밀 한 가지를 털어놓겠다. 내게는 문신이 두 개 있다. 물론 보이지 않는 잉크로 된 문신이라 볼 수는 없지만 분명히 존재한다. 첫째 문신은 "먼저 생각하고 마지막에 말하라"라는 피터 드러커의 가르침이다. 둘째 문신 역시 드러커의 가르침이다. "말하지 말고 질문하라."

경청의 기술을 실천하는 리더가 필요하다. 경청을 통해 배제하기보다는 수용하고, 합의를 이끌어내고, 차이를 인정하고, 공통의 개념과 공통의 언어 그리고 공통의 장을 찾는 리더가 필요하다.

자신의 삶에서 일과 삶의 균형을 찾고 함께 일하는 사람들의 삶에도 그 균형을 실현하는 리더가 필요하다. 이것이 험난한 현대 세계에서 현실적으로 가능한 일이 아니라 그저 보기 좋은 이상이라고 생각하는가? 그렇다면 이 보기 드문 일과 삶의 균형을 찾도록 격려와 지지를 아끼지 않는 직장의 생산성과 사기를, 그런 균형을 고려하지 않을뿐더러 타협 불가를 최우선 경영 방식으로 삼는 우울한 직장과 비교해보라.

오늘날에는 어쩌면 부족과 실패에 대한 책임을 수용하는 한편, 성공을 널리 공유하는 리더가 무엇보다 절실히 필요할 것이다. 이런 리더는 자신의 언어와 행동, 행실을 스스로 선언한 가치와 원칙에 따라 평가한다는 사실을 인식하고 자신의 성과에는 엄격한 평가기준을 적용하기 때문이다.

✍️ **자기성찰 질문**

1. 리더십 분야에 뛰어들도록 계기를 제공한 결정적인 순간이나 멘토를 기억하는가?
2. 리더십을 어떻게 정의하는가?
3. 여러분의 사명은 무엇인가?

제2장

—·—

리더십의 진화
— 어제, 오늘 그리고 내일

마셜 골드스미스

마셜 골드스미스 박사는 유능한 리더들이 자신과 추종자, 그리고 팀원의 행동을 긍정적이고 지속적으로 변화시키도록 돕는 작업 분야에서 세계적인 권위자이다. 그는 최근 하버드코칭연구소Harvard Institute of Coaching가 수여하는 평생공로상Lifetime Achievement Award의 초대 수상자로 선정되었다.

골드스미스 박사는 세계 50대 최고 리더십 사상가로 두 차례 선정된 유일한 인물이다. 지난 8년 동안 세계 최고의 경영코치와 10대 비즈니스 사상가로 평가받았다.

골드스미스 박사는 책 38권에 작가나 편집자로 참여했으며 32개 언어로 번역되어 250만 부 이상 판매된 이 책들은 12개국에서 베스트셀러 목록에 올랐다. 이 가운데 《트리거 Triggers》, 《모조 MOJO》, 《일 잘하는 당신이 성공을 못하는 20가지 비밀 What Got You Here Won't Get You There》
은 〈뉴욕타임스 The New York Times〉 베스트셀러로 선정되었다. 골드스미스
박사는 대기업 CEO 150명과 그들의 경영 팀에서 협력 제의를 받은 보
기 드문 경영자문이다. 국립인력자원아카데미National Academy of Human
Resources의 특별회원이며, 경영연구소에서 수여하는 평생교육공로상의
수상자이다. 이 분야의 거의 모든 전문 기관이 그의 작품을 높이 평가
한다.

■ ■ ■

인류 역사를 돌아보자. 리더십에 대한 우리의 고정관념은 대부분
더는 존재하지 않는 과거에 형성된 것이다. 오늘과 단절되고 내일과는
거리가 먼 어제에서 온 개념인 것이다. 우리의 문학, TV, 영화, 비디오
게임, 예술은 이처럼 과거의 고정관념을 더욱 강화시키며 현재와 미래
의 리더십을 정확히 이해하는 데 걸림돌이 된다.

리더십의 진화 과정을 잠시 살펴보자.

● **동굴인** ─ 체력을 통한 리더십: 수천 년 전 인류의 조상이 살던 세
상은 혹독하고 가혹했다. 소수의 부족이 무리를 지어 동굴에서 거주함
으로써 이런 자연환경을 피했다. 대개 강인한 젊은이가 리더를 맡아서
체력을 수단으로 삼아 무리를 지배했다.

● **지주** — 토지 지배권을 통한 리더십: 좀 더 진화한 인류는 곡물을 채집하고 저장하기 시작했다. 체력이 가장 뛰어난 사람이 반드시 리더가 되지는 않았다. 토지를 지배하는 사람이 리더였다. 자원 통제권이 권력의 열쇠였다.

● **왕족** — 가문을 통한 리더십: 지난 수천 년간 리더십의 원천은 대부분 가문이었다. 신의 자손으로 공언된 군주가 권력의 정당성을 입증할 필요도 없이 지배권을 얻었다. 왕족을 비난하거나 도전하는 사람은 목숨을 빼앗는 것으로 간단히 처단했다.

● **교회** — 종교를 통한 리더십: 역사적으로 교회는 사람들에게 영적인 리더십을 제공하고 왕족을 지지했다. 흔히 왕족의 구성원이었던 교회는 옳고 그름을 결정할 힘이 있었으며, 따라서 교회 교리에 대한 비판은 용납되지 않았다. 비판하는 사람은 이단자로 간주되어 파문이나 고문, 심지어 죽음을 당하기 십상이었다.

● **군대** — 권력을 통한 리더십: 교회가 왕족에게 윤리적인 근거를 제공한 반면, 군대는 지배층의 구성원이 계속 왕좌에 앉을 수 있는 권력을 제공했다. 군주의 세상에서는 최강의 군대가 승리했다. 군부의 리더는 대개 지배 가문과 관계가 있었지만 항상 그런 것은 아니었다. 이따금 장성들이 계층구조의 상부로 올라가 충성과 용맹함, 지략과 능력에 대한 보상을 받았다.

- 학계 ― 교육을 통한 리더십: 최근까지만 해도 최고 수준의 공식 교육은 주로 엘리트층의 전유물이었다. 교양교육은 교회나 군부와 더불어 엘리트를 대중과 분리시킴으로써 국가의 현상現狀을 강화했다.

- 장인 ― 기술을 통한 리더십: 상인 계급이 부상함에 따라 장인이라는 새로운 유형의 리더가 등장했다. 일반적으로 특정한 직종의 전문가인 장인은 어린 도제에게 기술을 전수했다.

- 정치가 ― 지지를 통한 리더십: 결국 왕족의 백성과 식민주의자들이 반기를 들었다. 초기 민주주의 국가에서 권력과 통제권은 엘리트 계층의 몫이었다. 최근 들어서야 비로소 일부 국가에서 민주주의가 국민의 진정한 대표 수준으로 발전했다. 정치가는 군주와 마찬가지로 역사적으로 협력 관계를 구축하는 일보다는 권력 유지에 더 초점을 맞춘다.

- 기업주 ― 기업 통수권을 통한 리더십: 자본주의 도래와 함께 비즈니스가 부상했다. 초기 기업가들은 왕족과 부유층의 자손이 아니어도 부를 획득해 가족에게 물려줄 수 있었다. 이들은 기업 주식의 지배 지분을 소유했기 때문에 최종 의사결정 권한을 가지고 있었다.

- 경영인 ― 승진을 통한 리더십: 조직이 성장하고 회사 경영에 창립자 가족이 참여하지 않는 경우가 증가하자 새로운 계층의 리더가 부상했다. 바로 전문 경영인이다. 전문 경영인의 핵심적인 역할은 소유주

리더십은 행동방식이 아니라 존재방식의 문제이다

의 자산을 보호하고 증가시키는 것이었다. 일반적으로 전문 경영인은 승진을 통해 회사의 상층부로 올라감으로써 그들의 노력과 성취, 충성에 대한 보상을 받았다.

과거 리더십의 공통된 특성

과거의 리더십을 살펴보면 역사적으로 다음과 같은 공통된 특성이 있음을 알 수 있다.

■ 리더십은 지역적이었다. 동굴에서 시작해 마을, 도시, 나라에 이르기까지 리더십의 역사는 거의 언제나 특정 지역을 벗어나지 않았다.

■ 리더십은 획일적이었다. 역사상 거의 모든 리더는 자국의 지배층을 대표하는 남성이었다. 여성은 대다수 리더나 전문가 역할에서 고려 대상에도 끼지 못했다. 리더는 이처럼 성별은 물론이고 인종과 종교, 문화의 측면에서 획일적이었다.

■ 리더는 변화 속도가 매우 느린 기술을 관리했다. 역사적으로 대부분 리더가 관리한 기술은 전혀 변화하지 않거나 매우 느린 속도로 변화했다. 장인들은 신기술이 미칠 영향을 걱정하지 않고 대대로 번창했다.

■ 리더는 해답을 알고 있으며 다양한 의견을 장려하지 않았다. 사람들은 종교 지도자, 장인, 학자, 장성이라면 정답을 알고 있다고 여겼다. 권위에 도전하는 추종자들은 해고나 파문, 추방, 심지어 죽음이라

는 중벌을 받았다.

■ 리더십은 하향식이었다. 대부분의 리더십에는 팀이나 또래 관계 형성과는 대조적으로 직속 부하에 대한 직접적인 통제권이 수반된다. 수직적인 권위를 행사하지 않고 동료에게 영향을 미치는 능력은 성공의 필수요소로 생각되지 않았다.

■ 리더는 보스였다. 왕에서 장성, 관리자에 이르기까지 리더에게는 한 가지 중요한 공통적인 특성이 있었다. 그들은 추종자를 제압하는 확실한 권력을 가지고 있었다. 충성을 다하지 않는 사람은 확실하게 처벌했다. 일단 권력을 손에 넣으면 대개 놓치지 않으려고 최선을 다했다. 명사 '보스'는 '결정을 내리고 권위를 행사하며 지배하는 사람'으로 정의된다. 동사 '보스'는 '이래라저래라 지시하다'나 '주인 행세를 하다'로 정의된다. 과거의 리더는 확실히 '보스'였다.

이런 리더의 특성들이 과거에는 효과적이었을 것이다(어쩌면 그렇지 않았을지도 모른다). 사실상 그것은 중요하지 않다. 미래의 가장 중요한 리더들에게는 이런 특성이 그다지 효과가 없을 것이다.

과거의 리더를 연구할 때 한 가지 중요한 주제를 살펴보면 과거에는 어떤 매우 중요한 면에서 '리더가 추종자들보다 우월하다'고 생각했다. 왕은 하나님의 아들이고, 성직자는 하나님과 가깝고, 장인은 기술이 더 뛰어나고, 학자는 지식이 더 많고, 장성은 경험이 더 풍부하고, 주인은 더 부유하고, 정치인은 지지 세력이 더 탄탄하고, 동굴의 지도자는 힘이 더 셌다.

리더십은 행동방식이 아니라 존재방식의 문제이다

영화, 동영상, 텔레비전 프로그램, 게임 등은 거의 하나같이 위대한 리더가 어떤 면에서 추종자들보다 우월하다는 개념을 강화한다. 리더십의 역사를 돌아보면 서번트 리더십(servant leadership, 부하에게 목표를 공유하고 부하들의 성장을 도모하면서 리더와 부하 간의 신뢰를 형성시켜 궁극적으로 조직성과를 달성하게 하는 리더십을 일컫는 말이며, 섬기는 리더십이라고도 한다 – 옮긴이)이 최근에 와서야 등장한 이유를 쉽게 이해할 수 있다. 실제로 관리자들을 '상관'이라고 부르지 않았는가.

세상과 세상 사람들이 진화하듯이 리더십도 진화한다. 미래의 리더는 과거의 리더와는 확연히 다른 특성을 지니게 될 것이며 어제의 리더가 지닌 여러 가지 특성이 내일의 리더에게는 효과적이지 않을 것이다.

미래의 리더

나는 액센추어(Accenture, 기업의 경영전략, 디지털, 기술, 사업 전반을 지원하는 미국의 다국적 경영 컨설팅 기업 – 옮긴이)에서 2년간 연구 프로젝트의 파트너로 참여해 달라는 초청을 받았다. 과거 리더의 특성과 미래 리더에게 요구될 특성을 비교하는 연구 프로젝트였다.[1]

우리는 미래의 조직을 이끌 가능성이 희박한 현재의 CEO나 리더보다는 전 세계의 '미래 리더' 200명과 인터뷰를 진행했다. 그 결과 과거

---

1 이 프로젝트의 결과물이 내가 캐시 그린버그Cathy Greenberg, 알라스테어 로버트슨Alastair Robertson, 마야 후-챈Maya Hu-Chan과 공동 집필한 《글로벌 리더십: 차세대 Global Leadership: The Next Generation》이다. 워런 베니스Warren Bennis와 존 오닐John O'Neil이 연구 과정에 소중한 공헌을 했다.

에 비해 더 중요시되는 몇 가지 리더의 특성이 확실히 나타났다. 나는 몇 년 후에 이 연구를 다시 살펴보다가 잠재력이 높은 이 미래 리더를 토대로 한 예측의 방향이 놀랄 만큼 정확한 것으로 입증되었음을 발견했다. 어쩌면 새로운 리더십의 중요성에서 변화 정도나 변화 속도가 평가절하를 받았을지 모른다.

나는 연구를 마친 후에 깨달은 모든 내용을 연구 결과에 통합했다. 이제 미래 리더에게 극적인 영향을 미칠 일곱 가지 핵심 트렌드, 변화하는 세계에서 리더십에 대한 낡은 가정들을 종식시켜야 하는 이유, 그리고 오늘날의 세계와 어울리는 새로운 모형을 함께 나누고자 한다.

1. 지역적인 사고에서 세계적인 사고로

세계화는 미래 리더에게 지속적으로 중대한 영향을 미칠 트렌드이다. 20년 전만 해도 일부 거대기업의 리더는 본인의 나라나 기껏해야 본인이 사는 지역에 집중했다. 이런 시대가 급속도로 막을 내리고 있다. 미래에는 세계적으로 연결된 시장과 통합된 조직으로 변화하는 트렌드가 한층 강력해질 것이다.

2. 획일화 요구에서 다양성 추구로

과거에는 다양성 추구가 대다수 리더의 '레이더망'에 포함되지 않았다. 사실 과거의 리더는 대개 직장에서 획일성을 요구하고 다양성의 가능성을 제거했다. 세계화가 갈수록 중요해짐에 따라 리더는 새롭고 색다른 방식으로 다양성을 인정하고 확보하고자 노력해야 할 것이다.

경제와 법률의 차이는 물론이고 세계적인 활동의 한 요소인 사회와 행동의 차이를 이해해야 할 것이다. 가장 유능한 미래 리더는 다른 사람과 문화에 대한 이해는 그저 의무가 아니라 필수요건임을 이해할 것이다. 나아가 그것은 기회이다.

3. 한 가지 기술 이해하기에서 최신 기술에 능통해지기로

과거 조직의 핵심 기술은 매우 느리게 변화하거나 거의 변화하지 않는 경우가 많았다. 과거의 리더는 자사의 핵심 기술을 이해하고 이 기술에 대한 전문지식을 쌓아 직원들을 이끌었다. 큰 노력을 들이지 않고도 필요한 정도의 최신 기술을 익힐 수 있었다. 하지만 기술이 급속도로 변화하는 오늘날에는 상황이 달라졌다. 그렇다고 미래의 모든 리더가 타고난 기술자나 컴퓨터 프로그래머일 것이라는 의미는 아니다. 다만 리더라면 모름지기 신기술을 현명하게 이용해 자사 조직에 이바지하고, 최신 기술에 능통한 사람들을 채용하고 발전시키며 보유하고, 신기술에 투자해 관리하는 방법을 이해하고, 신기술 이용을 지휘하는 과정에 긍정적인 역할모델이 될 방법을 이해한다는 의미이다.

4. 아는 리더에서 배우는 리더로

과거에는 일반적으로 리더가 추종자들보다 업무를 더 정확하게 파악했다. 그래서 장인과 도제의 역할이 확실히 구분되었던 것이다. 하지만 미래에는 가장 유력한 리더의 관리를 받는 사람들의 업무 지식이 리더에 비해 훨씬 많을 것이다. 조직이 세계적으로 활동하고 이해관계자가 다양하며 기술이 급속도로 변화하는 새로운 세상에서 리더는 대개 자신의 추종자들보다 아는 것이 더 적다. 리더가 조직의 명령 계통에서 더 높이 올라갈수록 이런 현상이 더욱 뚜렷하게 나타난다.

5. 도전 제거하기에서 건설적인 대화 장려하기로

과거의 리더는 도전을 억제하는 것은 물론이고 도전을 제거하기 해서라면 어떤 일도 마다하지 않았다. 이를테면 지주에게 부정적인 의견을 말하는 사람은 밥줄이 끊기고, 왕실에 부정적인 의견을 말하는 사람은 처형당할 수 있었다. 리더가 추종자들보다 아는 것이 더 많았던 세상에서 위협을 통한 리더십의 단점은 오늘날에 비해 그리 중요하지 않았다. 오늘날 건설적인 대화의 흐름을 차단하는 리더는 얼마 지나지 않아 퇴물이 될 위험이 다분하다.

6. 계층구조에 따라 지휘하기에서 동맹과 팀 구성하기로

리더십은 전통적으로 하향식 계층적 과정으로 생각되었다. 리더가 지식을 통제하고 부하가 명령을 따르던 과거의 세상에서 이 모형은 합리적으로 보였다. 하지만 갈수록 리더와 부하의 역할을 구분하기가 점점 어려워진다. 에너지, 텔레커뮤니케이션, 제약처럼 다양한 산업에서는 한 조직이 여러분의 고객인 동시에 공급업체와 파트너, 경쟁자가 될 수 있다. 이 새로운 세상에서는 다양한 유형의 이해관계자와 오랫동안 긍정적인 '윈윈' 관계를 맺어야 한다.

리더십은 행동방식이 아니라 존재방식의 문제이다

7. 보스로서 리더에서 촉진자로서 리더로

지금껏 나열한 모든 트렌드로 판단하건대 미래의 리더에게 필요한 기술과 특성은 과거의 리더와 매우 다를 것이다. 보스로서 리더는 사람들에게 어떤 일을 어떤 방식으로 해야 하는지를 지시했다. 지금껏 살펴본 모든 이유를 고려하면 과거 세계에서 이런 방식의 리더십에 의존한 것은 충분히 이해할 만하다. 미래의 리더가 모든 해답을 제시하지는 못할 것이다. 미래의 리더는 알기보다는 배우며, 모든 팀원이 배울 수 있도록 돕는 촉진자이다.

유일하게 위대한 리더라고 할 수는 없어도 내가 지금껏 만났던 위대한 리더 가운데 한 사람은 프랜시스 헤셀바인이다. 프랜시스 헤셀바인은 미국 걸스카우트 CEO로 14년간 근무한 후에 퇴직했다. 피터 드러커는 헤셀바인을 자신이 만난 가장 유능한 경영인으로 손꼽았는데 그는 결코 생각 없이 이런 말을 하는 사람이 아니었다. 헤셀바인은 한동안 과거에 빠져 미래를 향해 전진하지 못한 조직을 변화시키는 놀라운 과업을 성취했다. 걸스카우트 CEO로서 '미래와 함께하는 전통!'이라는 멋진 원칙을 개발했다. 그녀는 결코 과거를 무시하지 않았다. 오히려 과거의 멋진 전통을 찬양했다. 그런 반면에 과거 속에서 살지는 않았다. 그녀는 걸스카우트 조직에서 미래의 리더가 과거의 리더와는 크게 달라야 한다는 사실을 깨달았다.

프랜시스 헤셀바인은 확실히 시대를 앞서간 CEO였다. 그녀는 본인의 리더십 방식과 그녀가 걸스카우트의 모든 리더에게 고취시키고 싶었던 방식을 표현하고자 순환 리더십circular leadership이라는 새로운 용어를 만들었다. 그녀가 생각하는 리더는 계층구조의 꼭대기에 있는 보스가 아니라 순환 관계의 중심에 있는 사람이었다.

그뿐 아니라 그녀는 자신을 사람들에게 어떤 일을 어떤 방식으로 하라고 명령하는 보스가 아니라 팀의 성공을 촉진시키기 위해 존재하는 서번트 리더라고 생각했다. 그녀는 끊임없이 배우며 다른 사람들을 도왔다. 건설적인 이견을 장려했다. 조직의 내외부에서 동맹을 맺는 놀라운 과업을 성취했다.

미래의 리더가 수행해야 할 역할에 대해 생각할 때 '미래와 함께하는 전통'이라는 프랜시스 헤셀바인의 원칙을 기억하라. 여러분(그리고 다른 리더들)이 과거에 어떤 일을 했든 간에 그것은 이미 과거지사가 되었다. 하지만 과거에 여러분이 알았던 모든 리더가 했던 일은 모두 의미가 있음을 인식하라. 그들의 실수에서 배울 수 있음을 인정하라.

미래에 초점을 맞추어라. 과거를 이해하면 리더들이 왜 결국 그런 방식을 택했는지 이해할 수 있다. 아울러 조직이 새로운 세상(리더가 추종자들보다 우월해지고자 노력하기보다는 여러모로 리더보다 우수해지도록 사람들을 발전시키고자 노력하는 세상)에서 성장하려면 리더십이 어떤 방식으로 변화해야 하는지 파악할 수 있다. 《일은 사랑이다》는 이 에세이 모음집에 어울리는 멋진 제목이다. 우리의 새로운 세상에서 리더의 역할은 거저 주어지는 것이 아니라 노력해서 얻는 것이다.

리더는 업무 지식이 본인보다 더 많은 유식한 직원들을 관리할 것이다. 새로운 리더십 세계에서 위대한 리더는 동료들보다 더 유식한 전

리더십은 행동방식이 아니라 존재방식의 문제이다

문가가 아니라 리더십 과정에 애정을 가진 촉진자가 될 것이다. 위대한 리더는 조직 구성원 개개인의 독특한 공헌을 존중하는 세상에서 구성원들이 일할 수 있는(그리고 그들의 애정을 표출할 수 있는) 배움의 환경을 조성할 것이다.

✏️ **자기성찰 질문**

1. 리더나 추종자로서 떠나는 리더십 여정에 관해 생각하라. (과거나 미래의) 리더에게 어떤 자질과 특성이 가장 중요하다고 생각하는가?
2. 내일의 리더를 위한 훌륭한 역할모델은 누구라고 생각하는가? 그들은 어떤 자질을 보여주는가?
3. 미래 리더가 가진 자질을 어떻게 향상시킬 수 있을까?
4. '일이 사랑'인 환경을 조성하는 것이 과거의 리더보다 미래의 리더에게 훨씬 더 중요한 이유는 무엇인가?

제3장

리더는
조직 인류학자이다

데이브 얼리치

데이브 얼리치는 미시건대학교 로스 경영대학원의 렌시스 리커트 교수(Rensis Likert Professor, 미국의 사회심리학자 렌시스 리커트 교수의 이름을 딴 교수직―옮 긴이)이자 RBL 그룹(RBL Group, www.rbl.net)의 파트너이다. 얼리치는 성과 를 거두는 리더십, 역량을 키우는 조직, 가치를 창조하는 인력 자원 human resource, HR 분야에 관한 30권이 넘는 책과 200여 편에 이르는 글을 발표했으며, 현대 HR의 아버지로 알려져 있다. 〈비즈니스위크〉, 〈포 천〉, 〈파이낸셜 타임스 Financial Times〉, 〈이코노미스트 The Economist〉, 〈피플 매니지먼트 People Management〉에서 최고 경영 소트 리더로 선정되었으며, ASTD(ATD의 전신)의 평생공로상을 비롯해 수많은 상을 받았다. 약 90개 국과 〈포천〉 선정 200대 기업의 절반이 넘는 기업에 컨설팅과 프레젠 테이션을 제공했다. 〈싱커스50 Thinkers50〉의 소트 리더로 선정되었고 현재 〈싱커스50〉 명예의 전당에 올라 있다.

· · ·

수십 년 전 처음으로 OB(조직행동론 Organizational Behavior) 강좌를 들었을 때 나는 부모님께 전화를 걸어 법학에서 OB로 전공을 바꿀 것이라고 전했다. 부모님은 내가 산부인과 의사(obstetrician, 혼히 OB라고 일컫는다—옮긴이)가 되나보다 생각하다가 이내 "OB가 뭐냐?"라고 물었다. 나는 완벽하게 설명하지 못했다. 하지만 심리를 꿰뚫어보는 아내는 내게 OCD, 즉 조직 강박 장애Organization Compulsive Disorder가 있음을 깨달았다. 나는 내가 식사를 한 레스토랑부터 쇼핑한 매장, 운동했던 운동 팀, 그리고 예배를 드린 교회에 이르기까지 여러 조직을 관찰하기 시작했다.

조직에 대한 열정에 불탔던 나는 박사 학위를 취득했고, 주요 연구 프로젝트에 수십 차례 참여해 이론을 정립하고, 데이터를 수집하고, 결과를 분석하고, 조직 관행에 대해 조언을 제시했다.

하지만 나는 조직을 연구하면서 내 관심대상인 조직 현상 가운데 스프레드시트나 통계 분석으로 나타낼 수 없는 것이 많다는 사실을 깨달았다. 조직의 접근방식과 정보 이용방식의 소트 리더인 웨인 브록뱅크Wayne Brockbank[1]와 대화를 나누다가 내 생각이 옳다는 사실을 확인했

---

1 웨인 브록뱅크, 데이브 얼리치, 데이비드 G. 크라이신스키David G. Kryscynski, 마이클 얼리치, "HR의 미래와 정보 역량 The Future of HR and Information Capability," 〈전략적 HR 리뷰 Strategic HR Review〉 17호, 1권(2018), 3~10페이지, https://doi.org/10.1108/SHR-11-2017-0080.

다. 브록뱅크에 따르면 스프레드시트와 통계로 나타낼 수 있는 전통적인 수치로 체계화하고 표현할 수 있는 정보는 20퍼센트에 지나지 않는다. 일상적인 생활과 경험, 관찰에서 얻는 80퍼센트의 정보는 비체계적이며 정량화하기가 쉽지 않다.

정량화할 수 있는 데이터(20퍼센트)는 주제를 확인하고 경험에서 얻은 통찰력을 제공하며 관찰과 불연속성이 수반되는 질적 데이터로 보완되어야 하고 판단이 요구된다.

내가 컨설팅을 제공하는 리더와 인력 자원HR 전문가들은 체계적인 데이터를 인식하고 이용해야 하는데 대부분 이런 능력을 이미 갖추고 있다. 가장 유능한 리더와 HR 전문가는 비체계적인 데이터를 더 높이 평가하며 활용한다. 피터 드러커의 표현을 빌리면 그들은 창밖에서 대개 보이지 않지만 볼 수 있는 것을 본다. 나는 그들을 조직 인류학자라고 일컫는다. 이들은 모호함을 추구하며 아직 해답을 찾지 못했거나 쉽게 찾을 수 없는 질문을 끊임없이 탐구한다. 그렇다면 이런 리더가 유능한 조직 인류학자가 되는 것은 무엇 때문인가?

직관에 어긋나는 것처럼 보이는 것에 귀를 기울여라

나는 HR 분야 출신이 아닌 한 신임 HR 책임자와 인터뷰를 했다. 이 책임자는 부서의 전문가들이 훌륭한 사람을 조직에 영입해 발전시키며 인재를 관리하는 데 탁월하다고 생각했다. 하지만 그의 조직이 전략적인 면에서 중대한 변화에 직면해 있다고 말했다. 그가 생각하는 조직의 당면과제는 미래를 위해 적합한 인재를 찾은 다음 이들이 최선을 다하는 문화를 창조하는 것이었다. 우리는 함께 논의한 끝에 그의 부서의 인재 관련 관행은 효과 S-곡선에서 70~80퍼센트 상승했지만 조직의 문화 관련 관행은 효과 곡선에서 단 20퍼센트만 상승했다는 사실을 발견했다. 나는 이 경험(그리고 그 밖의 경험)을 계기로 조직의 한 가지 역량으로서 문화를 탐구하게 되었다.

우리는 시장 가치 평가 연구에서 두 회사가 동일한 업계에서 동일한 소득을 거둔다 해도 시장 가치는 최대 40퍼센트까지 차이가 날 수 있음을 깨달았다.[2]

처음에는 이 사실이 이치에 맞지 않는 것처럼 보여서 연구를 계속했다. 그 결과 두 가지 무형적인 요소와 리더십 자본 지수를 발견하게 되었다.

이 두 사례에서 나는 약간 다른 것, 심지어 직관에 어긋나는 것에 귀를 기울였다.

리더가 영향력이 있는 지위를 얻는 데 결정적인 요소는 일반적으로 그가 알고 있는 지식이다. 따라서 리더는 자신이 수용한 지식을 발휘해 자신에게 이의를 제기하거나 새로운 통찰력을 제공하는 질문이나 경험에 적절히 대처해야 한다. 예컨대 한 회사의 어떤 리더는 자국에 비해 이머징마켓의 혁신과 문화가 훨씬 더 훌륭하다는 사실을 깨달았다. 그

---

2 데이브 얼리치, 《리더십 자본 지수: 리더십의 시장 가치 실현하기 Leadership Capital Index: Realizing the Market Value of Leadership》 (샌프란시스코: 베렛-코엘러출판사Berrett-Koehler Publishers, 2015).

러자 곧바로 오래된 시장에서 새로운 시장의 방향이 아니라 반대 방향으로 지식을 이동시키기 위한 조직 학습 모형을 개발하기 시작했다.

리더는 이따금 직위와 집무실, 역할의 뒤에 숨는다. 하지만 조직 인류학의 리더는 자신의 안전지대를 벗어나 활동한다.

사물을 다른 시각으로 보는 사람들을 주변에 두어라

불안정한 리더는 흔히 자신과 사고방식이 비슷하지만 자신만큼 우수하지 않은 사람을 주변에 둔다. 그렇게 해서 주변 사람보다 더 많이 안다는 사실로써, 그리고 주변 사람들에게 자신의 통찰력을 인정받음으로써 자신의 자아상을 고양시킨다. 반면에 유능한 리더는 새롭고 도전적인 아이디어를 제시하는 사람들과 함께 시간을 보낸다.

나는 경력을 쌓는 동안 나와 파트너십을 맺은 동료들은 새로운 아이디어를 제시해 내 아이디어를 보완하는 사람들이었다. 나는 공동 집필자들에게 배운다는 목표를 세우고 내가 쓴 책 30여 권 가운데 두 권을 제외하고 모든 책을 공동 집필했다. 박사 과정을 밟는 동안에는 올바른 데이터 분석을 수행할 수 있는 통계학자 동료와 (응용 양적 연구라는) 파트너십을 맺었다. 나는 로저 볼러스Roger Bolus에게 데이터에 접근하고 조작 처리하는 방법을 배웠다. 미시건의 재정학 교수(레이 레일리Ray Reilly)와 협력하며 계속 재정학을 공부했다. 그는 내게 데이터를 통해 경영의 지혜를 얻는 방법을 가르쳐주었다. 나는 C.K. 프라할라드C.K. Prahalad와 파트너십을 맺고 리더들이 새로운 사업 현실을 인식하고 형성하도록 도울

방법을 모색했다. RBL 그룹에서는 20년 동안 놈 스몰우드Norm Smallwood
와 파트너십을 맺음으로써 아이디어를 행동으로 바꾸는 그의 원칙과
더 추상적인 내 견해를 결합했다.

내 전문 분야는 HR 문제(예컨대 인재와 리더십, 역량)의 접점과 마케팅, 고
객 관계(《리더십 브랜드 Leadership Brand》[3] 와 《외부에서 내부로의 HR HR from the Outside
In》[4]와 투자(《리더십 자본 지수 The Leadership Capital Index》[5] 컨설팅이다. 유능한
리더는 자신감과 호기심을 겸비하고 참신한 아이디어와 새로운 통찰력
을 가진 사람들을 주변에 둔다. 나는 리더십 코칭에 관한 질문 가운데
'무엇을 생각하는가?'라는 질문을 가장 좋아한다.

실험하라 – 기꺼이 실패하라 – 배워라

내가 일하던 회사는 다음과 같은 주문 사항을 개발했다. '크게 생각
하고, 작게 시험하고, 빨리 실패하고, 항상 배워라.' 이 회사는 제품과
서비스, 사업 모형과 리더십 활동을 끊임없이 혁신했다. 자사가 크게
생각하고 작게 시험하는 일에 상당히 강점이 있다는 사실을 스스로 깨

---

3 데이브 얼리치와 놈 스몰우드, 《리더십 브랜드: 성과를 주도하고 지속적인 가치를 형성하는 고
   객 초점 리더 발전시키기 Leadership Brand: Developing Customer Focused Leaders to Drive
   Performance and Build Lasting Value》(매사추세츠주, 케임브리지Cambridge, MA: 하버드비즈니스리
   뷰 출판Harvard Business Review Press, 2007).
4 데이브 얼리치, 《아웃사이드 인 HR: 미래 인력 자원의 여섯 가지 능력 HR from the Outside In: Six
   Competencies for the Future of Human Resources》(오하이오주, 콜럼버스Columbus, OH: 맥그로힐
   교육McGraw-Hill Education, 2012).
5 데이브 얼리치, 《리더십 자본 지수: 리더십의 시장 가치 실현하기》(샌프란시스코: 베렛–코엘러
   출판사, 2015).

달았다. 하지만 이에 비해 빨리 실패하고 항상 배우는 일에는 그다지 능하지 않았다. 그런데 실패를 기회로 인식하자고 관점을 바꾸는 순간 회사의 혁신 속도가 급격히 빨라졌다. 사람들이 실수 뒤에 숨기보다는 실수를 공유하고 실수에서 배웠기 때문이다.

리더는 이른바 조직 인류학자로서 언제나 사람들의 활동을 관찰한 다음 관찰 결과를 일반화할 수 있는지 시험한다. 리더 겸 관찰자는 실패가 배울 수 있는 훌륭한 기회라고 생각한다. 리더는 실패에서 얻은 교훈에 못지않게 성공에서 얻은 교훈을 널리 알린다. 리더십에 관해 내가 가장 좋아하는 또 다른 질문은 이것이다. "지난번 경험에서 발전의 밑거름으로 삼을 수 있는 어떤 교훈을 얻었는가?"

관찰하는 리더는 개개인의 행동을 일련의 실험으로 생각한다. 이들은 지시함으로써 통제하기보다는 다른 사람들의 업무를 지켜보고 그들을 서로 연결한다는 점에서 도넛구멍donut-hole 리더라 할 수 있다. 한 인류학자 리더는 출장을 다니면서 A 장소에서 만난 리더에게 똑같은 문제에 직면한 B나 C 장소의 리더와 대화를 나누라고 권하곤 했다. 그는 리더에게 해결책을 전달하는 대신 다른 사람들과 연락해서 서로 배우고 공유하라고 격려했다.

최고 경영진 연례회의를 지휘하는 또 다른 리더는 혁신적인(대개 잠재력이 큰) 직원 열 명을 초대했다. 그는 직함이 아니라 활동을 기준으로 직원들에게 회의에 참석할 자격을 제공했다. 이 혁신자들은 고위 리더들이 새로운 아이디어를 관찰해서 찾아낸 사람들이었다. 회의가 끝난 후에 최고 리더는 차후 회의를 열 무렵이면 열 명 가운데 다섯 명은 혁신에 성공할 것이고 나머지 다섯 명은 실패하지만 교훈을 얻을 것이라고 판단했다. 그는 이처럼 새로운 아이디어를 관찰하고 사람들을 고위 리더 회의에 참석시켜 새로운 경험을 제공하는 방식으로 아이디어를 확산시켰다.

끊임없이 역설을 항해하라

우리는 리더십을 연구하면서 사람들이 리더십의 효과를 확인할 수 있는 단 하나의 기본 요소를 찾고자 노력한다는 사실을 발견했다.[6] 유능한 리더가 되는 일종의 성배를 찾는 것이다. 최근 몇 년 동안에는 리더에게 정서지능을 개발하고 이어서 민첩성, 그릿(grit, 미국의 심리학자 앤젤라 더크워스가 개념화한 용어로, 성공과 성취를 끌어내는 데 결정적 역할을 하는 투지 혹은 용기를 뜻한다 – 옮긴이), 회복력, 성장 사고방식, 끈기를 배우라고 권장하는 것이 추세였다.

역설은 외관상 모순되는 활동을 동시에 수행할 때 존재한다. 이 같은 본질적인 모순이 공존할 때 성공이 따른다. 역설은 양자택일에 집중하기보다는 다수선택 사고방식을 강조한다.

나는 개인적인 업무에서 역설을 관찰하고 수용하며 항해하는 법을 배웠다. 내가 생각하기에 역설은 리더십 행동을 인도하는 표지판과 같

---

6 데이브 얼리치, 데이비드 크라이신스키, 마이클 얼리치, 웨인 블록뱅크, "역설적인 항해자로서의 리더 Leaders as Paradox Navigators," 〈리더투리더〉, 2017년 9월.

다. 리더는 장기적인 동시에 단기적이며, 하향적인 동시에 상향적이며, 지시하는 동시에 격려하고, 과거를 음미하는 동시에 미래를 창조하며, 세계적인 동시에 지역적이고, 대상을 확대하는 동시에 축소할 수 있어야 한다.

역설을 항해하려면 1차원적으로 판단하기보다는 아이디어를 결합하는 방안을 고려하고, 해답을 제시하기보다는 질문해야 한다.

나는 리더들에게 역설을 발견하는 관찰자가 되라고 권한다. 리더라면 모름지기 새로운 해답을 발견하는 순간 다른 역설을 인식해 수용하고 이 역설 사이를 항해할 방법을 모색해야 한다. 이런 리더야말로 수렴하고 집중해야 할 때와 발산하고 다양성을 장려해야 할 때를 구분한다. 리더는 조직의 전제를 관찰함으로써 혁신과 성공으로 이어질 역설을 장려할 수 있다.

결론

조직 인류학자가 되려면 배움에 전념하고 효과가 없는 관계와 아이디어를 포기해야 한다. 내가 가르치는 일에 종사하며 발견한 바로는 2년마다 20~25퍼센트 정도 새 자료가 필요하다. 보기에는 쉬운 일 같지만 수십 년 이상 계속하기에는 여간 어려운 일이 아니다. 그러려면 좋아하는 아이디어를 포기하고 새로운 이야기를 꾸준히 수집하며 새로운 도구를 창조하고 새로운 질문을 제시해야 한다. 꾸준히 배우지 않으면 언젠가 반드시 배워야 할 때가 온다. 내 경우에는 다른 사람들이라면 보지 못할 것들을 계속 찾았는데 그래서 내 OCD(조직 강박 장애)는 더욱 심해졌다.

자기성찰 질문

1. 여러분 조직의 문화를 어떻게 묘사할 것인가? 완전히 새롭고 생소한 부족을 발견하는 인류학자의 시각으로 묘사해보라.
2. 동료와 추종자 가운데 여러분과 다른 사람이 몇 명이나 있는가? 이런 사람들이 여러분에게 도전이나 좌절을 안기는가?
3. 과거에 어떤 분야에서 실험을 했으며 어떤 결과를 얻었는가? 이 경험에서 무엇을 배웠는가?
4. 여러분 조직에 존재하는 역설과, 리더로서 역설을 항해할 방법을 확인하라.

제4장

·

파도

휘트니 존슨

휘트니 존슨은 자신의 다채로운 전문적 경험을 토대로 전략적인 시각과 장기적인 비전을 제시한다. 월스트리트 투자지분 분석가로 대성공을 거두었을 뿐만 아니라 (하버드 경영대학원의 클레이튼 크리스텐슨Clayton Christensen과 함께) 파괴적 혁신 펀드Disruptive Innovation Fund인 로즈파크 어드바이저스Rose Park Advisors를 공동으로 설립해 관리했다. 전통적인 교육을 받은 피아니스트라 훈련과 연습, 끈기에 대한 통찰력이 남다르다. 파괴적 혁신과 개인 파괴의 전문가인 그녀의 전문 분야는 리더들이 독점적인 프레임워크를 실행함으로써 변화를 활용할 수 있도록 도구를 제공하는 것이다. 그녀는 비평가들의 찬사를 받은 《자신을 파괴하라: 파괴적 혁신의 힘을 일에 불어넣기 Disrupt Yourself: Putting the Power of Disruptive Innovation to Work》에서 이 프레임워크를 요약했다. 싱커스50과 리

61

리더십은 행동방식이 아니라 존재방식의 문제이다

딩 비즈니스 싱커 글로벌리Leading Business Thinker Globally, 그리고 2015 인재 톱싱커Top Thinker on Talent 결승진출자로 선정되었다. 팟캐스트 '당신을 파괴하라 Disrupt Yourself'를 진행하는 그녀는 구글의 전 CFO 패트릭 피체트Patrick Pichette와 WD-40의 CEO 개리 리지Garry Ridge 같은 유명 인사들을 초대 손님으로 모셨다. 다양한 산업의 고위 경영진을 코치하며 경영자들이 가치를 창조하거나 파괴하는 방식을 깊이 이해했다. 개개인이 파괴의 기본 단위라는 전제를 토대로 삼는 그녀의 코칭 방식은 파괴적 혁신 이론에 뿌리를 두고 있다. 그녀는 개인의 책임을 바탕으로 마셜 골드스미스의 이해관계자 중심 코칭(변화는 생태계에 따라 촉진되는 것이 아니라 내면에서 시작한다)을 활용해 경영진과 협력한다.

■ ■ ■

학교에 입학한 지 얼마 되지 않았을 때 나는 지구에 오대양이 있다는 사실을 배웠다. 나는 오대양 중에서 가장 드넓은 태평양 연안에서 성장했다. 30퍼센트가 넘는 지구 표면을 덮고 있는 태평양은 그 면적이 모든 대륙을 합친 것보다 더 넓었다. 대서양이 태평양에 이어 둘째로 넓었고 그다음은 인도양, 남극해, 북극해 순이었다.

훗날 나는 대양과 바다가 동일하지 않다는 사실을 배웠다. 각 대양에는 수많은 바다(해협과 크고 작은 만)가 포함된다. 나는 조수와 해류가 기상 체계와 생명체, 그리고 세계에 전반적으로 영향을 미친다는 사실도 발견했다.

사실상 이 모든 물이 명확하게 구분되지 않는다는 사실을 깨달은 것은 세월이 더 흐른 다음이었다. 사실 오대양은 거의 4분의 3에 이르는 지구 표면을 차례대로 끊임없이 흘러 다니는 거대한 하나의 대양이다.

요즘 나는 파도를 바라본다.

지금 나는 북아메리카 대륙에서 내가 유년기를 보낸 곳의 반대편에 살고 있다. 대서양 해안에서 꼬박 반나절을 운전해야 하는 거리이다. 일과 삶의 밀물과 썰물 속에서 바쁘게 밀려다니다 보니 해안에 가본 지가 꽤나 오래되었다. 그럼에도 나는 파도를 바라본다. 매일. 어디서든.

미국의 지정 지리학적 중심인 캔자스주 레바논Lebanon, Kansas이나 대양에서 가장 먼 미 대륙에서도 나는 파도를 바라볼 것이다. 캔자스주 레바논에서는 십중팔구 '벼 이삭의 황금빛 파도'가 일렁이며 흔들리겠지만 그 파도만 바라보는 것은 아니다.

이 말이 무슨 뜻인지 설명해보겠다.

2007년 내가 클레이튼 크리스텐슨과 공동으로 설립한 파괴적 혁신 펀드에서는 투자 의사결정을 설명할 수단으로써 E.M. 로저스E.M. Rogers[1]가 수십 년 전에 대중화한 S-곡선 모형을 채택했다. 새로운 아이디어와 혁신적인 제품(파괴요소disruptors)을 수용하는 속도와 그것이 문화와 시장에 침투하는 속도를 측정할 때 전통적으로 이 모형을 사용한다. 처음에 곡선의 기부에서는 진보가 느리다. 그러다가 마침내 티핑포인트(어떠

---

1 E.M. 로저스, 《혁신의 확산 Diffusion of Innovation》 (뉴욕: 글렌코 프리 프레스Free Press of Glencoe, 1962; 5판, 2003); S-곡선 모형, https://en.wikipedia.org/wiki/Diffusion_of_ innovations, 2018년 3월 1일 열람.

한 현상이 서서히 진행되다가 작은 요인으로 말미암아 폭발하는 순간을 일컫는 용어 — 옮긴이)에 도달한다. 곡선의 뒷부분에는 가파르게 가속화되는 초급성장 구간이 나타난다. 그러다 정점에 이르면 시장 포화에 가까워짐에 따라 진보가 다시 느려져 S의 상단이 평평해진다.

나는 이 모형을 인간 파괴에 효과적으로 적용해 (경력은 물론이고 모든 삶의 단계와 영역에서) 인간의 성장과 변화, 발전의 예측불가능성을 이해하는 패턴을 제공할 수 있음을 깨달았다. 나는 이 S-곡선을 '파도'라고 생각한다. 다시 말해 그것은 새로운 학습과 능력을 향해 올라탈 수 있는 짜릿하고 도전적인 기회이다. 나는 어디에서나 S-곡선을 눈여겨보고 어느 정도 규칙적으로 새로운 파도나 혹은 일반적으로 형성되는 파도에 올라타야 한다고 믿는다. 뇌 과학에서는 배워야 할 새로운 것과 해결해야 할 문제의 형태로 등장하는 인지적 도전이 행복 호르몬인 도파민으로 뇌에 윤활제를 제공함으로써 좋은 기분과 행복감을 고조시키고 궁극적으로 인지적 퇴보를 피하게 만든다. 그러면 생산성이 더욱 높아지기 때문에 우리는 삶과 일에 더욱 오랫동안 적극적으로 참여할 수 있다.

겹겹의 파도

이 과정을 다음과 같은 방식으로 그려보자. 우리의 삶은 S-곡선을 따른다. 하단에 머물 때 우리는 유아와 아동, 청소년이다. 배워야 할 것이 어마어마하게 많다. 성인 초기의 어떤 지점에 다다르면 이해력과 능력이 상당한 수준에 올라 티핑포인트에 이른다. 이후 수년 동안 생산적으로 일하고, 개인의 관심사와 재능을 탐구하고, 추가로 교육을 받고, 가족과 지역사회를 형성하고, 가치 있는 공헌을 한다. 이상적으로 볼 때 이 시기는 개인의 파도에서 유쾌한 가파른 배면으로 올라가는 긴 전성기이다. 그런 다음 마침내 상단의 고원에 이르면 진보 속도가 느려진다. 이후에는 사람들이 대부분 다소간 퇴보를 경험한다.

하지만 우리 행성의 대양이 다섯 개의 이름을 가지고 있어도 사실 더 작은 수역 여러 개로 구성된 하나의 거대한 대양이듯이 삶의 S-곡선은 영향력을 발휘하는 몇 개의 파도로 구성되어 있다. 경력은 이 파도 가운데 하나일 뿐이다. 나는 코칭과 집필, 강연을 할 때 이 파도에 가장 집중적으로 초점을 맞추지만 그래도 그것이 삶의 유일한 파도는 아니다. 우리는 평생 동안 혹은 삶의 각 단계가 진행되는 동안 다방면에서 야망과 목표를 좇을 수 있다. 이를테면 자녀 양육은 개인의 삶에서 중요한 파도이다. 새내기 부모의 곡선 하단에는 학습 도전과 완전 정복해야 할 수많은 기술이 존재한다. 하지만 유아는 머지않아 학교에 입학하고 그러면 부모가 올라야 할 새로운 곡선이 생기며 이후에는 청소년기의 S-곡선으로 이어지는 대대적인 파괴의 시기가 존재한다. 십대 아이를 키워본 사람이라면 누구나 유아를 키울 때와는 사뭇 다른 기술들이 필요하다는 사실을 알 것이다. 아이가 성장해 성인이 되면 자녀와의 관계가 이전의 기회와는 다른 새로운 기회를 제공한다. 자녀 양육이라는 파도는 삶이라는 거대한 파도 속으로 동시에 흘러들어가는 더 작은 연속적인 학습 파도로 구성된다. 이 거대한 파도에 경력, 취미, 재능, 자원봉사, 확대 가족, 그리고 영성의 파도도 포함될 것이다. 탐구해야 할 가능성의 대양이 존재하는 것이다.

지난 시절 우리의 경력은 하단에 있는 진입 단계의 위치에서 형성되었을 것이다. 아마 그 이전에는 학교 교육이 존재했을 테고, 이후에는 대개 한두 차례, 이따금은 더 많은 승진이 따를 것이다. 과거에 경력은 대개 한 장소에서 한 고용주를 모시고 오랜 기간 동안 한 임무를 수행하며 형성되었을 것이다. 하지만 이제는 달라졌다. 오늘날 급변하는 업무 환경에서 경력을 관리하려면 (주기적으로 한 파도의 최고 성과에서 뛰어내려 다음 파도의 하단을 붙잡는) 개인 파괴의 가치, 그리고 이따금 이처럼 과감하게 뛰어내려 자신감 넘치는 전문가에서 다시금 새로운 학습 곡선의 초보자로 민첩하게 변신해야 한다는 사실을 깨닫고 그 깨달음에 따라 행동해야 한다. 만일 자신을 파괴해 올라탈 파도를 선택하지 않는다면 아마 우리는 이따금 우리가 원치 않는 방식(해고, 권고사직, 쉴 새 없이 등장하는 신기술을 따라가지 못하는 낙오자라는 느낌)으로 파괴될 것이다. 그 결과 해류에 밀려 정처 없이 떠돌거나 아니면 해변으로 밀려왔다가 물이 빠질 때 해변에 덩그러니 남는 바다 쓰레기처럼 버려질 것이다.

파도를 최대한 이용하기

나는 이처럼 한 파도에서 다른 파도로 힘겹게 이동할 때 성공적으로 대처할 수 있는 개인 파괴의 일곱 가지 촉진제를 정립했다. 다음은 이 중대한 접점들을 요약해서 묘사한 내용이다.

1. 적절한 위험을 감수하라

경력 도약에 수반될 위험의 유형을 평가하라. 나는 시장 위험을 추구하는 방법을 제안한다. 그러려면 다른 사람이 아직 차지하지 않은 파도를 찾아야 한다. 현재 충족되지 않은 필요를 충족시킬 만한 어떤 역할을 창조하거나 그 역할에 진입할 수 있을 때 성공 확률이 크게 높아진다. 파도의 첫째 서퍼가 되면 이미 정의된 시장에서 기존의 경쟁자들과 치열하게 경쟁해야 하는 경쟁 위험을 피하고 훗날 도전장을 던질 사람들보다 우위를 차지할 수 있다.

2. 독특한 장점을 발휘하라

슈퍼파워를 가지고 있는가? 슈퍼파워란 여러분이 능숙한 일은 물론이고 유별나게 능숙한 일, 다시 말해 주변 사람들은 능숙하게 해내지 못하거나 심지어 안간힘을 써야만 겨우 해낼 수 있는 일을 말한다. 교육이나 경험으로 획득한 기술이 슈퍼파워가 될 수 있다. 그런 반면에 평생 훌륭하게 해낸 일이나 어린 시절에나 현재에 사람들이 여러분을 약간 기묘한 사람으로 보게끔 만드는 일도 슈퍼파워라 할 수 있다. 해당 분야에서 본인의 능력을 당연시하다 보니 (본인에게는 너무나 당연한 능력처럼 보인다) 자주 받으면서도 그리 진지하게 생각지 않은 칭찬을 떠올려보라. 아니면 여러분의 짜증을 유발하는 다른 사람의 모습을 관찰해보라. 본인은 재빨리 쉽게 할 수 있는 활동을 다른 사람들이 재빨리 해내지 못해 짜증이 난 적은 없는가?

3. 제약을 수용하라

'제약'이라는 단어에 대한 첫 반응은 대개 부정적이다. 제약은 우리의 자유에 부가되는 제한을 뜻한다. 하지만 우리가 새로운 S-곡선의 하단에서 출발할 때면 불가피하게 제한이 존재한다. 시간과 돈, 전문지식과 지원이 턱없이 부족하다. 하지만 사실 선택을 제한하지 않으면 오히려 당황하게 되며 이는 효과적인 결정을 내리는 데 걸림돌이 된다. 목표에 도달하기 위해 따라야 할 길을 정할 때 제약이 있다는 사실이 오히려 도움이 된다. 제약이 없다면 방향을 확실히 잡지 못하고 길을 잃을 수도 있다. 선택의 폭이 더 좁을 때 더 많이 연구하고 혁신해야 한다. 매우 중요한 파도의 티핑포인트를 향해 전진하는 과정에 해결해야 할 변수가 더 적어진다. 그뿐 아니라 진보에 대한 피드백을 빨리 받을 수 있다. 효과적이지 않은 방법을 재빨리 구별하면 효과적인 방법을 더 빨리 발견할 것이다.

4. 자격을 물리쳐라

자격은 개인 파괴의 음흉한 파괴자이다. 자격은 자기만족, 즉 S-곡선의 최상단에 올라 우리가 성취한 영광스러운 지위를 누려야 마땅하다는 느낌의 형태로 나타난다. 우리의 앞길에는 언제나 좋은 일만 일어나야 한다고 생각한다. 혹은 반대로 우리가 누려야 마땅한 것을 받지 못했다며 분통을 터트린다. 이를테면 승진에서 누락되었거나 칭찬을 받지 못했거나 다른 사람이 우리의 아이디어나 노력에 대한 공을 가로챘다고 화를 낸다. 자격은 비교적 편안한 위치에서 자신을 파괴해 새로운 학습 곡선에 도전할 수 있는 에너지를 빼앗는다. 이따금 성공을 거두어 자원 제약이 해제될 때 스스로 새로운 제약을 부가해야 진보할 수 있다. 경력과 비즈니스의 세계에서 흔하게 일어나는 사고가 있다면 그것은 성공으로 인한 죽음이다. 이 죽음을 피하려면 자격과 맞서 싸워야 한다.

5. 성장하기 위해 물러서라

경력 발전의 S-곡선 모형은 선형적이지 않다. 기업의 사다리에 대한 일반적인 개념은 잊어라. 위로 오르는 것만이 성장하는 유일한 길은 아니다. 이따금 옆이나 뒤, 심지어 아래로 움직여 새로운 학습 파도의 상단에 올라탈 수 있다. 투석기를 떠올려보라. 고에너지의 전진 추진력을 발생시키는 것은 후진이다. 우리가 지금 하는 일을 계속하려면 새로운 것을 배우고 해결해야 할 중대한 난제에 맞닥뜨려야 한다. 자격을 물리치려면 이미 정복한 파도에 대한 통제권을 포기하고 성장할 여지를 허용하는 역할로 물러나야 한다.

6. 실패에 정당한 권리를 제공하라

실패는 훌륭한 스승이다. 감사하게도 어떤 꿈의 죽음이 종말을 의미하는 것은 아니다. 좇을 수 있는 꿈과 공헌할 수 있는 일이 무궁무진하다. 노력을 투자했던 어떤 길이 막다른 길목에 이를 때 성공적인 파괴자는 이미 배운 것을 챙겨 다음 파도에 올라타고 더욱 큰 성취를 거둔다. 나는 프로골프 선수 조던 스피스Jordan Spieth의 사례를 무척 좋아한다. 스피스는 2016년 마스터스 골프 토너먼트Masters Golf Tournament 최종 라운드에 진출해 선두에 나섰다. 2015년에 우승했고 2016년 내내 우수한 성적을 거두었다. 2년 연속 우승이 눈앞에 있었지만 그는 고전했다. 결국에는 만회를 했으나 이미 때를 놓친 후였다.

대회가 끝나고 며칠이 지난 후에 그의 캐디 마이클 그렐러Michael Greller가 페이스북에 인상적인 게시물을 올렸다. "지금껏 여러 번 힘겨운 패배를 경험했고 앞으로도 더 많은 실패를 경험할 것이다. 우리는 이 순간에 갇혀 있지 않을 것이며 여러분도 그래야만 한다. 우리는 더 열심히 노력하고 더 열심히 싸우며 더 잘해낼 것이다. 지금껏 여러 번 그랬듯이 회복할 것이다. 최근 한 지혜로운 코치가 내게 일깨웠듯이 승리는 여러분의 품성을 드러내고 패배는 여러분의 모든 품성을 드러낸다." 브라보, 실패여.

7. 발견 지향적인 사람이 되어라

처음으로 파도를 타기로 결심할 때 우리는 파도가 어떤 식으로 전개될지 알지 못한다. 성공적인 파괴자의 핵심 장점은 융통성이다. 세계적으로 이름난 탐험가들은 대부분 여행 도중에 등장하는 도전에 대처할 준비를 미리 하지 않았다. 따라서 이런 도전에 대처하려면 엄청난 즉흥 대처 능력과 적응력, 지혜가 필요했다. 탐험가들은 움직이면서 배웠으며, 그들이 얻은 교훈은 대개 실패의 산물이었다. 개인 파괴에는 미지의 세계로 떠나 파도를 타는 도중에 발견하며 상황이 전개될 때 혁신하겠다는 의지가 필요하다.

파도가 당신을 잡기 전에 파도를 잡아라

2017년 초여름 나는 전국 신문 연합의 상담 칼럼인 '디어 애비Dear Abby'에서 다음과 같은 편지를 읽었다.

삶이 나를 완전히 녹초로 만들었습니다. 나는 내 예상보다 더 많은 것을 이루었고 언제나 훌륭한 남편이자 아버지, 바람직한 직원, 성실한 자원봉사자, 응원하는 친구, 좋은 이웃이 되고자 노력했습니다. 그런데 평생 동안 너무 여러 가지 일을 하다 보니 이제 설렘이 사라졌습니다.

쉰여섯 살 나이에 일과 출장에 지치고 취미도 시들해졌으며 대부분의 사람들을 대하는 일이 전반적으로 지겨워졌습니다. 나는 느긋하고 곧잘 웃으며 인간관계가 원만하지만 이제 어떤 일에도 설레지 않습니다. 솔직히 저승사자가 내 어깨를 두드리며 '짐을 싸시죠. 내일이 그날이오'라고 말한다 해도 나는 그저 어깨를 으쓱하며 '몇 시인가요?'라고 물을 겁니다.

두어 번 치료사를 찾아갔지만 그들은 내게 필요한 것은 치료가 아니라 그저 새로운 '불꽃'이라고 말했습니다. 그래서 어떻게 해야 한다는 겁니까? 죽을 날만 기다리며 허우적거리면서 계속 살아야 할까요? 저만 이런 기분을 느끼는 건가요?[2]

---

2 데일리저널온라인DailyJournalOnline, http://dailyjournalonline.com/news/opinion/advice/dear-abby/dear-abby/article_b43e2b41-3c64-5887-b6ebd453f0531b5b.html.

리더십은 행동방식이 아니라 존재방식의 문제이다

이 남자분만 이런 기분을 느끼는 것은 아니다. 삶의 여러 단계에서 사람들은 S-곡선의 고원과 열정이 서서히 식거나 심지어 사라지는 시기를 만난다. 원래 나이가 들거나 건강에 심각한 문제가 생길 때 삶의 S-곡선에서 자연스럽게 쇠퇴 현상이 나타난다. 하지만 쉰여섯 살이라면 상황이 달라진다. 나는 새로운 불꽃이 필요하다는 치료사의 말에 공감한다. 이 사람뿐만 아니라 그와 마찬가지로 중년과 경력의 내리막길, 그리고 일상적인 자녀 양육이라는, 기복이 심한 파도에 시달리다가 서서히 물러나는 조수를 경험하는 수많은 사람에게는 새로운 불꽃이 필요하다. 앞으로 수십 년 동안 보탬이 되는 삶을 활기차게 살면서 계속 새로운 마음으로 활발하게 일하며 건재하게 생활하려면 올라타야 할 새로운 파도가 필요한 것이다. 괜히 '중년의 위기'와 '빈 둥지 증후군'이라는 용어가 생겼겠는가. 내가 생각하기에 비교적 흔히 볼 수 있고 서로 비슷한 이 두 함정은 도전이 줄어들고 자기만족이 은근히 밀려들 때 S-곡선 상단의 완벽한 능력이 권태에 항복했다는 증거이다.

정체가 자리를 잡기 전에 주도적으로 자신을 파괴하는 편이 대개 더 수월하지만 약간의 노력과 상상력만 있다면 어떤 단계에서든 상관없이 일찌감치 혹은 느지막하게 정체 상태에서 개인 파괴로 돌파할 수 있다. 나는 뉴질랜드 스포츠성과연구소Sports Performance Research Institute New Zealand, SPRINZ에서 제공한 다음과 같은 데이터가 무척 마음에 든다.[3] '경쟁력이 있는 서퍼가 파도타기와 패들링, 기다리기에 투자하는 평균 시

---

3 서퍼투데이닷컴Surfertoday.com, https://www.surferstoday.com/surfi ng/7653-surfersonly-spend-8-of-the-time-riding-waves.

간은 각각 8퍼센트, 54퍼센트, 28퍼센트가량이다(나머지 10퍼센트는 변수이다).' 바라건대 우리 경력의 S-곡선 파도타기와 선先헤엄치기(파도를 타기 전까지 파도를 향해 헤엄쳐 나가는 것—옮긴이)의 비율이 이보다 약간 더 높으면 좋겠다. 하지만 잠시 멈추어 준비하고 위치를 잡거나 혹은 어쩔 수 없이 기다리거나 휩쓸려 나가는 것처럼 짜릿함이 덜한 시간이 마침내 완벽한 파도를 잡는 과정에서 중요하지 않은 것은 아니다.

결론

나는 영광스럽게도 대표적인 미국 강연기관인 워싱턴 스피커스 뷰로Washington Speakers Bureau의 설립자 버니 스웨인Bernie Swain과 인터뷰할 기회를 얻었다. 워싱턴 스피커스 뷰로는 재계와 연예계, 스포츠계 등 다방면의 유명인사는 물론이고 여러 미국 대통령과 영국 총리를 대변하는 기관이다. 버니 스웨인은 또한 베스트셀러 회고록인 《무엇이 지금의 나를 만들었나 What Made Me Who I Am》의 집필자이다.[4]

그는 대화를 나누는 동안 다음과 같이 말했다. "어린 시절의 무엇이 지금의 당신을 만들었는지 찾고 싶지 않을까요? 당신은 어떤 사람일까요? 뒤를 돌아보고 무탈하게 보낸 삶을 바라보기보다는 일찌감치 삶을 바라보고 무탈하게 지내는 삶을 창조해야 합니다."[5]

---

4 버니 스웨인, 《무엇이 지금의 나를 만들었나》(테네시주, 브렌트우드Brentwood, TN: 사비오 리퍼블릭/포스트 힐 프레스Savio Republic/ Post Hill Press, 2016).
5 휘트니 존슨, 팟캐스트의 버니 스웨인 인터뷰, 2016년 12월, https://whitneyjohnson.com/bernie-swain-disrupt-yourself/.

나는 이 접근방식을 지지한다. 개인 파괴를 통해 의식적이고 전략적으로 위치를 선정하고 시각화함으로써 경력을 쌓으면서 우리가 가고 싶은 경험의 장소로 우리를 데려갈 S-곡선 파도에 올라타는 것이다. 세심하게 살피고 돌이켜보면 삶의 S-곡선은 겹겹의 파도가 될 것이다. 그리고 그중에 '결정적인 파도'가 있을 것이다.

✍️ 자기성찰 질문

1. 삶의 S-곡선을 그려라. 가장 높은 지점과 낮은 지점에 무엇이 나타나는가?

2. 일과 삶의 이 곡선에서 높은 지점과 낮은 지점 사이의 어떤 접점을 발견했는가? 한 영역이 나머지 영역에 미치는 영향이 보이는가?

3. 삶의 S-곡선의 경로를 바꾸는 것이 가능한가? 어떤 요인이 이 변화를 더 어렵거나 쉽게 만드는가?

제5장

훌륭한 리더 되기

패트릭 렌치오니

패트릭 렌치오니는 테이블 그룹The Table Group이자 책 열한 권을 발표한 작가이다. 30여 개 언어로 번역된 그의 책은 500만 부 이상 팔렸다. 〈월스트리트저널 The Wall Street Journal〉은 그를 "미국인이 가장 많이 찾는 연사"라고 일컬었다. 그는 지난 15년 동안 전 세계의 수많은 회의와 행사에서 수백만 명을 대상으로 연설했다. 〈하버드비즈니스리뷰〉, 〈Inc.〉, 〈포천〉, 〈패스트컴퍼니〉, 〈USA투데이 USA Today〉, 〈월스트리트저널〉, 〈비즈니스위크〉 등 수많은 간행물에 출연하거나 글을 기고했다. CEO로서 리더십과 조직 건강에 관한 책과 글을 쓰고 이런 주제에 관심이 있는 청중을 대상으로 연설하며 다른 CEO와 직원들에게 자문을 제공하며 시간을 보낸다. 테이블 그룹을 설립하기 전에 베인 앤드 컴퍼니Bain & Company, 오라클 코퍼레이션Oracle Corporation, 사이베이스Sybase에서 근무했다. 아내와 네 아들과 함께 베이 에어리어Bay Area에 거주한다.

．　．　．

　내가 경력을 쌓으면서 얻은 리더십에 관한 최고의 교훈은 내가 최근에야 비로소 이해하게 된 교훈일 것이다.

　승무원들이 되풀이하는 내용이니 내가 비행기를 처음 탄 십 대 시절에 그 교훈을 깨달았어야 마땅하다. "기압이 떨어질 경우에는 본인의 산소마스크를 착용한 후에 다른 승객이 착용하도록 도와주십시오." 요컨대 먼저 인간이 되어야 훌륭한 리더가 될 수 있으며, 다른 사람을 도우려면 나부터 도와야 한다. 뻔한 이야기처럼 들리겠지만 잠시 설명해야 할 만한 가치가 있을 것이다.

　경력을 쌓기 시작해서 얼마 지나지 않았을 무렵 나는 훌륭한 리더가 되고 싶었다. 그것은 내게 중요한 문제였고 훌륭한 일처럼 보였다. 그런데 나는 훌륭한 리더이자 관리자로 인정받고 싶었고 그것이 문제의 씨앗이었다.

　나는 직원들을 배려하고자 노력하며 그들에게 보탬이 되는 일을 했다. 그들과 그들의 가족, 그들의 경력에 관심을 가졌다. 나보다 그들의 욕구를 더 중요시했고 그들을 위해 희생하는 경우도 많았다. 잠재력을 십분 발휘하도록 지지하고 격려했다. 그리고 찬사를 보냈다.

　하지만 나는 리더로서 내 성공과 가치를 평가할 때 마음 깊은 곳에서 나에 대한 사람들의 평판을 기준으로 삼았다. 당시에는 이해하거나 인정하지 못했으나 훌륭한 리더를 평가하는 기준은 사실 그들이 아니라 내 정체성과 자기가치이어야 했다.

도에 넘치게 철저히 자신을 분석한다고 나를 비난하고픈 사람들이 있을지 모른다. "추종자들이 자신에게 필요한 것을 얻기만 한다면 그런다고 해로울 건 없다"라고 말할 사람도 있을 것이다. 하지만 나는 이런 생각이 눈에 잘 띄지 않지만 위험하기 짝이 없는 해를 끼친다고 생각한다. 직원들이 나에게 받는 도움의 지속성뿐만 아니라 내 마음의 평화를 위협했으니 말이다.

상황이 좋을 때 나는 만족감을 느꼈다. 하지만 만족감은 그리 오래 가지 않았다. 나는 언제나 더 성취해야 할 일과 리더와 전문가로서 내 역량을 지속적으로 입증할 방법을 고민했고 그러다 보면 약간의 공허함이 밀려왔다.

상황이 좋지 않을 때면 불같이 화를 냈다. '왜 이렇게 됐지? 계획대로 되지 않은 일 때문에 우리 직원들이 영향을 받았나?' 돌이켜보면 그것은 내 세계가 잘못되었기 때문이었다. 내 정체성이 위태로웠던 것이다.

나이가 더 들고 겸손의 진정한 의미를 이해하기 시작해서야 비로소 나는 개선할 수 있는 방법을 이해하게 되었다. 전문가로서의 정체성을 한 인간으로서의 정체성과 분리하지 않은 채로 진정으로 훌륭한 리더가 되는 것은 불가능했다. 그래서 하나님에 대한 신앙과 남편, 아버지, 아들, 친구라는 내 역할을 더욱 깊이 생각하기 시작했다. 내가 이전까지 이런 문제에 무관심했다는 의미가 아니다. 사실 나는 가정생활에 지극히 충실했다. 내가 안간힘을 쓰며 바로잡으려 했던 것은 내 정체성이었다.

내가 30대 초반에 이런 과정을 모두 거치고 지난 20년 동안 다르게 살아왔다면 오죽 좋았을까마는 내가 이 중대한 사실을 완벽하게 깨달은 것은 40대 중반에 접어들어서였다. 장담컨대 내가 이 깨달음을 얻기 전과 후에 나와 함께 일한 사람들이라면 내게 일어난 이 큰 변화를 목격했을 것이다. 지금의 나는 완벽함과는 거리가 멀다. 여전히 배우고 있다. 하지만 확실히 스트레스가 줄었다. 일에 대한 투자가 줄었다. 생각이 더 깊어졌다. 더 신중해졌다. 멘토와 전략가, 관리자로서 더 유능해졌다.

더 훌륭한 리더가 되고 싶어서 이 책을 읽고 있는 독자들에게 전하는 내 메시지는 단순하다. 먼저 온전한 인간이 되어라. 우선순위를 정하라. 여러분을 정의하는 것은 여러분의 일이나 리더십이 아님을 깨달아라. 이 책을 내려놓고 자신의 신앙이나 결혼, 자녀 양육에 투자하는 편이 더 나을지 자문하라. 만일 그렇다면 올바른 이유를 찾아 리더십 원칙을 소화하고 적용할 능력을 얻으라. 그러면 장기적으로 성공을 거둘 가능성이 높아질 것이다.

1. 여러분이 생각하는 훌륭한 리더의 자질은 무엇인가?

2. 리더로서 자신을 어떻게 평가하는가? 평가 과정에서 다른 사람의 의견에 어느 정도 의존하는가?

3. 개인적인 정체성과 리더로서 자신에 대한 인식이 어느 정도 관련 있는가? 다른 어떤 역할이 여러분에게 정체성을 제공하는가? 자신의 정체성과 역할을 분리하기가 얼마나 어려운가?

제6장

리더로서
영향력 평가하기

타보 고트프레드슨

타보 고트프레드슨은 경영코치 겸 연사이며 현재 마셜 골드스미스 100대 코치Marshall Goldsmith 100 Coaches 조직의 자문을 맡고 있다. 타보 고트프레드슨은 리더십 개발 분야에서 20년 넘게 유능한 비즈니스 리더이자 실무자로 활약했다. 전 세계를 누비며 수백 명에 이르는 명망 높은 CEO와 베스트셀러 비즈니스 작가, 일류 경영대학원 교수와 인터뷰하고 협력했다. 리더십 개발 분야에서 폭넓은 경험과 깊은 지식을 갖춘 타보 고트프레드슨은 변화하는 사업 환경에 적응하고자 노력하는 경영인들과 꾸준히 협력하며 계속 두각을 나타내고 있다. 실용주의자인 타보 고트프레드슨의 방법론은 최고의 영향력을 발휘하는 가장 혁신적이고 효과적인 리더십 활동에 초점을 맞춘다. 고트프레드슨은 Five@5:00™를 창설하고 리더십 개발 채널™Leadership Development Channel™을 공동으로 설립했다. 링키지 주식회사Linkage Inc.에서 경력을 쌓기 시작해 프로젝트와 사업 단위를 지휘하는 다양한 주요 임무를 맡았다. 훗날 타기티드 러닝 코퍼레이션Targeted Learning Corporation의 성장을 도왔다. 이 민영 기업은 스킬소프트 코퍼레이션Skillsoft Corporation에 매각되었다. 고트프레드슨은 사모펀드 전문 CEO 그룹인 CEO 어드바이저리 그룹CEO Advisory Group의 창립자이자 회장이며, 뱁슨칼리지Babson College의 경영학 석사 학위를 보유하고 있다.

■ ■ ■

대단히 '하드'한 세 가지가 있다. 바로 강철과 다이아몬드, 자신을 아는 일이다.

– 벤저민 프랭클린Benjamin Franklin

경영인 수백 명과 협력하면서 배웠듯이 리더로 성공할 수 있는 토대는 여러분의 의도가 아니다. 대부분의 리더는 자신의 추종자와 조직을 위한 최선을 원하기 때문이다. 성공의 토대는 여러분이 미친 영향이다. 의도와 행동이 일치하지 않는다면 리더로서 역량을 십분 발휘할 수 없을 것이다. 내가 생각하기에 오늘날 리더십에서 가장 중대한 도전은 본인이 의도하는 리더십 방식과 실제 리더십 방식 사이의 차이를 리더들이 인식하지 못한다는 점이다. 한 〈포천〉 선정 100대 기업의 사례를 돌아보며 리더십의 이 충격적인 도전에 직면해보자.

나는 애덤을 코치했던 경험을 결코 잊을 수 없다. 애덤은 세계 일류 산업 조직에 근무하는 대단히 유능한 고위 리더였으며, 고위 경영진에게 '장외 홈런을 쳤다(목표를 성취했다)'는 인정을 받았다. 고성장을 달성한 한 회사의 경영진은 내게 리더인 애덤을 도와서 총수입 성장 속도를 높이는 임무를 맡겼다. 아울러 애덤이 경영진으로 승진하도록 지원하고 그와 더불어 신경쇠약을 피할 방법을 모색하라고 요청했다. 경영진은 지금 애덤이 방향을 바꾸지 않으면 머지않아 벼랑 아래로 떨어질 것이라고 예상했다. 그는 너무 열심히, 너무 빨리 달리고 있었고 직원들은 그를 따라가지 못했다.

애덤을 살펴본 결과 나는 그에게 '끄기' 버튼이 없는 것 같다고 느꼈다. 그는 전형적인 성과 지향적인 리더였다. 똑똑하고 유능하며 헌신적이었다. 코칭을 진행하던 초기에 나는 그에게 다음과 같이 질문했다 (이 질문에 관해서는 나중에 다시 살펴볼 것이다). "당신의 리더십을 직원들이 어떻게 느끼기를 바랍니까?" 나는 그가 약간 고민할 것이라고 짐작했으나 한 치도 주저함이 없는 확신에 가득한 목소리로 '열정적', '정력적'이라는 두 단어가 튀어나왔다. 이미 직속 부하와 관리자, 경영진 그리고 친한 동료들과 면담을 마친 상태였던 나는 그 순간 갈 길이 멀다는 사실을 깨달았다. 그의 한 직속 부하는 내게 다음과 같이 말했다. "애덤은 자신의 한쪽 면만 보는데 현실은 다릅니다. 사람들이 인식하는 애덤과 애덤이 인식하는 자신은 일치하지 않아요."

사실 애덤을 위해 일하는 사람들은 그가 원하는 바와는 정반대의 기분을 느꼈다. '기운이 빠지고' '인정받지 못하며' 심지어 '이용당한 다'고 느낀 것이다. 한 직속 부하는 내게 "그는 내 인생에서 긴 세월을 앗아갔다"라고 털어놓았다. 여러분은 어떨지 모르지만 나는 부하직원 들에게 이런 식의 영향을 미치고 싶어 하는 리더를 만나본 적이 없다.

애덤이 택한 리더십 관행은 고성장 기업의 리더가 되겠다는 본인의 의도와 일치하지 않았다. 그의 리더십이 본인의 지성과 의도에 부합했 다면 애덤이 조직과 팀의 성과에 어떤 영향을 미쳤을지 상상해보라. 자 신이 의도한 리더십과 실제 리더십 방식이 일치하지 않았는데도 이미 큰 성공을 거두었으니 말이다.

리더가, 특히 고위 리더가 본인의 의도에서 벗어나는 주된 이유는 무엇일까?

여기에는 몇 가지 이유가 있다. 우선 리더가 (애덤의 경우에 그렇듯이) 자 신의 리더십에 관해 사람들이 피드백을 제공할 수 있는 안전한 분위기 를 조성하지 않는다.

내 친구 피터 푸다Peter Fuda[1]의 사례에서 다루겠지만 둘째 이유는 '리더는 본인의 의도를 기준으로 자신을 판단하는 반면, 다른 사람들 은 리더의 행동을 기준으로 판단한다'는 점이다. 알다시피 우리는 주변 사람에게는 높은 기준을 적용하지만 본인에게 적용하는 기준은 그렇지 않을 때가 있다. 하지만 모든 사람이 리더의 일거수일투족을 지켜보며 리더의 행동을 기준으로 그를 판단하며 그가 다른 사람에게 적용하는

---

1 피터 푸다, www.peterfuda.com, 얼라인먼트 파트너십The Alignment Partnership, TAP의 설립자 겸 대표, MGSM의 경영학과 부교수.

똑같은 기준을 스스로에게도 적용하고 있는지 눈여겨볼 것이다. 리더의 말과 전달방식만 사람들에게 영향을 미치는 것은 아니다. 보디랭귀지와 행동 또한 영향을 미친다. 다른 사람이 리더를 어떻게 인식하는지가 조직에 엄청난 반향을 일으킨다.

셋째 이유는 조직 내에서 리더가 보유한 힘과 무관하지 않다. 연구를 실시한 결과 리더가 보유한 힘(직위에 수반되는 중요성)이 클수록 리더로서 본인의 단점을 보지 못할 가능성이 더 높은 것으로 나타났다. 사실 연구에 따르면 조직에서 권위 있는 직책을 맡은 사람이 동료의 말을 가로막고 목소리를 높일 가능성이 다른 사람에 비해 세 배 정도 높다. 대부분의 사람들이 이런 유형의 행동을 보이는 고위 리더를 목격한 경험이 있다. 이 힘의 효과를 보여주는 전형적인 사례를 들자면 고위 리더는 대부분 회의에서 다른 사람이 발언할 때 전화기를 들여다보거나 이메일을 확인한다. 이런 사람은 자신이 발언할 때 다른 사람이 그와 똑같이 행동하면 기겁하면서도 정작 본인이 그렇게 행동하는 것은 아무렇지도 않게 여길 것이다. 이런 일을 피하려면 리더가 마음가짐을 스스로 통제하는 법을 배워야 한다. 힘의 효과를 제한할 수 있는 간단한 방법으로, 팀원이나 다른 사람과 회의할 때 회의실에 있는 다른 모든 사람의 직위가 여러분과 동급이라고 생각하라. 다시 말해 모두 동등한 사람인 것처럼 생각하고 행동하라.

우리의 의도가 우리가 미치는 영향과 일치하지 않는 넷째 이유는 자신에 대한 우리의 인식 때문이다. 자아인식은 인식일 뿐 현실과는 다를 수 있다. 연구를 실시한 결과 특히 서구 문화권에서는 실제보다 본인이 더 훌륭하다고 믿는 사람이 매우 많은 것으로 나타났다. 미국 운전자의 88퍼센트와 스웨덴 운전자의 77퍼센트가 안전 운전 능력 면에서 상위 50퍼센트에 속한다고 자부하는 것은 이 때문이다. 개인적으로 나는 미국 일류 대학교의 교수진 가운데 자신의 교수 능력이 평균 이상이라고 자부하는 사람이 95퍼센트이며 상위 25퍼센트에 속한다고 자부하는 사람이 68퍼센트라는 연구 결과를 가장 자주 인용한다.

조직 심리학자이자 작가인 타샤 유리크[2]가 자아인식에 관해 3년 동안 실시한 연구에서 95퍼센트의 사람이 자아를 인식한다고 생각하지만 실제로 자아를 인식하는 사람은 10~15퍼센트에 지나지 않는 것으로 나타났다. 타샤는 자아인식을 높이기를 원하는 사람이라면 반드시 개발해야 할 자각의 일곱 가지 범주를 제안했다. 가치관, 열정, 열망, 적소(우리를 가장 풍요롭게 만드는 상황이나 환경), 인격, 장단점, 우리가 주변 사람에게 미치는 영향이 바로 그것이다. 리더가 특히 다른 사람에게 미칠 수 있는 영향 면에서 자신을 깊이 이해하려면 반드시 이 일곱 가지 요소를 모두 개발해야 한다.

내가 애덤에게 제시했던 감정에 관한 질문으로 돌아가보자. 리더가 다른 사람에게 어떤 감정을 불러일으키는지가 진정 그렇게 중요한가? 벤처 캐피털리스트이자 모노리틱 메모리즈Monolithic Memories의 전 대표인 어윈 페더먼Irwin Federman은 그렇다고 확신한다. 페더먼이 《리더십 도전

---

2 타샤 유리크, 《통찰력: 우리는 생각만큼 자아를 인식하지 못하는 이유와 자신을 인식하는 방식이 일과 삶에서 성공을 거두는 밑거름이 된다 Insight: Why We're Not as Self-Aware as We Think, and How Seeing Ourselves Clearly Helps Us Succeed at Work and in Life》 (뉴욕: 크라운 비즈니스 Crown Business, 2017).

The Leadership Challenge》[3]의 작가 짐 커지스Jim Kouzes에게 설명했듯이 "관리는 인기투표가 아니라는 것이 통념이다… 하지만 나는 모든 조건이 동일하다면 우리는 좋아하는 사람을 위해 더 열심히, 더 효과적으로 일할 것이라고 믿는다. 그리고 그 사람이 우리에게 어떤 감정을 불러일으키는지와 우리가 그를 얼마나 좋아하는지는 직접적인 관련이 있다."[4]

여러분이 과거에 만났던 관리자들을 다시 떠올려보라. 여러분은 가장 존경하던 관리자를 위해 얼마나 열심히 노력했는가? 가장 존경하지 않는 관리자에게는 어땠는가? 효과적인 리더십의 최고 권위자인 리즈 와이즈먼Liz Wiseman[5]은 전자와 후자의 리더를 각각 멀티플라이어(multiplier, 증폭자)와 디미니셔(diminisher, 축소자)라고 일컬었다. 그녀가 실시한 연구에 따르면 멀티플라이어가 부하직원에게서 끌어내는 역량이 95퍼센트인 반면에 디미니셔가 끌어내는 역량은 48퍼센트 정도에 지나지 않는다. 50퍼센트에 가까운 차이이다. 애덤이 직원들의 역량을 몇 퍼센트나 이끌어냈다고 생각하는가? 그가 직원들의 역량을 10~20퍼센트만 더 끌어낸다면 어떤 일을 성취할 수 있을지 상상해보라. 실제로 그는 이 일을 성취했다.

애덤은 결국 벼랑 끝으로 떨어지지 않고 신경쇠약을 피하면서 회사

3 짐 커지스Jim Kouzes와 배리 Z. 포스너Barry Z. Posner, 《리더의 유산 A Leader's Legacy》 (샌프란시스코: 조시-베이스Jossey-Bass, 2006).
4 어윈 페더먼Irwin Federman, 《멀티플라이어: 최고의 리더가 모든 사람을 더 똑똑하게 만드는 방법 Multipliers: How the Best Leaders Make Everyone Smarter》 개정증보판, (뉴욕: 하퍼비즈니스 Harper Business, 2017).
5 리즈 와이즈먼, 《루키 스마트: 끊임없이 성과를 내는 리더의 성공법 Rookie Smarts: Why Learning Beats Knowing in the New Game of Work》 (뉴욕: 하퍼비즈니스, 2004).

를 성장시켰다. 그는 팀과 관리자, 동료에게 피드백을 구하고 피드백에 따라 행동하는 주도적이고 대담한 조치를 취함으로써 성공으로 향하는 길에서 전환점을 맞이했다. 피드백을 소화하기가 그리 쉽지만은 않았다. 사실 그는 스스로 생각하는 자신과 다른 사람이 생각하는 자신 사이에 나타나는 간극에 충격을 받은 나머지 사표를 낼까 고민할 정도로 몹시 힘들어했다. 그러던 중에 자신이 다른 사람을 대하는 방식이 얼마나 형편없는지를 들여다볼 렌즈를 얻었다. 그 덕분에 근본적으로 다른 방식으로 팀원들의 역량을 증진하고 그들을 인정해야만 지속적으로 회사를 성장시킬 수 있음을 깨달았다. 결국 애덤은 간절히 원하던 승진에 성공했으며 그의 부서는 기록적인 연매출을 달성했다. 그가 본인이 실천하는 변화의 힘을 믿기 시작함에 따라 부하직원들이 느끼는 감정도 점차 달라졌다. 부하직원들은 인정받는다고 느끼고 일에 더 전념했다. 애덤의 변화를 피상적이거나 거짓이라고 생각지 않았다. 사실 정반대였다. 그들은 애덤의 참모습을 발견했다.

행동 단계

애덤과 마찬가지로 내가 여러분을 위해 설정한 목표는 자신의 가장 깊은 열망에 도달할 다리를 건설하도록 돕는 것이다. 그러니 이제 리더로서 자신의 영향력을 키울 수 있는 방법으로 방향을 바꾸자. 다음으로 제시하는 두 가지 간단한 테크닉을 다음 한 달 동안 완벽하게 익혀라. 무엇보다 중요한 첫째 테크닉은 본인의 의도와 행동 사이의 간극이 얼마나 큰지 스스로 평가하는 것이다. 여러분의 궁극적인 목표는 자신을 조정하는 것이다.

둘째 테크닉은 환상적인 팀 실습인데 모든 사람이 가장 중요한 목표와 최우선순위, 그리고 성공 기준을 명확히 이해하면 여러분의 지휘하에 이 실습을 진행할 것이다. 이 과정에 본인이 전달하고 있다고 생각했던 것이 실제로 전달되었는지 여부에 관한 피드백을 추가로 얻을 것이다. 팀원들이 이해하는 바가 같지 않다면 회복하기 어려운 좌절과 갈등을 경험할뿐더러 그간 기울인 노력이 수포로 돌아갈 것이다. 이 실습의 목표는 팀이 조화를 이루고 있는지 파악하고 그렇지 않을 경우 조화를 이끌어내는 것이다. 목표와 우선순위를 충분히 전달했으니 모든 구성원이 똑같은 생각에 따라 일할 것이고 따라서 혼란이 일어나지 않으리라고 굳게 믿는 리더가 무척 많다. 내 경험상 이는 터무니없는 착각이다.

여러분도 곧 확인하겠지만 다음에 설명한 두 가지 조치는 비교적 시간이 많이 들지 않고 조정이 가능하다. 아울러 리더십의 성공을 좌우하는 두 영역, 즉 지속적인 향상과 명확한 목표와 관련이 있다. 여러분이 취할 조치들은 복합적인 영향을 미칠 것이다. 팀원들이 다른 팀원과 함께 수행할 것으로 기대하는 일을 여러분이 몸소 본보기를 보임으로써 조직 전체에 리더십 효과를 확대할 수 있기 때문이다.

당신의 첫 조치

업무를 개선하거나 조정하려면 현재 자신의 업무 수행 방식을 이해해야 한다. 데이터가 필요하다. 본인이 직접 평가를 수행하며 데이터를 구하면 본인의 의도와 행동이 얼마나 일치하는지 파악할 수 있다.

1. 직속 부하직원과 동료, 관리자에게 리더로서 여러분을 평가하고 개선할 방법을 제시해 달라고 전하라.
2. 사람들에게 받은 피드백을 즉시 수렴하고, 내가 세계 최고의 경영코치인 마셜 골드스미스에게 얻은 교훈을 실천하라.

■ 사람들이 편안하게 솔직하고 구체적인 의견을 제시할 분위기를 조성한다.
■ 사람들이 제시한 견해나 아이디어에 '고맙다'라고만 말한다. 그것을 평가하려고 시도하지 않는다.
■ 집중적으로 다룰 두어 가지 영역을 이미 명확히 파악했다면 이 영역에서 개선할 방법에 대한 아이디어를 제시해 달라고 요청한다. 식별과 관찰, 실행이 가능한 의견을 구한다.
■ 4~6주마다 진행 상황을 살피고 그 영역에서 본인이 얼마나 개선되고 있는지 파악한다. 사람들의 아이디어를 계속 요청한다.

이 시점에 이르면 많은 사람이 그렇듯이 왠지 머뭇거려질 수 있다. 모든 참여자가 이 실습을 어색하고 불편하게 느낄 수 있다. 피드백을 요청하는 일과 제시하는 일이 모두 어려울 수 있으나 피드백에서 얻을 수 있는 중요한 혜택이 매우 많다.

당신의 다음 조치

리더의 역할 가운데 하나는 모든 구성원이 핵심 목표와 우선순위를 명확히 파악했는지를 확인하는 일이다. 팀원들이 핵심 목표와 우선순위를 명확히 파악하지 못하면(조화를 이루지 못한다면) 노력이 수포로 돌아가고 갈등이 일어날 수 있다. 내가 '팀 명확성 검사하기 Testing Team Clarity'라고 일컫는 간단한 팀 실습을 살펴보자.

직접 대면하는 오프라인 팀 회의에서나 온라인(이메일)으로 모든 팀원에게 다음 질문에 익명으로 답해 달라고 요청하라.

1. 우리의 (올해) 가장 중요한 목표는 무엇인가?
2. 우리의 3대 우선순위는 무엇인가?
3. 우리의 진보/성공을 평가하는 가장 중요한 두세 가지 기준은 무엇인가?

설문지가 완성되면 이를 팀원에게 전달할 지원자를 선정한다. 온라인으로 설문을 진행한 경우라면 지원자가 이메일로 모든 답변을 전송할 수 있다. 그리고 팀(그리고 여러분)에게 다음과 같이 질문한다.

1. 동료 팀원들의 답변을 보니 어떤 반응이 일어나는가? 의외의 답변이 있는가?
2. 우리의 목표와 우선순위가 적절한가? 그렇지 않다면 적절한 목표와 우선순위는 무엇인가?
3. 평가해야 할 요소 중에서 누락된 것이 있는가?

요약

지금껏 개설한 두 가지 조치는 내가 채택하는 좀 더 포괄적인 리더십 개발 프로그램의 하위단계이다. 보기에는 단순해도 이 단계는 우리가 직면한 두 가지 중대한 리더십 도전(첫째, 지속적인 향상을 촉진시키고 모범을 보이는 일. 둘째, 명확한 목표와 우선순위, 성공 기준 제공하는 일)의 훌륭한 출발점이 된다. 이 두 가지 도전에 대처한다면 소중한 지혜를 얻고 리더십의 의도와 실제로 미치는 영향의 간극을 좁힐 수 있을 것이다.

일반적으로 이 두 실습을 마치면 리더는 중대한 변화를 단행해 팀과 조직 전체에 더 큰 영향을 발휘하고 나아가 성공을 거두고도 남을 만큼 많은 것을 배울 것이다. 이런 변화가 항상 쉬운 것은 아니다. 이때 변화란 좀 더 규칙적으로 최신 정보를 제공함으로써 커뮤니케이션을 개선하는 일처럼 간단한 일일 수 있다. 반면에 분노를 조절하는 것처럼 행동이나 사고방식을 바꾸어야 하는 변화여서 훨씬 더 어려울 수도 있다. 어쩌면 한 리더가 그랬듯이 가슴을 쓸어내릴 일이 일어날지 모른다. 이 리더는 '팀 명확성 검사하기'를 하면서 직속 부하직원 열 명 가운데 중대한 목표와 최우선 순위를 자신과 동일하게 이해하는 사람이 두 명뿐이라는 사실을 초기에 발견하고 가슴을 쓸어내렸다고 한다. 그는 진실을 일찍 깨달은 덕분에 신속하게 변화해 모든 팀원을 올바른 방향으로 이끌 수 있었다. 앞의 실습에서 어떤 결과를 얻든 상관없이 리더는 팀원에게 앞으로 나아갈 방향을 몸소 행동으로 보임으로써 영향력을 높일 수 있다.

✍️ 자기성찰 질문

1. 가장 시급한 리더십 도전은 무엇인가? 다른 리더나 팀과 이를 공유하는가?
2. 팀원에게 여러분의 리더십에 대한 피드백을 얼마나 편안하게 요청하는가? 그들의 피드백에 어떻게 대처하는가?
3. 어떤 방식으로 목표를 설정하고 팀에게 목표를 명확히 전달하는가? 어떤 척도를 사용해 목표 달성 과정을 평가하는가? 이 과정에서 거둔 성과를 다시 검토하거나 평가하는가? 어떤 특정한 목표를 포기하고 새로운 목표를 설정할 필요가 있다면 이 사실을 어떻게 판단하는가?
4. 여러분의 의도와 행동이 일치하는지를 솔직하게 평가하겠는가? 일과 삶에서 의도와 행동의 일치 여부가 다르게 나타나는가? 이런 현상이 일어나는 이유는 무엇인가?

제7장

사로잡힘을 찾아서

수전 스콧

수전 스콧은 피어스 주식회사의 설립자이자 CEO이며,《맹렬한 대화 : 일과 삶에서 성공하기 - 한 번에 한 가지 대화 Fierce Conversations : Achieving Success at Work & in Life - One Conversation at a Time》와 《맹렬한 리더십 : 현대 비즈니스의 최악의 '모범' 관행에 대한 과감한 대안 Fierce Leadership : A Bold Alternative to the Worst "Best" d Practices of Business Today》의 작가이다. 경영 코칭과 리더십 개발에 대한 대담하지만 실용적인 접근방식으로 널리 알려진 수전 스콧은 20년 넘도록 말하기 힘든 것을 말하라는 도전을 제시했다. 그녀는 13년간 CEO 싱크탱크를 이끌며 고위 경영진과 1만 시간 이상 대화를 나누고 한 가지 진리를 깨달은 후에 피어스를 설립했다. 그녀가 깨달은 진리는 이것이다. '단 한 번의 대화로 경력이나 비즈니스, 결혼이나 삶의 궤도가 바뀔 것이라고 보장할 수 없지만 단 한 번의 대화

리더십은 행동방식이 아니라 존재방식의 문제이다

에 가능성이 담겨 있다.' 수전 스콧은 기조연설과 베스트셀러 책, 피어스 주식회사를 통해 자신의 전문지식을 지속적으로 고객과 공유한다.

■ ■ ■

18년 전, 옆에는 모닥불이 불꽃을 튀기고 발밑에는 개들이 코를 골며 잠든 가운데 헤밍웨이의 《태양은 또 떠오른다 The Sun Also Rises》를 읽다가 나는 내 존재 이유를 암시하는 한 아이디어에 사로잡혔다. 몇 달이 지난 후에 내가 다음 아이디어에 사로잡혔을 때 이 첫 아이디어가 가동되었고 그것이 오늘날 내가 존재하는 곳으로 나를 이끌었다. 잠시 이 두 아이디어를 더 자세히 살펴보자. 우선 '사로잡힘'에 관해 이야기할 것이다. 사로잡힘의 사전적 의미를 보면 스토킹과 비슷하다는 생각이 들 것이다.

"대개 비합리적인 생각이나 느낌에 끊임없이 혼란스러워하며 몰두하는 것."
"어떤 생각이나 원치 않는 느낌이나 감정에 강박적으로 몰두하는 것, 대개 불안 증상이 수반된다."

하지만 내가 더 좋아하는 정의는 이것이다.

"항상 생각하는 어떤 대상이나 사람."

내 사로잡힘은 원치 않았거나 비합리적인 것이 아니며 내 내면에서 어떤 불안도 일으키지 않았다. 오히려 다른 사람들과 공유해야겠다는 강박감을 불러일으켰을 뿐이다. 이 경험을 많은 사람과 공유하려면 이 아이디어에 사로잡히는 수준까지는 아니더라도 적어도 나만큼 매료되는 사람들이 필요했다. 다시 말해 부족이나 집단이 필요했다. 물론 먼저 내 아이디어에 내포된 의미를 발견하고 내가 대가를 치를 만큼 절실하게 원했던 것을 똑같이 원하는 사람(개인, 조직)이 있는지부터 확인해야 했다. 가슴과 머리가 재빠르게 움직일 수 있는 원동력은 바로 내 사로잡힘이었다. 나는 어떤 투자가나 파트너 한 명이 내가 소망하는 성공을 거저 안겨주는 것이 아님을 알았다. 성공이란 내가 스스로 찾아서 일구어야 하는 것이었다.

아마존, 구글, 페이스북, 고프로GoPro, 왓츠앱WhatsApp, 홈어드바이저HomeAdviser, 에어비앤비Airbnb, 고펀드미GoFundMe, 우버Uber, 미라클몹Miracle Mop, 스티치픽스Stitch Fix 등 기업은 하나같이 한 가지 아이디어에서 시작되었다. 이런 기업의 설립자들은 모두 한 가지 소망을 품고 사람들이 똑같은 소망을 품을 것이라고 믿었다. 그들의 이런 사로잡힘이 기업을 설립할 에너지에 불을 지폈다. 이는 공원 산책과는 사뭇 다른 일이다. 진심으로 원하고 사랑하는 일이어야 하며, 아이디어를 뒷받침할 수 있는 명확하고 거부할 수 없는 '왜'가 존재해야 한다. 사실 '왜'와 그것에 대한 사로잡힘이 없다면 '무엇'과 '어떻게'에 시간과 거금을 퍼붓고 결국 좌절을 맛볼 것이다. 어쩌면 빈털터리가 될지도 모른다. 그래서 출발조차 하지 못하는 아이디어가 그토록 많은 것이다.

피어스 주식회사를 설립하도록 이끌었던 내 아이디어들은 만화경의 조각과도 같았다. 이 조각들이 움직일 때 내 세계관과 세상 안에서의 나 자신, 그리고 내게 요구되는 것이 바뀌었다. 이 조각들이 바로 지금까지도 내가 사로잡혀 있는 '왜'였다.

아이디어 1번

《태양은 또 떠오른다》에 등장하는 한 인물은 "어떻게 파산하셨나요?"라는 질문을 받는다. 그는 이렇게 대답한다. "파산하는 방법은 두 가지입니다. 천천히, 그러다 갑자기." 이 대목을 읽을 무렵까지 나는 13년 동안 최고 경영인을 위한 싱크탱크를 운영하고 전 세계 산업계 리더들과 1만 시간이 넘는 대화를 나누었다. 나는 내 고객들의 삶에 일어난 중요한 사건들을 돌이켜보았다. 그때 내 내면의 만화경에서 조각 하나가 떨어졌다.

우리의 경력과 회사, 관계, 그리고 사실 우리의 삶도 '천천히, 그러다 갑자기' 성공하거나 실패한다. 한 번에 한 가지 대화 때문에 말이다.

'일'에서 실패한 경우 우리는 이따금 다음과 같이 질문한다. 어쩌다가 우리의 최대 고객(우리 순수익의 20퍼센트를 책임지는 고객)을 놓칠 수 있었지? 어쩌다가 내 가장 소중한 직원을 놓쳤을까? 그 직원을 위해 원대한 계획도 세웠는데. 어쩌다가 내 팀의 응집력이 사라졌을까? 어째서 이직과 영역 싸움, 소문, 서로 협력하지 않는 부서들, 일에 전념하지 않는 직원들, 오랫동안 마무리하지 못한 보고와 프로젝트, 시작조차 하지 못한 전략적 계획, 상황이 달라지거나 개선되지 못한 수많은 그럴듯한 이유와 변명이 난무할까?

'삶'에서 실패한 경우라면 이렇게 질문한다. 마음의 준비도 못했는데 어쩌다가 18년간의 결혼생활이 끝나버렸지? 어쩌다가 일자리를 잃었을까? 어쩌다가 내 영혼이 담기지 않은 회사, 역할, 관계, 삶에 머물게 되었을까? 어쩌다가 길을 잃었을까? 어쩌다가 '이곳'까지 흘러왔을까?

내 CEO 집단의 구성원들은 실망스럽거나 힘든 시점이나 지점으로 이끈 길을 돌아볼 기회가 생겼을 때 대개 결국 현재 그들의 위치에 이를 수밖에 없게끔 상황을 몰고 갔던 한 번의 대화를 아주 생생하게 기억해낸다. 그들은 특정한 고객, 특정한 직원, 팀의 응집력, 결혼생활 그리고 기쁨을 잃었다. 한 번에 하나씩 실패하거나 놓쳐버린 대화 때문에 말이다.

긍정적인 면에서 보면 어떤 회사가 마침내 대단한 고객, 경쟁사가 필사적으로 매달릴 고객이나 성공적으로 영입한 소중한 신입 사원을 만났을 때, 어떤 리더가 팀원들이 진심으로 리더에게 헌신한다는 사실을 발견했을 때, 혹은 팀이 목표를 달성할 기회를 날려버렸을 때, 그리고 개인적으로 또 다른 한 해의 행복한 결혼을 축하할 때 '이곳'은 대단히 놀라운 지점이었다.

내 CEO들은 각자의 삶에서 이 행복한 지점, 이 놀라운 성취, 이 만족스러운 경력의 경로, 이 멋진 관계에 '천천히, 그러다 갑자기' 도달했다. 한 번에 한 가지 성공적인 대화 덕분에 말이다. 그리고 그들은 성공과 행복을 선사하는 사람들과 의미 있는 대화를 지속적으로 나누기로 마음먹었다.

놀이판, 삶이라는 놀이판 위에 서 있다고 상상해보라. 그것은 다름아닌 여러분의 삶이다. 어쩌다가 여러분은 놀이판에서 이 특정한 네모칸에 도달했고 일과 삶에서 얻은 현재의 모든 결과가 눈앞에 펼쳐져 있다. 마음에 드는 것이 있는가 하면 마음에 들지 않는 것도 있다. 여러분은 한 번에 한 가지 대화를 나누며 이곳에 이르렀다. 이상적인 미래에 도착한 자신의 모습을 그려보라. 어떻게 하면 이곳에서 그곳으로 갈 수 있을까? 해답은 지금 이곳에 이른 방식과 다르지 않다. 한 번에 한 가지 대화, 그것이 해답이다.

아이디어 2번

헤밍웨이의 선물을 발견하고 얼마 지나지 않아 내가 참석한 회의에서 요크셔Yorkshire 태생의 시인 겸 작가 데이비드 화이트David Whyte가 어떤 사내에 관해 이야기했다. 갓 결혼한 그 사내는 사랑스러운 배우자와 결혼 서약을 하고 평생 함께 보내고 싶었다. 그런데 그 배우자가 매일, 매주 똑같은 주제에 대해 이야기하고 싶어 한다는 사실이 답답하고 심지어 약간 짜증이 난다. 두 사람의 관계에 대해 이야기를 나누고 싶은 그는 이해할 수가 없다. '왜 우리가 이 이야기를 되풀이하는 거지? 이

건 이미 해결했다고 생각했는데. 한두 해 동안 단 한 번이라도 우리 관계에 대해 중요한 대화를 나눈 다음에 해변에 대한 이야기로 넘어갈 수 있을까?' 분명 그럴 수는 없을 것이다. 그녀는 여전히 이곳에 있으니 말이다.

데이비드 화이트의 말에 따르면 그 사내는 이 문제에 대해 계속 고민했으나 마흔두 살이 되어서야 비로소 깨달음을 얻는다. 데이비드 화이트가 의미심장한 미소를 지었다. 그가 바로 이야기의 주인공이었던 것이다. "나는 지금껏 아내와 관계에 대한 대화를 나누지 않았습니다. 대화가 곧 관계이니까요."

대화가 곧 관계이다.

내가 이 진리를 이미 알고 있었다고 말한다면 그것은 거짓말일 것이다. 단순하고 심지어 명백한 개념이지만 나는 공식을 놓치고 있었다. 대화 = 관계.

이 개념을 이해하자 내 내면의 만화경이 바뀌었다. 나는 오랜 결혼 생활을 끝내고 깊은 슬픔에 잠겨 있었다. 마치 데이비드가 내게 말하고 있는 것 같은 느낌이 들었는데 나중에 알고 보니 회의실에 있던 400명이 모두 똑같이 느끼고 있었다. 너나없이 당장 주차장으로 달려가 집으로 전화를 걸고 싶은 강한 충동을 느꼈다.

'대화가 관계'라는 이 말에 어떤 의미가 있을 것이라고 인정한다면 더는 대화를 나누지 않을 때 관계를 맺을 수 있는 가능성이 적어진다는 사실도 인정해야 할 것이다. 관계를 맺고 있는 사람들을 위해 할 수 있는 일도 덩달아 적어진다. 그러다 어느 날 우리는 대화를 나누다 말고 문득 아무 의미 없는 3분짜리 대화나 나누면서 고립된 사람처럼 행동하는 자신이 초라해진다.

나는 이것이 매우 중대한 문제라고 생각한다. 우리에게 가장 소중한 자산은 돈이나 지적 능력, 매력, 약어 구사 능력, 코드 작성이나 P&O 보고서 분석 능력이 아니다. 이른바 우리의 스펙이 우리가 가고 싶은 곳으로 우리를 데려가는 것이 아니다. 우리에게 가장 소중한 자산은 관계, 즉 감성 자본이다. 이 소중한 자산이 없다면 우리는 아무것도 소유하거나 성취하지 못한다. 안부만 묻는 피상적인 관계는 아무런 의미가 없다. 우리 삶의 의미를 결정하는 것은 관계의 깊이이며 관계의 깊이는 '천천히, 그러다 갑자기' 형성된다. 한 번에 한 가지 대화로 말이다. 우리가 주고받는 모든 대화, 모든 전화, 모든 이메일, 문자 메시지가 관계를 풍요롭게 만들거나 끝장내거나 해체한다. 다시 말해 우리의 관계는 한 번에 한 가지 대화로 우리를 설레게 하거나 실망시킨다. 나는 이 두 가지 아이디어에 사로잡혀 피어스 주식회사를 설립했고 대화가 우리 삶에 미치는 영향을 절실히 깨달았다. 우리는 비동시적 커뮤니케이션의 세상에 살고 있다. 주변에서 일어나는 일에 주의를 빼앗기지 않으려고 안간힘을 쓰면서 모니터만 바라보는 이런 세상에서 어떤 주제에 대해 수박 겉핥기식으로 대화를 나누며 진실한 생각과 감정을 억누른다. 진정한 관심사에 대해 언급하지 않고 똑같은 말만 반복한다. 심지어 우리의 편견을 편견이라고 인정하면서도 줄기차게 사람들과 다툰다. 그 결과 소중한 것은 결코 얻지 못하며 오늘은 어제와 별반 다르지 않다.

안타깝게도 사람들은 대부분 대화와 말을 착각한다. 일상적인 수다에서 얻을 것은 그리 많지 않다. 본인에게만 이로운 문제를 떠벌리려는 목소리의 불협화음은 우리를 발전시키지 못한다. 우리는 자기 것은 양보하지 않고 다른 사람들이 자기 말을 들어주기를 바란다. 하지만 성장이란 자신의 견해를 확대하고 상대방의 견해를 이해하고자 노력하며 우리에게 이롭지 않은 견해를 버림으로써 (아인슈타인과 같은 소수의 위인들을 제외하고) 한 개인으로는 포착할 수 없는 가능성을 수용하는 과정이다. 나는 아인슈타인이 아니다. 나는 정보가 필요할 뿐만 아니라 설득하기도 그리 어렵지 않은 사람이다. 여러분이 거부할 수 없는 명확한 증거를 제시한다면, 특히 자신의 아이디어에 사로잡혀 있다면 말이다.

나는 사람, 장소, 제품, 요리, 그림, 등산, 여행 같은 활동, 아이디어 등 사람들이 이유를 불문하고 사랑하는 대상이 있는지에 항상 관심을 기울인다. 문제는 우리의 아이디어, 우리의 사로잡힘이 우리의 이성적인 사고에게 무시를 당한다는 점이다. 우리는 자신의 아이디어가 훌륭하지 않다고 스스로 설득함으로써 다른 사람에게 이 아이디어를 활용할 수 있는 기회를 넘겨준다. 이런 일은 없어야 한다. 습관적인 반대자의 말에 귀 기울이지 마라. 실제로 한 친척은 내게 아무도 출판하지 않을 테니 책을 쓰지 말라고 조언한 적이 있다. 아마 진심으로 나를 걱정하는 마음에서 그랬을 것이다. 한 사업 동료는 내가 욕심이 과해서 고위 경영자로 승진하지 못할 것이라고 말했다. 천만의 말씀이다. 어떤 아이디어에 사로잡혀 있다면, 평생 여러분의 마음을 흔드는 무언가에 열정을 품고 있다면, 색다른 무언가, 더 많은 무언가에 굶주려 있다면 본능을 따르고 대책을 세워라. 그렇지 않으면 매일 조금씩 굶어 죽어갈 것이다.

그렇다면 어디서부터 시작해야 할까? 우선 자신과 맹렬한 대화를 나누어라. 나는 어디로 가고 있는가? 왜 그곳으로 가고 있는가? 누구와 함께 가고 있는가? 어떻게 그곳에 도착할 것인가?

자기성찰 질문

1. 여러분에게 자주 떠올랐던 생각이나 아이디어는 무엇인가?
2. 여러분의 아이디어와 연결되는 거부할 수 없는 '왜'가 있는가?
3. 여러분의 아이디어를 토대로 이미 설립된 기업이 있다면 무언가 누락된 요소가 보이는가? 그 기업을 개선하고 제고할 여지가 있는가? 여러분의 아이디어를 실행하고 현재 여러분의 위치에서 상황을 올바르게 개선할 여지가 있는가?
4. 무엇을 기다리고 있는가?

PART 2

봉사가 삶이다

"당신과 나는 은퇴하지 않는다. 당신과 나는 봉사하라는 소명을 받았다. 우리는 관에 못이 박히는 그 순간까지 봉사할 것이다." 프랜시스 헤셀바인이 한 이 말의 핵심은 우리의 목적에 대한 헌신이다. 우리는 어떤 상황과 어떤 곳에서 일하든 상관없이 봉사하는 사람으로서 봉사의 삶과 태도를 끌어안는다. 헤셀바인이 습관적으로 말하듯이 "우리는 봉사하라는 소명을 받았다".

이 책의 PART 2에서 기고 작가들은 그들이 받은 봉사의 소명, 현재 하는 일, 소명을 받은 사연, 소명에 주의를 기울이는 것의 의미를 탐구한다. 첫 작가는 세계은행 12대 총재 김용Jim Yong Kim 박사이다. 그는 자신의 리더십 여정을 묘사하며 본인을 비롯한 모든 사람에게 다음과 같은 사실을 일깨운다. "여러분이 아무리 본인의 사명을 신성하게 여겨도 그것이 나쁜 리더십에 물들지 않는다는 의미는 아니다." 마거릿 헤퍼넌은 자신이 내린 고통스러운 결정에 관해 자세히 설명한다. 헤퍼넌은 닷컴 붕괴 시기와 2008~2009년 경제 침체기 동안 자사가 고전을 거듭하다 '난도질당해 죽음'을 맞이하도록 방치하기보다는 CFO에게 폐업하라고 말했다. 그녀는 이 결정으로 얻은 매우 긍정적인 결과를 묘사하면서 리더의 솔직함과 성실함이 얼마나 중요한지를 보여준다. 에릭 슈렌버그Eric Schurenberg는 미국의 독립을 쟁취하기 위해 나선 독립전쟁의 한 전투에서 군대를 지휘할 당시 조지 워싱턴George Washington의 리더십에서 얻은 역사적인 교훈을 소개한다. 그는 현대 리더들이 이와 유사한 방식으로 사람들에게 동기와 영감을 불어넣을 수 있는 방법을 개설한다. 마크 C. 톰프슨Mark C. Thompson은 영감을 불러일으키는 두 사람에게 얻은 몇 가지 중대한 교훈을 고찰한다. 특히 사명의 중요성, 실수에서 배우기, 모든 해답을 알 수는 없다는 사실 인정하기, 혼란에 굴복하지 않기, 완벽주의를 포기하기에 대한 교훈을 되짚어본다. 스테파니 페이스 마셜Stephanie Pace Marshall은 오스트레일리아 토착민 피찬차차라족Pitjantjatjara에게 배운 점을 토대로 어떤 조직에서든 스토리와 지도, 풍경이 매우 중요하다는 사실을 입증한다. 그녀는 리더십의 영향을 살피고 조직의 스토리텔러와 지도 작성자로서 리더의 역할을 제고할 방법을 제시한다. 멜 스피스Mel Spiese는 자랑스러운 미국 해병대로 활약했던 본인의 경험을 이용해 해병대에서 밀레니엄 세대와 Z세대인 현대 신입 구성원들 사이에 '직장 이탈 workplace disengagement' 문제가 발생한다는 주장에 반박한다. 그는 해병대(혹은 다른 조직이나 직장)에서 성공을 거두는 데 일조했던, 새로운 해병대 인구집단의 특성을 제시한다. PART 2를 마무리하는 작가 잭 젠거Jack Zenger는 더할 나위 없이 고통스러운 개인적인 경험(그의 아들은 희귀 암으로 세상을 떠났다)을 예로 들어 리더의 솔직함과 성실함의 중요성을 전한다. 아울러 이런 핵심적인 리더십 기술과 상관관계가 있는 다섯 가지 행동 지표를 확인한다.

제8장

세계 무대에서 긍정적인 변화를 창조하라는 소명

김 용

의학박사 김용은 세계은행그룹World Bank Group의 12대 총재이다. 2012년 7월 그가 이 직책을 맡자마자 세계은행그룹은 조직 활동의 지침이 되는 두 가지 목표를 세웠다. 2030년까지 극단적 빈곤을 종식시키는 일과 개발도상국의 하위 40퍼센트 인구에 초점을 맞추고 공동 번영을 증대하는 일이 그것이다. 2016년 9월 세계은행그룹은 만장일치로 그를 5년 임기 총재에 재임명했다. 김용 박사는 건강과 교육, 빈곤층의 생활 개선을 전문 분야로 삼아 경력을 쌓았다. 의사 겸 인류학자인 그는 세계은행그룹에 입사하기 전에 다트머스칼리지Dartmouth College 학장과 하버드 의과대학과 하버드 공중보건대학원Harvard School of Public Health에서 교수직을 맡았다. 2003년부터 2005년까지 세계보건기구 HIV/AIDS 부서에서 세계 최초로 에이즈 치료를 목적으로 삼은 '3×5' 이니셔티브를 지휘했다. 이 이니셔티브에 힘입어 개발도상국의 항레트로바이러스 약물에 대한 접근성이 크게 확대되었다. 1987년 김용 박사는 현재 4대륙의 빈곤 지역에서 활약하는 비영리 의료 조직 파트너스 인 헬스Partners in Health를 공동으로 설립했다. 그는 맥아서 '천재'상MacArthur "Genius" Fellowship을 받았고 〈미국 뉴스 앤드 월드 리포트 U.S. News & World Report〉에서는 미국 '25대 최고 리더'로, 〈타임 TIME〉에서는 '세계에서 가장 영향력 있는 100인Most Influential People in the World'으로 선정되었다. 그뿐 아니라 2013년 〈포브스 Forbes〉에서 선정하는 세계에서 가장 영향력 있는 인물에서 50번째 인물로 뽑혔다.

■　■　■

이 글을 쓰는 현재 김용 박사는 세계은행그룹의 12대 총재를 맡고 있다(2019년 4월 9일 자로 미국 재무부 차관보였던 데이비드 맬패스가 13대 총재로 취임했다—옮긴이). 의학과 인류학을 공부한 그는 1959년 한국에서 태어났다. 한국이 세계에서 가장 가난한 나라로 손꼽히던 시절이었다. 그가 태어날 무렵에 세계은행이 한국에 대한 융자를 거부했다는 사실은 김용 박사에게 대단한 아이러니가 아닐 수 없다. 당시 세계은행은 한국에 최저 금

2017년 12월 2일 마셜 골드스미스가 WBECS 2017 온라인 정상회담에서 세계은행그룹의 김용 박사 총재를 인터뷰한 내용은 https://www.youtube.com/watch?time_continue=7&v=FzIX4hqpMS8을 참고하라. 세라 맥아서가 《일은 사랑이다》를 위해 편집한 인터뷰 내용.

리로 융자를 제공해준대도 상환하지 못할 것이라고 생각했다. 김용 박사가 네 살이 되던 해에 들어서야 비로소 한국은 세계은행그룹에서 첫 융자를 받았다.

김용 박사는 아이티Haiti, 페루, 멕시코, 아프리카의 여러 국가 등 세계에서 가장 가난한 국가와 지역으로 손꼽히는 곳에서 대부분의 삶을 보냈다. 현재 4대륙의 빈곤 지역에서 활약하는 비영리 조직 파트너스인 헬스의 공동 설립자이자 세계보건기구 HIV/AIDS 부서의 국장인 김용 박사는 극빈 국가에 보건과 교육을 제공하는 일에 집중한다. 이 과정에서 가장 가난한 사람들의 삶에 대해 생각하고 '우리가 무엇을 해야 하는가? 진정한 변화를 일으키려면 다음으로 무엇을 해야 하는가?'를 묻는 것이 의사와 인류학자, 학자, 그리고 넓은 의미에서 모든 인간의 책임이라고 주장한다. 어느 날 김용 박사는 자신의 질문(다음으로 무엇을 해야 하는가?)에 해답을 찾고 조직과 다른 사람을 이끌어 영향력을 키우기 위해 노력하기로 마음먹었다. 이때부터 그는 프랜시스 헤셀바인의 유명한 서번트 리더십에 대한 명언을 살짝 바꾸어 '봉사가 리더십이다'에 초점을 맞추기 시작했다.

김용 박사의 리더십 여정은 그가 3년간 학장을 맡았던 다트머스대학에서 속도를 높였다. 다트머스대학에서 그는 경영코치 마셜 골드스미스와 협력하기 시작했다. 그는 골드스미스를 만나면서 리더십에 대한 생각은 물론이고 대규모 조직을 코치할 때 배운 내용을 적용하는 방법 등 자신의 삶이 완전히 바뀌었다고 말한다.

이를테면 세계은행에서 김용 박사는 특히 경제학 박사들이 보이는 리더십 훈련에 대한 의혹을 접했다. 김용 박사는 "학계는 리더십에 대해 깊은 의혹을 가지는 경향이 있다"라고 말한다. 그는 다트머스대학에서 이미 이런 태도를 접한 경험이 있었다. "다트머스에서 근무할 때 학생들에게 리더십의 중요성에 대해 얘기하는데 한 교수가 내게 이렇게 말했죠. '우리가 리더십을 몹시 싫어한다는 거 아시죠?' 내가 '리더십을 몹시 싫어한다니, 무슨 뜻인가요?'라고 묻자 그녀는 '리더십이라는 말은 추종자 무리가 있다는 사실을 암시하잖아요'라고 말하더군요."

학자라면 모름지기 맹목적으로 다른 사람들을 따르기보다는 스스로 생각해야 한다고 가르쳐야 한다는 점에서 그들의 말에는 일리가 있었다. 스스로 생각하는 것에는 장단점이 있다. 학생들이 권위와 현상에 의문을 제기하는 것은 사회의 성장과 긍정적인 변화를 뒷받침한다는 면에서 바람직하다. 하지만 리더십 영역에서는 사람들이 형편없는 리더십 때문에 경력에서 정체되어 부하직원과 팀, 조직에 피해를 끼칠 때조차 도움을 청해서는 안 되며 스스로 해결해야 한다고 생각한다는 면에서는 바람직하지 않을 것이다.

김용 박사는 상황이 역전된 것이 골드스미스와 협력하고 코치들을 세계은행에 영입해 협력을 도모한 덕분이라고 믿는다. 리더로서 어려움을 겪던 사람들이 이제는 코치를 요청하고 영입하고 있으며 그 덕분에 향상되고 있다. 부하직원들에게 최악의 피드백을 받던 사람이 최고의 피드백을 받는 사례 등 김용 박사는 놀랄 만한 변화들을 직접 목격했다. 문화를 변화시키려면 시간이 걸리는데 세계은행의 문화는 리더십 코칭 덕분에 지금 변화하고 있다.

김용 박사에 따르면 코칭의 가장 중대한 한 가지 혜택은 겸손함과 학습, 그리고 아무리 스스로 훌륭하다고 생각하고 아무리 스스로 개선되었다고 생각한다 해도 더욱 나아질 여지가 항상 존재한다는 사실을 일깨운다는 점이다. 사실 그는 자신뿐만 아니라 다른 사람에게도 흔히 다음과 같이 일깨운다. "아무리 여러분이 본인의 사명을 신성하게 여긴다 해도 그것이 나쁜 리더십에 물들지 않는다는 의미는 아니다."

김용 박사가 경영코치와 지속적으로 협력해 리더십 기술을 연마하고 다른 사람들에게도 이를 본받으라고 권하는 것은 바로 이런 자각(아무리 사명이 신성하고 아무리 리더가 교육을 제대로 받았다고 해도 홀로 최고의 성과를 유지하는 사람은 드물다) 때문이다.

김용 박사는 개선할 여지는 언제나 존재한다고 말한다. 그는 자동차 회사 포드의 대표 겸 CEO였던 앨런 멀럴리를 위대한 리더십의 역할모델로 삼는다. 김용 박사의 설명에 따르면 포드에 재직하는 동안 회사를 변모시킨 멀럴리의 성공비결은 분노나 거침 혹은 무자비함이 아니라 헌신과 매력적인 비전, 포괄적인 전략, 조직을 이끄는 탁월한 능력이었다. 멀럴리는 조직의 모든 사람을 배려하고 복도를 걸을 때면 웃음을 지으며 중역부터 건물 관리인에 이르기까지 포드에서 일하는 모든 사람과 교류하면서 회사를 지휘했다. 김용 박사는 그것이 포드에게 혁명이었다고 표현했다. 앨런 멀럴리를 가장 위대한 리더로 손꼽는 것은 김용 박사만이 아니다. 멀럴리의 리더십에 보내는 수많은 찬사 중에는 멀럴리를 세계에서 가장 위대한 리더 목록에서 3위로 인정한 〈포천〉과 그를 세계에서 가장 영향력 있는 인물의 한 사람으로 인정한 〈타임〉의 찬사가 포함되어 있다.

김용 박사는 포드에서 일어난 혁명, 즉 '더 나은 것을 위한 변화'를 높이 평가하고 경탄해 마지않는다. 그것은 "모든 사람이 거부할 수 없는 절대적인 도덕적·윤리적 기준과 연결된 온정과 동정의 혼합물"로써 멀럴리가 일으키고 지휘한 혁명이었다. 세계은행그룹에 대규모 변화 실습을 단행하기로 결정했을 때, 김용 박사는 멀럴리에게 며칠 동안 동참해 달라고 부탁했다. 멀럴리가 동참한 실습의 결과는 획기적이었으며, 이후 계속 긍정적인 방식으로 확산되고 있다. 마셜 골드그미스가 그랬듯이 앨런 멀럴리는 김용 박사와 세계은행에 '더 나아지고 즐기며 도움을 주라'는 것 외에는 전혀 대가를 요구하지 않았다.

앨런 멀럴리와 마셜 골드스미스는 '2030년까지 지구상의 극단적인 빈곤을 근절한다'는 세계은행의 강력한 사명을 자발적으로 지지한다. 김용 박사가 변화를 위한 다음 임무를 위해 일생을 바치듯이 여러분도 이제 시간과 재능을 제공할 수 있다.

마셜 골드스미스는 "모든 종류의 자원봉사는 훌륭하다"라며 다음과 같이 덧붙인다. "자원봉사에 참여하는 사람은 누구든 찬사를 받아야 마땅합니다. 여러분의 독특한 능력을 활용하여 돕는 것은 멋진 일입니다. 자신의 재능을 멋지게 활용하십시오. 기분이 좋아집니다. 다른 사람을 돕기 위해 내가 한 일은 무엇이든 열 배로 돌아옵니다. 그것도 한 번이 아니라 백번 돌아옵니다." 김용 박사의 설명에 따르면 특히 비영리 조직에서 사람들이 직면하는 도전은 "이따금 우리가 서로를 대하는 방식보다 더 중요한 '신성한 사명'을 맡고 있다는 이유로 해로운 행동에 가담하면서 그것을 눈감아준다는 점"이다. 비영리 조직은 대부분 리더십 코칭을 실시할 여유가 없다. 그래서 마셜 골드스미스와 김용 박사는 이 중요한 조직들이 리더십을 변화시키고 대단한 공헌을 하며 세계에 긍정적인 변화를 일으키기 위해 필요한 코칭을 받을 수 있는 유일한 길을 마련했다.

김용 박사는 우리 모두에게 적극적으로 도우라고 권한다. 그는 우리가 기술을 연마하고 우리가 지지할 수 있는 사명을 위해 활동하는 비영리 조직에 독특한 재능을 제공하기를 바란다. 영리 조직은 여러분이 제공하는 서비스에 대가를 지불할 만한 여유가 있지만 비영리 조직은 대개 그렇지 않다. 특히 걸스카우트, 네이처컨서번시Nature Conservancy, 북셰어Bookshare, 동물보호소의 사명은 영리 조직의 사명에 못지않게 중요하다. 이런 조직의 리더가 직면한 상황은 대개 훨씬 더 열악하며 그렇기 때문에 도움이 필요하다.

그러니 이 일을 소명으로 삼아라. 자신을 개발하고 기술을 연마하며 적극적으로 도와라. 어떤 조직의 사명에 공감한다면 자원봉사자로 참여해 여러분의 특기를 발휘하라. 우리 모두가 협력하고 서로 돕는다면 세상은 더 나은 곳으로 변할 것이다.

✍️ 자기성찰 질문

1. 긍정적인 변화를 일으키려면 우리가 무엇을 해야 한다고 생각하는가?

2. 무슨 일로 도울 수 있는가? 어떤 비영리 단체의 사명에 봉사하고 싶은가?

3. 여러분의 삶과 경력에서 다음으로 무엇을 해야 하는가?

제9장

———————— • ————————

패배를
승리로 바꾸기

마거릿 헤퍼넌

마거릿 헤퍼넌은 텍사스에서 태어나 네덜란드에서 성장하고 케임브리지대학교Cambridge University에서 교육을 받았다. 그녀는 BBC 라디오와 텔레비전에서 13년간 근무하며 다큐멘터리와 드라마의 대본을 쓰고, 감독하고, 제작했다. 그뿐 아니라 유니세프Unicef의 레바논 기금을 모금할 목적으로 런던 체임버 오케스트라London Chamber Orchestra와 함께 뮤직비디오를 제작했다. 1994년에 미국으로 돌아가 인포메이션 코퍼레이션InfoMation Corporation, 자인존 코퍼레이션ZineZone Corporation, 아이캐스트 코퍼레이션iCAST Corporation의 CEO로 재직했다. 〈스트리밍 미디어Streaming Media〉는 그녀를 톱25Top25 경영인으로, 〈할리우드 리포터 The Hollywood Reporter〉는 100대 미디어 경영인Top 100 Media Executives으로 선정했다. 헤퍼넌은 《적나라한 진실 : 일하는 여성 선언문 The Naked Truth: A Working

Woman's Manifesto》(와일리Wiley, 2004),《정상의 여성: 여성 기업가들이 어떻게 사업 성공 규칙을 변화시키고 있는가 Women on Top: How Female Entrepreneurs Are Changing the Rules for Business Success》(펭귄Penguin, 2007) 등 책 다섯 권을 발표했다. 〈파이낸셜 타임스〉는 그녀의 세 번째 책《의도적인 인식 회피 Willful Blindness》(사이먼 앤드 슈스터Simon & Schuster, 2011)를 10년간 발표된 중요한 책 가운데 한 권으로 선정했다.《경쟁의 배신 A Bigger Prize》(사이먼 앤드 슈스터, 2014)에서 그녀는 진정으로 창의적이고 협력적인 개인과 조직이 되기 위해 필요한 요소를 살펴보았다. 2015년 TED는《기준을 넘어: 사소한 변화의 대단한 영향 Beyond Measure: The Big Impact of Small Changes》에서 지속가능한 방식으로 혁신하는 조직의 뚜렷한 특징을 살펴보았다. 800만 명이 넘는 사람들이 헤퍼넌의 TED 강연을 시청했다.

헤퍼넌은 전 세계 기업 리더에게 멘토링을 제공하고 〈허핑턴포스트 Huffington Post〉와 〈파이낸셜 타임스〉에 글을 기고한다.

■　■　■

인터넷 거품이 터졌다. 우리가 이미 예측했던 일이다. 하지만 2000~2001년[1] 마침내 이 예측이 현실로 바뀌었을 때 모든 사람이 충격과 혼란에 사로잡힌 것처럼 보였다. 사실 거의 모든 사람이 그랬다. 나는 다음에 무슨 일이 일어날지 정확히 알았다. 상장기업에서 자금을

---

1 https://www.investopedia.com/features/crashes/crashes8.asp, 2018년 3월 1일 열람.

충분히 제공받던 우리 회사 같은 여러 회사가 비용을 삭감해야 할 엄청난 압박을 받을 터였다. 우리는 이런 비용 삭감을 '소시지 자르기 salami cutting'라고 일컫는다. 얇게 저며야 한다. 더 얇게 저며야 한다. 나는 침체기에 비용 삭감이 어떤 식으로 전개되는지 목격했다. 소폭 삭감에 이의를 제기하는 것은 불가능했다. 어쨌든 모든 기업에는 잘라내도 무방할 기름 덩어리가 어느 정도 존재한다. 하지만 소폭 삭감은 단지 시작에 불과하다. 잘라내기는 거듭된다. 거듭. 거듭. 사기가 떨어진다. 맥이 빠진다. 그러는 동안 신용과 신뢰가 꾸준히 떨어진다. 유일하게 성장하는 영역이 있다면 냉소주의와 블랙 유머뿐이다. 결국 이런 기업들은 벤처 캐피털리스트들이 '좀비'라고 표현하는 상태로 전락한다. 목숨을 부지할 만큼은 생산하지만 가치를 창출할 만큼 튼튼하지는 않다.

이런 사례를 자주 목격한 나로서는 무척 두려웠다. 그래서 CFO와 머리를 맞대고 새로운 환경에서 성장하고 발전할 수 있는 방식으로 우리 회사를 개편하고자 노력했다. 우리는 파격적인 변화까지 구상할 만큼 절실했다. 심지어 우리 두 사람이 참여하지 않는 방법까지 고려했다. 왜 그랬을까? 당시 나는 회사에 봉사하는 것이 리더의 임무라고 믿었기 때문이다. 지금도 이 믿음에는 변함이 없다. 리더의 임무는 자신, 친구, 가족, 이해관계자가 아니라 기업의 토대를 이루는 아이디어와 사람들에게 봉사하는 것이다.

하지만 우리는 성공하지 못했다. 수학적·재정적·기술적 상상력과 용기, 수완을 총동원했지만 자금 제공자와 직원, 고객의 투자를 존중하는 사업 모형을 설계하지 못했다. 손해를 감수할 만큼 우리가 이룩한 가치를 충분히 인정할 모기업을 찾기 위해 애쓰며 비행기와 볼품없는 회사 회의실에서 몇 달을 보냈다. 하지만 실패하고 말았다.

결국 나는 우리 회사의 회장 겸 투자가를 찾아가 이례적인 부탁을 했다. "우리 회사를 폐업해주세요. 당장." 그는 내게 그런 부탁을 한 기업가는 내가 처음이라고 말했다. 전형적인 기업가는 숨이 넘어갈 때까지 회사를 살리고자 싸우게 마련이다. 그는 내게 원래 중도에 포기를 잘하느냐고 물었다.

나는 아니라고 대답했다. 나는 그런 사람이 아니다. 만일 우리가 성공할 수 있다고 생각했다면 숨이 넘어갈 때까지 싸울 것이다. 하지만 내 눈에는 수천 번씩 난도질을 당한 죽음만 보였다. 그러면 나에 대한 신뢰가 무너지고 우리 회사에 대한 자부심과 열정이 사라지며 어쩔 수 없이 실망과 좌절, 분노가 일어날 것이다. 그것은 내가 몸담고 싶은 회사가 아니었다. 나는 CEO조차 앞날을 내다보지 못하는 회사에 회장이 성실하게 투자를 계속할 것이라고 생각지 않았다. 그는 나를 해고할 수 있는 완벽한 권한이 있었다. 하지만 그것은 그에게도 내키지 않는 일이었다.

CFO와 나는 전략적 투자가를 다시 찾아 나섰다. 하지만 그것은 우리의 소망일 뿐이었다. 그것은 우리가 언제나 하던 일이었고 평소와 다름없이 해야 하는 일이었다. 직원들이 계속 초점을 유지하며 우리가 되살리려고 노력하는 가치를 계속 정립해야 했다. 내게는 대단히 똑똑한 수많은 동료가 있었다. 몇몇 동료는 최초의 인터넷 브라우저를 구축했다. 역사상 최초의 이메일을 발송한 동료도 있었다. 그들의 천재성이 우리 제품을 훌륭하고 우수하게 만들었다. 나는 그 천재성 때문에 그들을 사랑했고, 그들은 자신의 무한한 창조적 역량을 발견하고 입증할 기회를 선사한 회사를 사랑했다. 내가 존중하고 솔직하게 대해야 마땅한 사람들이었다.

그동안 우리 회사가 거둔 성과를 높이 평가하는 한편, 내 주장의 무자비한 논리를 놓고 고민하는 회장을 등지고 나오던 내게 또 다른 질문이 머릿속에 떠올랐다. '직원들에게 어떻게 말해야 할까?' 사람들은 내게 함구하고 아무 말도 하지 말라고 충고했다. 솔깃할 만큼 간단한 방법이었다. 만일 내게 몸을 숨길 사무실이 있었다면 그곳에 틀어박혀 있거나 아니면 비행기에 올라타서 회사의 상태에 대한 진실을 숨겼을 것이다. 하지만 나는 언제나 사무실 한복판에서 일했으며 숨는 것은 결코 내 방식이 아니었다. 그래서 나는 진실을 전했다. 우리의 상태와 우리가 시도하는 일, 앞으로 일어날 수 있는 일을 솔직히 말했다.

사람들은 내게 이렇게 해서는 안 된다고 강력하게 주장했다. 지나치게 솔직해서는 안 된다고 경고했다. 우리 투자가들의 행정관 중에는 가르치려는 말투로 해외에서 일하다 보니 미국이 얼마나 폭력적인지 모르거나 순진하게 생각하는 것 같다고 말한 사람도 있었다. 나는 불만에 가득한 직원들이 반발하면 내가 어떤 위험이 처하게 될지 전혀 알지 못했다.

상관없었다. 함께 일하는 사람들에게 항상 솔직했는데 이제 와서 태도를 바꾸는 것은 옳지 않다는 생각이 들었다. 이사회에서는 회장에게 손실을 줄이고 회사를 폐업하라고 종용했다. 회장은 마지못해 동의했다. 회장과 내가 그 문제를 의논하던 날은 두 사람에게 모두 슬픈 날이었다. 나는 내 주장을 관철했다. 그리고 우리는 사랑했던 회사를 잃었다.

이어서 나는 수년 동안 내가 고용했던 모든 경이로운 사람들에게 소식을 전해야 했다. 내 솔직함을 걱정했던 사람들에게 내가 양보했던 한 가지는 회의를 열 때 경호원 한 명을 배치해도 좋다고 허락한 일이었다. 나는 회사의 이전 상태, 우리가 노력했던 일, 그리고 지금의 회사 상태를 설명했다. 의료보험과 급료, 시기, 고객과 파트너, 공급업체의 미래 등 미국 기업이라면 익히 예상할 질문들이 이어졌다. 사람들은 성숙하고 전문적인 자세로 논의를 진행했다. 논의가 끝나자 대부분 함께 집으로 향했으며 일부 사람은 집으로 가는 길에 술집에 들렀다. 행패를 부린 사람은 없었지만 모두 슬퍼했다.

이후 몇 주 동안 인상적인 일이 일어났다. 사무실에서 일자리를 검색하고 동료들과 친하게 어울리던 직원들이 면담을 마치고 환한 얼굴로 나오곤 했다. 회사에서 맡은 업무에 대해 이야기하는 동안 그들이 근무하면서 얼마나 많이 배웠고 얼마나 대단한 성과를 거두었는지 직접 확인했기 때문이다. 지난 일을 이야기하면서 자신과 팀에 대해 자부심을 느끼게 되었다. 그들은 낙오자라는 느낌보다는 승리의 기운을 풍겼다. 물론 회사는 폐업하겠지만 그들이 얻은 경험은 영원히 그들 곁에 남을 것이다.

우리는 파트너, 고객, 공급업체와 맺은 모든 계약과 거래 문제를 해결했다. 우리와 거래한 사람들 가운데 속았다고 생각하거나 실망한 사람은 없었다. 한 사업 파트너는 파산한 거래처에게 그렇게 크게 존경심을 느낀 적이 없다고 말했다. 그와 나는 친한 친구가 되었고 지금도 친하게 지낸다. 회사의 평판이 유지되는 수준을 넘어 향상되었다.

함께 일했던 우수한 인재 가운데 직접 회사를 차린 사람이 많았다. 계속 함께 일하는 사람들도 적지 않았다. 많은 사람이 가까운 관계를 유지하면서 중대한 프로젝트와 괜찮은 업무가 있으면 서로 추천했다. 게다가 대부분의 사람들은 아직도 회사 티셔츠를 간직하고 자랑스럽게 착용한다.

이성적으로나 감정적인 면에서 모두 이 무렵이 내 경력에서 가장 힘든 시기였다. 나는 자리를 지키는 것보다 그만두는 것이 더 어렵다는 사실을 깨달았다. 대부분의 기업가가 그렇듯이 나는 불가능한 목표라는 말을 들으면 곧바로 의욕이 솟는다. 체력도 왕성하다. 하지만 이런 상황에서 영웅적인 행동은 자기도취증의 한 형태일 것이다(대개 그렇다). 진정한 리더십이 어려운 일이 아니라 옳은 일을 하라고 요구했다. 노력하다가 목숨을 잃는 것이 아니라 모든 사람을 안전하게 집으로 보냈다. 지금도 변함없지만 그때 나는 회사와 직원, 그리고 더 넓게는 사회에 가장 좋은 일을 실천하는 것이 리더의 임무라고 생각했다.

요즘 나는 젊은이들과 많이 어울린다. 그들은 내게 직장생활과 경력을 어떻게 생각해야 하느냐고 자주 묻는다. 이런 질문을 받을 때면 나는 겁이 난다. 직원을 존중할 만한 회사를 추천할 때보다 이 질문에 답하는 것이 더 어렵다. 내가 책임감 있는 리더를 알아보는 눈을 길러야 하니 말이다.

하지만 우리에게는 그야말로 낙천적이고 쉽게 만족하지 않으며 야망을 품는 젊은이가 필요하다. 그래서 나는 그들에게 언제나 선택권이 있다고 말한다. 어떤 일을 하든 상관없이 그 일을 훌륭하게 해낼 것인지 아니면 형편없게 할 것인지는 여러분이 결정할 수 있다. 무슨 일을 하는지가 아니라 그 일을 어떻게 하는지가 여러분을 정의한다. 리더는 대담하게 스스로 생각하는 사람들이다. 그리고 그들은 어디에나 존재한다.

자기성찰 질문

1. 어떤 프로젝트/기업/계획을 버리거나 포기한 적이 있는가? 어떤 경위로 그것을 끝내거나 계속하기로 결정했는가?

2. 다른 사람들(친구, 가족, 부하직원)은 여러분의 결정에 어떻게 반응했는가? 그들의 반응 때문에 여러분이 결정하기가 더 쉬워지거나 어려워졌는가?

3. 외부인들이 실패라고 생각할 일에서 어떤 교훈을 얻을 수 있다고 생각하는가? 그런 실패가 어떻게 실제로 성공의 밑거름이 될 수 있는가?

제10장

·

내 창밖으로
보이는 것

에릭 슈렌버그

■ ■ ■

에릭 슈렌버그는 〈Inc.〉의 대표이자 편집장이다. 〈Inc.〉에 입사하기 전에는 CBS MoneyWatch.com과 BNET.com에서 편집자, 〈머니 Money〉의 편집주간으로 근무했다. 작가로서 그는 로브상Loeb Award과 내셔널매거진상National Magazine Award을 받았다.

■ ■ ■

위대한 피터 드러커는 창밖을 바라보다가 아무도 보지 못한 광경을 보았다. 그의 비전은 수 세기 동안 내려온 사고를 뒤엎고 리더십에 대한 새로운 비전을 탄생시켰다. 나 역시 창밖을 바라보지만 대개 몽상에 잠긴다. 리더십의 근본 원리에는 두려워할 것이 전혀 없다.

그래도 솔직히 말해 내 창밖으로 보이는 광경은 상당히 인상적이다. 세계무역센터World Trade Center 북면 29층에 있는 〈Inc.〉의 내 집무실은 맨해튼Manhattan 중심가의 수백 피트 상공에 떠 있다. 그 덕분에 내 왼쪽으로는 허드슨강Hudson River의 회녹색 해자가 있고, 북쪽으로는 미드타운(상업지역과 주택지역의 중간 지구—옮긴이)과 그 너머의 뉴욕 북부까지 거의 탁 트인 광경이 보인다.

뉴욕에서는 대부분 여러분이 항구와 강변 도시로 건설된 섬에서 생활한다는 사실을 잊기 십상이다. 하지만 내 창문으로 내다보면 이 사실을 잊을 수 없다. 내가 앉은 자리에서 보이는 허드슨강은 폭이 1.6킬로미터에 달한다. 10차선 고속도로처럼 곧게 뻗어 있는 그 강이 여러분에게 안으로 들어오라고 손짓한다. 헨리 허드슨(Henry Hudson, 허드슨강을 발견한 영국 탐험가—옮긴이)이 이 강을 따라가면 북서 항로Northwest Passage에 닿을 것이라고 확신했다는 사실이 그리 놀랍지 않다. 이러쿼이족Iroquois과 델라웨어족Lenape부터 영국인과 미국인까지 모든 사람이 이 강을 장악하기 위해 싸웠다는 사실도 그리 놀랍지 않다.

〈Inc.〉의 방문객들이 이 광경을 보고 감탄할 때면 나는 대개 이렇게 말한다. "시간만 잘 맞춰 오셨다면 설리 기장Captain Sully이 비행기를 착륙시키는 모습을 보실 수 있었을 겁니다(2009년 US 에어웨이즈 1549편이 허드슨강에 비상착륙한 사건을 빗대어 한 말—옮긴이)." 그것이 그저 아름답기만 한 광경이 아님을 확실히 짚고 넘어가야겠다. 그 광경은 강 유역에서 과거에 일어났고 현재에도 일어나는 드라마의 현장이기도 하다. 다시 말해 보는 방법을 알면 내 창밖으로 보이는 광경은 이 장소의 역사에서 결정적인 순간이 된다. 그것은 위대한 리더십을 통해 가능해진 역사이다(프랜시스 헤셀바인의 책에서 요점을 살펴보자).

상류로 몇 마일 거슬러 올라간 곳에 멀리 회색빛으로 뉴저지주의 포트리Fort Lee, New Jersey와 뉴욕의 포트워싱턴 공원Fort Washington Park을 연결하는 조지워싱턴 다리George Washington Bridge가 서 있다. 건축가들이 그 구조물을 미국 초대 대통령의 이름을 따서 명명한 것은 그럴 만한 이유가 있다. 하지만 한편으로 이 다리가 조지 워싱턴이라면 더불어 연상되기를 가장 꺼릴 만한 두 지점을 연결한다는 점에서 다소 아이러니하기도 하다.

이 사연에 리더십에 관한 교훈이 담겨 있다.

간단히 배경을 살펴보자. 독립선언문에 서명하고 몇 달이 지난 후에 워싱턴과 그의 부대는 뉴욕을 점령하기 위해 영국군과 전투를 치렀다. 전투를 거듭할수록 그의 아마추어 군대는 정식훈련을 받은 영국군과 독일 용병들에게 농락당하기 일쑤였다. 11월 무렵 뉴욕에서 미국군의 유일한 거점은 포트워싱턴 맨해튼의 북단에 있는 토담 요새뿐이었다. 뉴저지주 허드슨강의 정반대편에 또 다른 거점이 있었다. 워싱턴의 서열 2위인 찰스 리Charles Lee의 이름을 딴 요새였다.

영국군과 독일 용병들이 퇴각하는 미국군을 빠른 속도로 추적하자 워싱턴은 자신의 이름이 붙은 그 요새를 수호할 수 있을지 의심스러웠다. 하지만 결단을 내리지 못하고 흔들리던 그는 자신이 총애하는 부관 나대니얼 그린Nathanael Greene의 말을 따랐다. 그린은 이 요새가 버틸 수 있다고 장담했으나 그것은 완벽한 오판이었다. 11월 중순 영국군의 공격이 시작되자 방어선은 몇 시간 만에 붕괴되어 병사 3000명과 수많은 귀중한 대포, 다가올 겨울 동안 워싱턴의 군대에게 없어서는 안 될 텐트 담요 수천 개를 잃었다. 며칠 후 영국군이 허드슨강을 횡단했을 때 워싱턴과 사기가 저하된 그의 군대는 공포에 질려 가장 귀중한 공급물자를 남겨둔 채 포트리를 포기했다.

두 요새를 잃은 것은 뉴욕에서 워싱턴이 경험한 패배에서 가장 끔찍한 참사였다. 전해오는 이야기에 따르면 승리자들이 포트워싱턴에 깃발을 올릴 때 돌아선 워싱턴은 여느 때와 달리 감정을 드러내며 '어린아이처럼 나약하게' 흐느꼈다고 한다. 그의 가장 충성스러운 동맹자들조차 과연 그가 임무를 계속 수행할 수 있을지 의구심을 품기 시작했다.

워싱턴의 전속부관이자 가장 막역한 친구인 조지프 리드Joseph Reed는 찰스 리에게 워싱턴에 대한 험담이 담긴 편지를 보냈다. 그는 이 편지에서 "우유부단한 정신은 군대에서 일어날 수 있는 최대의 불행"이라며 노발대발했다. 그런가 하면 리는 다음과 같이 대놓고 워싱턴을 질책하며 아주 은근하게 그린에게 책임을 떠넘기라고 부추겼다. "오, 장군. 어째서 당신보다 부족한 부하들의 판단에 설득당하시곤 합니까?"

워싱턴과 그의 패잔병들이 영국군보다 겨우 몇 시간 앞서서 뉴저지주를 가로질러 패주했을 때 전쟁은 거의 마무리되는 듯이 보였다. 그해 여름 워싱턴이 지휘한 군대는 패배와 패주를 거듭하며 70퍼센트가량 병력을 잃은 상태였다. 공급물자가 부족했을 뿐만 아니라 겨울나기 준비도 애처로울 정도로 미흡했다. 명분을 잃었다고 생각한 민간인들은 앞을 다투어 저항을 포기하며 그 대가로 영국군에게 사면을 받았다.

절망적인 군대의 상황과는 완전히 별개로 워싱턴에게는 개인적인 면에서도 버림을 받았다고 느낄 만한 또 한 가지 이유가 있었다. 우선 그가 총애하던 그린이 포트워싱턴에서 엄청난 계산착오를 일으켰다. 엎친 데 덮친 격으로 정신없는 급사전령이 리와 리드가 비난성 발언을 주고받는 편지를 엉뚱하게 워싱턴에게 전달하는 실수를 저질렀다. 그 바람에 워싱턴은 가장 가까운 동맹자들마저 그에 대한 믿음을 잃기 시작했음을 알게 되었다.

시사 논평가인 토머스 페인Thomas Paine은 새로운 조국이 직면한 이 암담한 순간에 대해 "인간의 영혼을 시험하는 시기"라는 유명한 글을 남겼다. 하지만 워싱턴이 리더의 자질을 입증한 것 역시 바로 이 시기였다.

우선 워싱턴은 병사들에게 절망한 기색을 보이지 않았다. 사실 예전보다 더욱 남의 눈에 띄게 행동했다. 이를테면 퇴각하는 동안 여느 때처럼 마차를 타는 대신 추적하는 영국군과 가장 가까운 후진과 함께 이동했다. 제임스 먼로James Monroe라는 버지니아 출신의 18세 부관은 누구보다 이런 워싱턴의 모습에 깊은 감명을 받았다. 먼로는 훗날 다음과 같이 회상하곤 했다. "그는 언제나 적군 가까이에 있었기 때문에 소수의 무리에서 후위가 아니라 선봉에 선 그의 모습이 보였습니다. 그의 표정과 몸가짐은 내게 '나는 결코 사라지지 않는다'는 인상을 풍겼죠." (이 리더십 교훈은 확실히 젊은 먼로의 뇌리에서 사라지지 않았을 것이다. 그는 훗날 미국의 5대 대통령이 되었으니 말이다.)

워싱턴은 부하들을 호되게 질책하라는 강한 유혹에도 굴복하지 않았다. 포트워싱턴의 참사를 분석하면서 그린을 희생양으로 삼으라는 리의 조언을 물리치고 결코 그린을 나무라지 않았다. 그리고 리가 리드에게 보낸 편지를 읽었음에도 실수로 열어보았다는 사과의 말을 덧붙여 편지를 돌려보냈을 뿐 편지 내용은 전혀 입에 올리지 않았다.

그뿐 아니라 이처럼 온갖 시련을 겪으면서도 직감에 따라 역량을 증진시키는 리더십 방식을 결코 바꾸지 않았다. (군대와 사회의) 서열을 철저하게 의식하는 유럽의 장군들과는 대조적으로 워싱턴은 합의에 따라 이끌었다. 포트워싱턴에서 참패를 겪은 후에도 계속해서 자신의 전술에 대해 부관들에게 의견을 구하고 그들의 아이디어에 귀를 기울였다. 이런 방식은 이제 막 모든 인간이 평등하게 태어났다고 선언한 조국의 원칙과 완벽하게 일치했다.

이런 미국의 대의명분이 널리 확산된 이유는 많다. 하지만 빼놓을 수 없는 한 가지 이유는 분명 추종자들에게 동기와 영감을 불러일으키는 워싱턴의 능력이었다. 워싱턴이 살던 시대는 피터 드러커, 마셜 골드스미스, 프랜시스 헤셀바인 등 위대한 사상가들이 사는 지금과 사뭇 달랐지만 이 위대한 현대 사상가들은 이런 워싱턴의 능력이 어디에서 비롯되는지 충분히 이해할 것이다. 상징적인 CEO 앨런 멀럴리는 금세기에 보잉과 포드를 빈사상태에서 되살리는 과정에 여러 가지 리더십 원칙을 널리 알렸다. 멀럴리의 이 원칙에 사람들을 참여시키고 워싱턴의 신뢰하는 방식을 포함시키는 것은 전혀 무리가 아닐 것이다. 이 가운데 특히 세 가지 원칙이 떠오른다.

1. 사람을 우선하라

그린이 판단 오류를 범하고 리드가 이따금 신의를 저버렸지만 워싱턴은 북부의 대의명분에 대한 두 사람의 헌신적인 태도를 지켜보고 그들의 편에 섰다. 이처럼 부하들의 선의를 믿은 것이 큰 보상을 받았다. 한 달 후 워싱턴에게 얼음이 덮인 델러웨어Delaware를 가로질러 트렌턴Trenton의 독일 용병들을 공격하라고 제안한 사람은 다름 아닌 리드였으니 말이다. 이 승리로 전쟁은 전환점을 맞았다. 리드는 훗날 영국에서 제시한 1만 파운드라는 거액의 뇌물을 거절함으로써 북부의 대의명분에 충성한다는 사실을 입증했다. 그는 다음과 같이 말했다. "나는 매수할 가치가 없는 사람입니다. 하지만 이렇게 보여도 영국의 국왕은 나를 매수할 수 있을 만큼 돈이 많지 않죠." 한편 그린은 이후 역사학자 데이비드 맥컬러프David McCullough가 "미국의 가장 빛나는 사령관"이라고 칭송하는 사람으로 성장하여 워싱턴의 믿음에 보답했다.[1]

워싱턴은 트렌턴 출정에서 거둔 완벽한 승리를 발판으로 버지니아주 요크타운Yorktown, Virginia에서도 압도적인 승리를 거두었고, 이 대전투는 남북전쟁의 승패를 판가름하는 결정적인 요인이 되었다.

2. 모든 사람을 참여시켜라

예상과는 달리 워싱턴이 트렌턴에서 승리를 거둔 직후 복수의 칼을 간 영국의 대규모 병력이 트렌턴으로 진격했다. 워싱턴은 도시 남부로

---

1 데이비드 맥컬러프, 1776(뉴욕: 사이먼 앤드 슈스터, 2005).

밀려와 진을 쳤다. 진을 친 다음 날로 전투를 미루는 것이 워싱턴의 본래 성향이었지만 이번은 달랐다. 그날 밤 열린 비상 작전 회의에서 그는 밤을 틈타서 적군의 측면을 기습하자는 두 하급 장교의 제안을 따랐다. 영국 지휘관들은 다음 날 아침이면 워싱턴 군대를 쳐부술 수 있다고 굳게 믿고 잠자리에 들었다. 하지만 다음 날 그들이 잠에서 깨었을 때 그들 앞에는 미국군의 텅 빈 막사뿐이었고 미국군은 후방에서 대포를 쏘며 바삐 움직였다. 결국 그들은 영국군의 후진을 패주시키고 프린스턴Princeton시를 점령했다.

3. 과정을 믿고 회복력을 길러라

워싱턴은 뉴욕에서 참담하게 패배한 후에 냉철하게 끈기를 길러야 한다고 생각했다. 절망할 이유는 하고많았지만 워싱턴은 결코 병사들에게 그런 모습을 보이지 않았다. 한 장군이 워싱턴의 보잘것없는 군대에 대한 불만을 담긴 편지를 보내자 그는 동감했지만 다음과 같이 답장을 썼다. "우리는 지금의 고난을 참고 견디며 인간을 있는 그대로 최대한 활용해야 합니다. 우리가 바라는 대로 사람들을 움직일 수 없으니까요."[2] 그는 버티기 어려운 압박에 시달리면서도 자신의 참여 리더십 방식을 포기하지 않았고 부관들에게 등을 돌리지 않았다.

21세기의 시각에서 보면 워싱턴은 구시대의 인물처럼 보인다. 근엄한 얼굴에 가발을 쓴 그의 모습은 인간이라기보다는 바위처럼 보인다.

---

2 데이비드 해켓 피셔David Hackett Fischer, 《워싱턴의 횡단 Washington's Crossing》(뉴욕: 옥스퍼드 대학교 출판Oxford University Press, 2004).

하지만 내 창밖을 바라보면 실수에서 자유롭지 못한 마흔다섯 살 사내가 허드슨강을 가로질러 포트리를 향해 황급히 행군하는 모습이 그려진다. 그는 첫 실전 테스트의 참혹한 실패에 괴로워하면서도 장비도 제대로 갖추지 못하고 겁에 질린 수천 명이 여전히 그에게 리더십을 기대한다는 사실을 깨닫는다. 창밖으로 보이는 그 사내는 피터 드러커가 제공하는 통찰력의 혜택을 받지 못했다. 하지만 그는 마음속의 악마를 잠재우고 스스로도 상상하지 못한 일을 해내도록 사람들을 이끌려면 무엇이 필요한지를 본능적으로 이해했다.

내가 말했듯이 여러분이 어디를 보아야 할지 안다면 내 창밖으로 보이는 풍경은 상당히 아름답다.

📝 자기성찰 질문

1. 가장 존경하는 역사적인 리더는 누구이며 존경하는 이유는 무엇인가?
2. 현대의 리더십 도전이 과거와 다르다고 생각하는가? 그렇다면 어떻게 다른가?
3. 어떻게 조지 워싱턴이 패배를 승리로 바꿀 수 있었는지를 묘사하라. 그는 어떤 특정한 리더십 특성을 실천해서 추종자들에게 지속적으로 지지를 받을 수 있었는가? 여러분의 조직에서 비슷한 사례를 떠올릴 수 있는가?

제11장

·

역경을 헤치고
일을 사랑하기

리처드 브랜슨 경과 넬슨 만델라의 비밀

마크 C. 톰프슨

마크 C. 톰프슨은 〈뉴욕타임스〉의 베스트셀러 작가, 코치, 투자가이며, 버진Virgin의 리처드 브랜슨Richard Branson, 애플의 스티브 잡스Steve Jobs부터 핀터레스트Pinterest 설립자 에반 샤프Evan Sharp, LYFT 설립자 로건 그린Logan Green, 작가 토니 로빈스Tony Robbins, 세계은행 총재 김용 박사에 이르기까지 기업을 변화시키는 리더들의 자문으로 활약한다. 슈워브Schwab에서 톰프슨은 Schwab.com의 전무이사/책임 프로듀서와 훗날 찰스 슈워브 코퍼레이션The Charles Schwab Corporation의 세계 소매 및 기업 최고 고객 경험 책임자로서 설립자 찰스 '척' 슈워브에게 보고하는 임무를 맡았다. 톰프슨은 리처드 브랜슨의 기업가정신센터Entrepreneurship Centers의 창립 후원자이자 리더십 자문이다(400여 개 기업이 버진 브랜드로 운영된다). 그는 스탠퍼드대학교 실시간벤처디자인연구소Stanford University Realtime

Venture Design Lab의 창립 자문이다. 하버드 맥린 코칭연구소Harvard McLean's Institute of Coaching와 구글의 데이비드 피터슨David Peterson과 함께 현대리더십연구소의 부교수를 맡고 있다. 세계경제포럼World Economic Forum, 세계비즈니스포럼World Business Forum, 드러커/헤셀바인 리더투리더연구소Drucker/Hesselbein Leader to Leader Institute의 연구진으로 근무했다. 성취성공대학Junior Achievement's Success University의 총장이자 국제코칭연맹재단International Coaching Federation Foundation 이사회의 임원이다.

■ ■ ■

버진 아메리카Virgin America가 오랫동안 기다렸던 주식 공개 계획을 발표했을 때 리처드 브랜슨 경은 야밤에 맥주를 마시면서 버진의 브랜드로 기업을 350여 개나 소유한 기업가에게도 항공 사업을 출범하는 것이 얼마나 심란한 일인지를 내게 털어놓았다.[1] 실리콘밸리에 본사를 둔 이 항공사가 출범할 무렵 버진 아메리카의 경쟁사들은 진이 빠질 만큼 오래도록 신입 주자의 시장 진입을 악의적으로 반대했다. 가격 전쟁과 법률 소송, 규제를 둘러싼 전투에 소중한 자원을 퍼부었다.

브랜슨은 "공격을 받는 리더라면 반사적으로 피포위 심리(항상 적들에게 둘러싸여 있다고 믿는 강박 관념—옮긴이)로 반응하게 된다"라고 말했다. 하지

---

1 영국령 버진아일랜드British Virgin Islands, 네커섬Necker Island에 있는 그의 자택에서 마크 톰프슨과 생방송 인터뷰를 했을 때 리처드 브랜슨이 한 말, 2015년.

만 여러분의 투쟁 도피 본능은 "시간과 돈의 걷잡을 수 없는 낭비"이다. 그와 그의 파트너들은 대신 국내 항공 여행의 고객 경험을 재창조하는 일에 초점을 맞추어 마침내 비상식적일 정도로 경쟁이 치열한 항공 산업에서 지분을 차지했다. 이 전략은 효과적이었다. 그의 적들이 서로 싸우는 동안 버진 아메리카는 최근 인수 과정을 거쳐 전설적인 기업가 브랜슨에게 상당한 수익을 안겼다.

브랜슨은 자신의 멘토 넬슨 만델라의 원동력이었던 다섯 가지 원칙에서 위협이나 안타까움을 느끼기보다는 위안을 받는다고 말했다. 넬슨 만델라가 처한 상황은 어떤 사람과 비교해도 확실히 훨씬 더 절망적이었다.

1. 악몽이 아니라 사명으로 자신을 정의하라

넬슨 만델라는 "분노는 본인이 독약을 마시고 그것이 당신의 적을 죽이기를 바라는 것과 같다"라고 말한 적이 있다. 복수심과 피해의식은 과거 그를 괴롭혔던 범죄 행위를 지우거나 더 나은 미래를 창조하는 데 보탬이 되지 않을 것이다. 만델라는 "여전히 괴로움에 갇힌 채" 수십 년간의 수감생활을 마쳤을 수도 있었다. 브랜슨이 말했듯이 "대신 그는 모든 창의력을 지속적인 유산을 창조하는 데 쏟아부었다."

몇 년 전 폭풍이 치던 날 브랜슨의 집에 불이 났을 때 배우 케이트 윈슬렛Kate Winslet과 그녀의 가족이 브랜슨의 90세 노모와 함께 안전하게 대피했다. 브랜슨은 해변 근처 손님용 오두막에서 잠자다가 언덕 꼭대기에 있는 자기 집에 번개가 내리치는 소리를 들었다. 벌거벗은 채 문밖으로 달려 나가다가 선인장에 부딪쳤는데 그 순간에 대해 그는 다음과 같이 농담조로 말했다. "아무도 나를 안타까워하지 않더군요. 저마다 씨름해야 할 중요한 문제가 있었으니까요." 비록 다친 사람은 없었지만 브랜슨은 상실의 순간을 뼈저리게 느꼈다. 그가 아이들을 키운 집을 잃었기 때문이다. 하지만 그는 그 사건으로 중요한 것을 평가하는 방법에 대한 지혜를 얻었다.

브랜슨이 가장 가슴 아팠던 것은 화재 때문에 소중한 공책을 잃었다는 사실이었다. 그는 내가 함께 참석한 거의 모든 회의에서 공책에다 아이디어와 해야 할 일을 기록했다. 수십 년간 계속되었던 그의 이 습관에는 두 가지 장점이 있었다. 메모하는 브랜슨의 모습을 본 사람들은 아마 그를 가장 행복하고 소박한 사람으로 기억할 것이다. 메모를 하면 대화에 집중하며 딴생각을 하거나 유명인사에게 열광하는 추종자들의 별난 행동에 시선을 뺏기지 않고 정보를 수집할 수 있다. 브랜슨은 이렇게 말한다. "중요한 것, 배우고 있는 것, 훗날 중요하다고 생각할 만한 것에 계속 집중할 방법이 있어야 합니다. 그러니 모험의 모든 단계에서 자신의 통찰력을 따르십시오."

2. 당신의 집을 불태워라

리처드 브랜슨의 집에 일어난 불행한 비극은 실패를 경험하게 만들었지만 그런 반면에 혁신할 방법에 대한 독특한 통찰력을 제공했다. 이 통찰력의 핵심 개념은 이것이다. '내일 모든 것을 잃는다면 어떻게 할 것인가?'

- 정확히 똑같은 방식으로 집을 다시 짓겠는가?
- 똑같은 물건으로 집을 채우겠는가?
- 정확히 똑같은 방식으로 경력을 시작하겠는가?
- 여러분의 삶과 일에 똑같은 사람을 다시 들이겠는가?

회소식을 전하자면 오늘은 모든 것을 잃을 만한 사건이 전혀 일어나지 않았다는 사실이다. 하지만 이런 질문을 잠시 진지하게 생각해보면 현재 상황에 대한 안타까움과 감사함뿐만 아니라 현재 고려하고 있는 문제에 관한 참신한 아이디어가 봇물처럼 터질 수 있다. 위기가 일어나 혁신해야 할 필요성이 생기기 전에 미리 중요한 대상이나 사람과 관계를 회복할 때 이런 방법이 매우 효과적이다.

브랜슨은 내게 다음과 같이 말했다. "누구에게도 이런 일이 일어나지 않기를 바라지만 때로 자신에게 의미가 있는 것이 무엇인지 확실히 알 수 있는 가장 좋은 방법이 있다면 그것은 맨손으로 다시 시작하는 모습을 상상하는 겁니다."

내다 버리거나 만일 잃는다면 아쉬울 사람이나 대상의 진가를 돌아볼 때가 왔을지 모른다. 이런 시간을 통해 여러 가지 혜택을 얻을 수 있다. 브랜슨의 새 집은 현재 자신이 어떤 사람이며 인생의 다음 장에서 무엇을 성취하고 싶은지를 더 정확하게 돌아볼 수 있다는 점에서 더 대담하고 아름답다.

3. 홀로 일하는 사람은 없다

영어에서 낙제점을 받아 대학에서 쫓겨날 지경에 이르렀을 때 찰스(척) 슈워브는 이렇게 말했다. "항상 똑똑하다고 자부하면서도 읽기와 쓰기 실력이 얼마나 한심한지를 깨닫지 못한 내 모습이 너무 창피했습니다."[2]

슈워브는 좋은 성적을 받도록 도울 수 있는 친구와 가족을 모았다. 훗날 그는 읽기와 쓰기 실력에 문제가 있었던 원인이 난독증 때문이었음을 깨닫게 된다. 그는 "이상해 보일 수도 있지만 단점이라고 느꼈던 것이 사실 장점이었다"라고 말했다. 그는 읽기 장애 덕분에 유능하고 믿을 만한 팀을 구성하는 방법을 배우고 어쩔 수 없이 유능한 위임자가 되어야 했다. 조직을 구성할 때 혼자 일하는 사람은 없다. 시각 장애인은 청각과 후각이 예리하게 발달한다. 그렇듯이 기업가 슈워브처럼 학습 장애가 있어도 야심만만하고 똑똑한 사람이라면 '혼자서 모든 일을 처리할 수 있으며 반드시 그래야 한다'고 생각하기보다는 주저하지 않고 도움을 구해서 상황을 해결한다. 읽기에 능숙한 사람은 다른 사람에게 도움을 구하지 않을 것이다. 척 슈워브는 스탠퍼드대학교에 남을 수 있을 만큼 읽기 실력이 우수하지 않았고, 그렇다 보니 퇴학당하지 않기 위해 스터디그룹을 모았다. 마셜 골드스미스가 자주 말했듯이 가장 똑똑한 사람이라도 그저 몇 가지 분야에서만 전문가라는 사실을 깨달아야 한다. 이 사실을 빨리 깨달을수록 리더로서 더 많이 발전할 것이다.

---

2 찰스 슈워브, 마크 톰프슨과의 생방송 인터뷰, 2011년, https://www.youtube.com/watch?v=7kpkh1pm4A8.

결국 척 슈워브가 대부분의 스탠퍼드 경영대학원 동창생들보다 더 빨리 사업을 키울 수 있었던 것은 이런 모집과 위임 능력 덕분이었다. 그는 "똑똑한 기업가는 무슨 일이든 혼자 처리할 수 있다고 생각하고 사업을 키우기에 적절한 사람들을 찾기 위해 충분히 시간을 투자하지 않는다"라며 어깨를 으쓱했다.

모든 일에 전문가인 사람은 없다. 슈워브는 웃음을 지으며 이렇게 말했다. "모르는 것이 있으면 그렇다고 말하세요. 그러면 모든 사람이 충격을 받겠지만 그래도 여러분을 지원할 팀을 구성하는 데 도움이 될 겁니다."

공개적으로 털어놓을 때 가장 도발적인 말은 아마 이것일 것이다. "모른다." 사실 티베트 불교의 세계적인 영적 지도자인 달라이 라마Dalai Lama는 평생 전 세계 여러 종교 사이의 이해를 도모하려고 노력한다. 내가 인터뷰를 할 때마다 이 지도자는 싱긋 웃음을 지으며 미안하다는 말도 덧붙이지 않은 채 태연하게 "모른다!"라고 말한다. 그러면 청중 사이에 숨을 죽인 웃음소리가 슬며시 퍼진다. 그러다가 달라이 라마가 주황색 승복과 운동화를 신은 민머리의 레프라혼(붙잡으면 보물이 있는 곳을 알려준다는 장난기 많은 작은 요정—옮긴이)처럼 무대에서 미소를 지으면 청중은 깜짝 놀란 표정으로 잠자코 앉아 있다. 이른바 전문가들이 국영 텔레비전에서 자기 전문 분야와 무관한 잘 모르는 일에 대해 억지 주장을 늘어놓으며 서로 고함을 질러대는 세상에서 이 얼마나 충격적일 정도로 꾸밈없는 고백인가. 비록 처음에는 위안이 되는 말처럼 들리지 않겠지만 '모른다'는 말은 솔직한 사람과 전 세계에서 꾸준히 높은 성과를 거두는 사람들을 알아볼 수 있는 일종의 암호나 경구라 할 수 있다. 해답을 모르는 질문을 받으면 잠시 진지한 표정을 지어라. 그런 다음 귀를 기울이고 숨을 멈춘 채 여러분의 지혜를 기다리는 사람들에게 "모릅니다. 아는 사람에게 물어보세요"라고 말하라. 그러면 배울 수 있는 공간이 생기는 경이로운 일이 일어날 것이다.

4. 반대하는 대상이 아니라 찬성하는 대상에 초점을 맞추어라

누군가와 오랫동안 괴로운 싸움에 휘말리기보다는 여러분의 적들이 서로 싸우면서 에너지를 낭비하게 두는 편이 훨씬 이롭다. 만델라는 과거에 그를 투옥시켰던 사람들과 맞서 싸우거나 그들을 위협하지 않았다. 브랜슨은 이 일에 대해 다음과 같이 말했다. "그는 미끼를 물지 않았습니다. 그러니 여러분도 물지 말아야 합니다." 예컨대 버진 아메리카는 영역 싸움과 중상모략에 주의를 빼앗기지 않고 대신 새롭고 세련된 버진 아메리카의 분위기를 사랑하는 고객 공동체를 형성하는 일에 초점을 맞추었다.

유명한 교육자이자 《성공하는 사람들의 일곱 가지 습관 The 7 Habits of Highly Effective People》의 작가인 스티븐 코비 Stephen Covey 는 솔트레이크시티 Salt Lake City 외곽에 있는 그의 자택에서 여유롭게 저녁 식사를 즐기던 자리에서 내게 다음과 같이 말했다. "우리는 좋든 나쁘든 상관없이 즉각적인 만족감에 너무 쉽게 휘둘립니다."[3]

---

3 유타주 프로보Provo, Utah에 있는 그의 자택에서 마크 톰프슨과 생방송 인터뷰를 했을 때 스티븐 코비가 한 말, 2012년.

우리의 근원적 두뇌는 투쟁 도피 충동에 따르도록 설계되었다. 다시 말해 우리는 장기적인 전략 면에서 영향을 미치지만 그리 흥미진진하지 않은 일보다는 막연히 시급하다고 느끼는 일에 쉽게 이끌린다. 코비는 "파블로프Pavlov의 개처럼 행동하며 즉각적으로 위협하거나 보상을 제공하는 대상에 달려들기 쉽다"라고 말했다. 장기적인 임무에 투자해야 할 시간을 빼앗는 시급한 일을 경계하라.

5. 변화를 일으키기 위해 완벽해질 필요는 없다

만델라는 다음과 같이 조언했다. "내가 거둔 성공으로 나를 판단하지 마십시오. 내가 얼마나 많이 쓰러졌다가 다시 일어났는지를 보고 판단하십시오."[4] 이제 첫걸음을 내딛고 좌절을 경험할 때면 만델라의 상황이 여러분보다 얼마나 더 열악했으며, 그가 매일 밤 비좁은 감방에서 얼마나 창의력을 발휘해야 했는지를 떠올려보라. 동이 틀 때부터 해가 넘어갈 때까지 그는 눈조차 바로 뜰 수 없을 정도의 열기 속에서 바위를 끌었다. 그는 해가 바뀔 때마다 그 절망적인 상황이 바뀌기를 꿈꾸어서는 자신을 단련할 수는 없다고 말했다. 상황에 대처하는 방식을 바꾸어야 한다. 자신을 파괴하는 사람들과는 다른 길을 찾는 사람은 마지막 문이 쾅 하고 닫힐 때 융통성을 발휘해 새로운 문을 찾는다.

나는 세계경제포럼WEF을 마지막으로 방문했을 때 자정이 지난 시간에 넬슨 만델라가 내 품 안에 쓰러지다시피 했던 순간에 내가 느낀 그

---

4   스위스 다보스에서 열린 세계경제포럼에 참석해 마크 톰프슨과 생방송 인터뷰를 했을 때 넬슨 만델라가 한 말, 2000년.

의 온기를 결코 잊지 않을 것이다. 매년 겨울 스위스 알프스에서 열리는 세계경제포럼은 CEO, 국가 원수, 예술가, 교육자, 억만장자 기업가 등 초대받은 사람만 참석하는 정상 회담이다. 슈워브 닷컴의 책임 프로듀서였던 나는 WEF의 패널로 참여해 다보스Davos에서 리더 수백 명을 인터뷰하고 있었다. 짐 콜린스Jim Collins와 전설적인 스탠퍼드대학 교수 제리 포라스Jerry Porras의 경영 고전인 《성공하는 기업들의 여덟 가지 습관 Built to Last》[5]의 후속 작품을 준비하는 인터뷰였다. 베스트셀러 연작 《성공한 사람들의 열정 포트폴리오 Success Built to Last : Creating a Life That Matters》[6]는 데일 카네기Dale Carnegie의 서사적인 모험담인 《인간관계론 How to Win Friends and Influence People》[7]을 새 천년에 맞게 업데이트한 책 같은 느낌을 준다.

면담을 위해 내가 만난 거의 모든 소트 리더가 만델라를 리더십의 완벽한 역할모델로 꼽았다. 노벨상 수상자인 만델라는 대화를 나누는 동안 피식 웃으면서 완벽은 그의 계획에 결코 포함되지 않으며 "완벽했던 적도 없다"라고 말했다. 운동가이자 변호사인 만델라는 죽음의 수용소로 보내지기 전 몇 년 동안 대부분 아파르트헤이트(apartheid, 남아프리카공화국에서 실시했던 인종 차별 정책—옮긴이)를 종식시킨다는 사명에 열렬히 헌신했다. 처음에는 평화적인 해결책을 옹호했던 그였지만 평화로 향

---

5 짐 콜린스와 제리 I. 포라스, 《성공하는 기업들의 여덟 가지 습관》 (뉴욕: 하퍼비즈니스, 1994).
6 제리 포라스, 스튜어트 에머리Stewart Emery, 마크 톰프슨, 《성공한 사람들의 열정 포트폴리오》 (뉴욕: 플럼Plume, 2007).
7 데일 카네기, 《인간관계론》 (뉴욕: 사이먼 앤드 슈스터, 1936년).

하는 길이 막다른 골목처럼 보이자 결국 무기를 손에 잡았다. 만델라의 여정이 우리에게 훨씬 더 큰 교훈을 주는 것은 자유를 향한 긴 여정에 나서기 전에 그는 완벽한 품위와 겸손함을 갖춘 완전한 성인이 아니었다는 사실 때문이다.

리처드 브랜슨 경은 맥주 한 잔을 비우고 한숨을 쉬며 다음과 같이 말했다. "당신이 지속적으로 영향력을 발휘하는 것은 당신이 완벽하거나 운이 좋아서가 아닙니다. 과거에 침잠하기보다는 더 나은 미래를 창조하는 일에 계속 초점을 맞출 용기가 있기 때문입니다."

리더는 자신의 상처를 지혜로, 열정을 목적으로 바꿀 용기를 발견할 때 자신의 일과 삶에서 사랑을 찾는다.

🖊️ 자기성찰 질문

1. 이상적인 인물이나 리더로 존경하는 사람은 누구인가?

2. 그들의 어떤 특성이나 행동을 가장 본받고 싶은가?

3. 여러분의 일을 사랑하는가? 여러분의 삶을 사랑하는가? 다른 시각으로 바라본다면 일과 삶의 어떤 요소를 높이 평가하겠는가? 무엇을 바꾸고 싶은가?

제12장

리더의 새로운 임무

당신의 리더십 이야기는 어떤 모습인가?

스테파니 페이스 마셜

스테파니 페이스 마셜은 국제적으로 인정받는 교육 선구자이자 리더십과 변혁적인 학습 환경의 설계와 창조 분야에 영감을 불어넣는 연사 겸 작가이다. 그녀는 일리노이 수학과학아카데미Illinois Mathematics and Science Academy의 창립 대표이자 명예대표, 전국 중등 STEM 학교 컨소시엄 창립 대표, 국제 관리 및 교과과정 개발협회the Association of Supervision and Curriculum Development, International 회장을 역임했다. 정기 간행물에 40차례 이상 글을 기고했고, 《미래 조직 Organizations of the Future》(드러커 재단Drucker Foundation)의 작가이자 《21세기 과학 교육 Scientific Literacy for the 21st Century》(2002)의 편집장 겸 공저자이다. 2006년 발표한 《변화의 힘: 삶에 학습과 교육을 제시하는 리더십 The Power to Transform: Leadership that Brings Learning and Schooling to Life》은 국제 델타카파감마학회Delta Kappa Gamma Society에서 2007

교육자상2007 Educator's Award을 받았다. 그녀는 런던 예술 · 제조 · 상업 장려 왕립학회Royal Society for the Encouragement of Arts, Manufactures, and Commerce 회원이자 워싱턴 D.C. 과학사회학회Society for Science and the Public 평의원이다. 현재 일리노이 링컨아카데미Lincoln Academy 회장으로 일하고 있다.

■ ■ ■

스토리는 구약이든 신약이든 상관없이 한 지역사회의 삶을 연출하는 계약이 된다.

– 스티븐 라슨Stephen Larsen

초대

1997년 나는 다음과 같은 이색적인 초대장을 받았다. "토착민 부족의 주술사, '영혼의 의사', 치료사, 원로 집단과 한 주를 보내며 고대 학습 방식의 비선형성을 탐구하고 새 천년을 위한 새롭고 지속가능성이 더 높은 인간 스토리를 함께 창조하는 자리에 초대합니다."

비록 애로사항이 없지 않았지만 나는 초대를 수락했다. 생존하는 우리의 최고령 조상들과 지속가능한 인간 스토리를 함께 창조할 수 있다는 가능성에 마음이 끌렸다.

몇 달 후 오스트레일리아 레드 센터Red Center에 도착한 나는 난생처음 완전히 길을 잃은 것 같은 기분을 느꼈다. 그곳에서 어떻게 존재하거나 소속되거나 혹은 생각해야 할지 도무지 떠오르지 않았다. 내가 안다고 생각했던 것, 내가 경험하고 내 세계를 이해했던 방식이 모조리 흔들렸다. 무엇보다 두려웠던 것은 정체성, 즉 지금 이곳에 있는 나는 누구인지를 잊어버렸다는 사실이었다.

나는 아주 명쾌하게 초대에 응해서 매우 모호하고 비이성적인 여행에 참여하고자 먼 길을 왔다. '그런데 왜 이곳에 왔을까? 평생 동안 스토리에 관한 사례는 무수하게 보지 않았는가.' 하지만 나는 가슴과 머리, 행동을 변화시키는 스토리의 정형화되지 않은 힘에 호기심을 느끼고 매료되었다.

다행히도 내면의 고요한 목소리가 입을 열었다. 내면의 목소리는 우리가 듣고 싶어 하지 않아도 돌이킬 수 없을 만큼 길을 잃을까봐 이렇게 말한다. "배우고 함께 창조하겠다는 일념으로 여기까지 왔지만 당신은 이제 더는 어떻게 해야 할지 모릅니다. 그러니 포기하고, 당신이 안다고 생각했던 것을 내려놓고, 경청하고, 주의를 기울이세요."

나는 그곳에서 다음과 같은 이야기를 듣고 교훈을 얻었다. 토착 문화는 '꿈의 시대'나 '세계 제작'에 근원을 두고 있다. 토착민들의 믿음에 따르면 세상이 깨어나기 전에 땅속에서 잠자던 그들의 조상이 먼저 잠에서 깨어 노래를 부르며 대지를 누비면서 동반자나 먹을 것 혹은 피난처를 찾았다. 지구의 모습이 채 완성되지 않은 시절이었으므로 그들이 유랑하면서 대지를 향해 사물과 장소의 이름을 읊조린 것이 실제로 산과 물웅덩이, 동굴, 식물, 동물을 창조하며 지형을 형성했다. 그리고 결국에는 모든 조상이 대지로 돌아와 겉모습을 바꾸고 영원히 그 지형의 일부가 되었다. 노래로써 대지를 존재하게 한 조상들은 제각기 노랫말, 즉 그 나라에 펼쳐진 "굽이치는 지리적 장소의 흔적"을 남겼는데 그것은 스토리가 포착한 특정한 만남의 결과였다.

노랫말은 음악이 담긴 스토리이자 지도였다. "대륙 전역에 굽이치는 방대한 서사적 노래 스토리는 일종의 악보이자 조상들의 모험담, 그리고 지형이 존재하게 된 과정"이다.[1]

토착민 아이들은 노랫말 한 줄 속에서 태어나 그것을 물려받는다. 노랫말은 그들의 생득권이자 정체성의 뿌리이다. 대지, 그리고 아이들과 대지의 관계에 생명력을 불어넣는 것은 이런 노래와 스토리의 연속성이다. 노랫말은 대지에 내장된 지도이기 때문에 피찬차차라어에는 '잃어버린'이라는 단어가 존재하지 않는다. 피찬차차라족이 걸어 다니면서 그들의 탄생이 담긴 적절한 운율에 맞춰 읊조리는 노래 스토리가 피난처와 먹을 것, 물을 찾을 수 있는 장소를 알려준다. 거꾸로 읊조리는 노래 스토리에는 집으로 돌아갈 방법이 담겨 있다.

그곳을 떠나기 전날 밤 우리는 잊지 못할 선물을 받았다. 우리는 모닥불에 둘러앉아 부족의 원로가 노랫말을 읊조리고 춤추는 모습을 지켜보았다. 원로가 잠시 멈추었을 때 노래가 끝났다고 생각했다. 하지만 원로는 다시금 노래를 부르고 춤을 추기 시작했다. 그러자 가이드가 깜짝 놀라며 이렇게 말했다. "원로가 노랫말을 바꿨어요. 이제 모든 게 변할 겁니다." 이 새로운 노랫말은 지속가능성이 더 높은 다른 인간 스토

---

1 데이비드 아브람David Abram, 《감각의 주문 The Spell of the Sensuous》 (뉴욕: 빈티지북스Vintage Books, 1977), 166페이지.

리의 뿌리라는 사실을 시간이 흐른 다음에야 확실히 깨달았다. 서방의 리더들과 토착민의 원로들이 한자리에 있었다는 사실이 원로에게 영감을 불어넣었고 그 결과 스토리가 등장했다. 우리가 '함께' 스토리를 창조한 것이었다.

이 경험이 내게 심오한 변화를 일으켰다. 나는 리더의 본질적인 임무를 이해하고 이 임무의 토대를 마련하는 새로운 틀을 받아들였다. 그것은 바로 스토리와 지도, 지형이다. 그렇다고 전통적으로 리더에게 맡겨지는 임무에서 전문지식과 기술을 개발해야 할 필요성을 부인한 것은 아니다. 우리 조직의 오버스토리(실제 사건)와 언더스토리(우리 가슴과 영혼의 여행)에 모두 주의를 기울임으로써 다른 장소에 서기로 선택한 것이다.

몇 년 전 나는 한 유명한 사진작가가 "훌륭한 사진을 찍는 비결이 무엇이냐?"라는 질문에 답하는 말을 들은 적이 있다.

그는 다음과 같이 답했다. "테크닉이 중요하죠. 하지만 훌륭한 사진을 찍으려면 카메라의 초점을 맞출 위치를 알아야 합니다."

리더십도 마찬가지이다. 리더는 모름지기 지금껏 듣거나 보거나 인식하지 못한 것에 의식적으로 초점을 맞추어야 한다. 개인과 조직의 스토리를 조명할 때 우리는 다른 방식으로 보고, 듣고, 경험한 뒤에 스토리를 바꿀 수 있다.

노랫말과 스토리와 지도, 지형에 노랫말을 절묘하게 통합하는 방식은 스토리텔러와 지도 작성자라는 리더의 새로운 임무와 관련 있다. 우리 역시 노랫말(스토리와 정체성의 집성체) 속에서 태어났다. 이 노랫말이 우리가 누구이며 어떻게 이런 모습을 얻었는지를 설명하는 스토리를 완성한다. 우리는 이 양식화된 스토리를 대개 무의식적으로 되뇌면서 노랫말에 자양분을 주고 생명력을 불어넣는다. 노랫말은 감옥으로든 관문으로든 우리를 안내하는 지도가 되고, 우리는 우리 자신에 관해 우리에게 들려주는 스토리가 된다. 우리가 몸소 살아가는 스토리가 되는 것이다.

피찬차차라족의 세상을 방문한 이 흔치 않은 여행에서 심오한 한 가지 지혜가 내게 찾아왔고 그것이 리더의 임무에 대한 내 사고의 틀을 형성했다. 나는 이제 내 임무를 다음과 같이 생각한다.

- 정신 창조가 세계 창조이다.
- 스토리를 바꾸면 지도가 바뀐다.
- 지도를 바꾸면 지형이 바뀐다.
- 지형을 바꾸면 우리의 경험과 선택이 바뀐다.
- 우리의 경험과 선택을 바꾸면 우리의 정신을 바꿀 수 있다.
- 우리의 정신을 바꾸면 세상을 바꿀 수 있다.

스토리를 바꾸면 모든 것이 바뀐다. 리더는 계획적으로 상황을 창조해 잠재력과 가능성의 새로운 스토리를 조명하고 전개하며 새로운 지도를 경험하도록 스토리를 가동시킬 수 있다.

불기둥인가 선물인가?

다음 이야기에서 스토리와 지도, 지형에 주의를 기울이는 것이 조직 변화의 강력한 추동요인임을 확인할 수 있다. 몇 년 전 우리 기관이 새 학년도를 맞이하기 일주일 전에 입학 담당 직원들이 대기 명단에 오른 학생 서른두 명에게 초대장을 보내는 실수를 저질렀다.

몹시 당황한 직원들이 실수에 대처할 계획안을 제출했다. 학생들의 가족에게 일일이 전화를 걸어 심심한 사과를 전달하겠지만 학생을 입학시키지는 않는다는 것이 그들의 계획이었다. 나는 주의 깊게 듣기는 했어도 결국 이 계획안을 거부했다. 우리가 초대장을 발송했으니 우리의 진실성이 걸린 문제였다. 나는 이 학생들의 입학을 허가하고 환영하기로 결정했다.

내 결정에 관한 소문이 마치 산불이 번지듯이 퍼졌다. 내 결정을 따르려면 기숙사, 침대, 매트리스, 컴퓨터, 상주 카운슬러, 교직원 등 모든 것을 추가로 준비해야 했다. 긍정적이든 부정적이든 할 것 없이 이 결정과 관련된 이야기 때문에 다른 대화를 나눌 수 없을 지경이었다. 우리에게 주어진 기간은 일주일이었다.

나는 내부에서 오가는 스토리는 물론이고 지역사회의 의견을 파악해야 한다는 사실을 깨달았다. 그래서 믿을 만한 동료에게 그녀가 접한 모든 의견을 익명으로 적어서 보내 달라고 부탁했다. 그리고 어느 날 저녁 의견들을 전부 읽은 나는 두 가지 뚜렷한 패턴 혹은 스토리를 발견하고 이들을 불기둥(머지않아 발생할 분리와 분열의 스토리)과 선물(새롭게 얻을 자부심과 관대함의 스토리)이라고 표현했다.

나는 두 가지 스토리를 타오르는 불과 큰 활이 담긴 선물 상자라는 시각적 이미지로 만들었다. 그리고 이미지 둘레에다 지역사회의 의견을 배치했다. 나는 동료들에게 이 스토리 패턴을 우리가 완벽하게 통제할 수 있는 두 가지 새로운 스토리라고 묘사하면서 어떤 것이 우리가 원하는 정체성을 가장 적절하게 정의하느냐고 물었다. 희소성의 스토리에 토대를 둔 불기둥을 선택할 수 있다. 그러면 악몽 같은 한 해를 맞이할 것이다. 아니면 풍요로움의 스토리가 토대를 이루는 선물을 선택할 수 있다.

새 학년도가 시작되었고 학생 서른두 명은 무럭무럭 성장했다. 이로써 우리가 선택한 스토리가 선물이라는 사실이 분명해졌다.

훗날 많은 사람이 내게, 이 두 스토리에 공개적으로 이름을 붙였을 때 그들이 서야 할 자리를 깨달았고 우리가 소망하는 미래를 함께 창조하자는 내면의 진실한 목소리를 발견했다고 말했다. 내심 선물 스토리를 원했으나 불기둥 옹호자들이 맞서자 미온적인 태도를 보였던 사람들이었다. 하지만 두 스토리가 이름을 얻었을 때 그들은 부정적인 의견에 대응하면서 논쟁하지 않고 그저 이렇게 말했다. "당신은 불기둥 속에 살고 있군요. 그건 내 스토리가 아닙니다."

나는 리더십에 관한 이 인상적인 경험 속에서 한 가지 진실을 발견했다. '우리는 스토리텔링에 끌린다.' 팩트는 대개 우리 두뇌의 언어 영역을 활성화시키지만 스토리는 우리의 두뇌를 전체적으로 활성화시키고 참여시킨다. 인간은 이성적인 존재이다. 스토리를 통해 다른 사람의 경험에 공감하고 그것을 우리의 경험과 연결한다. 스토리를 바꾸면 선택이 바뀐다. 그리고 선택을 바꾸면 정신이 바뀔 수 있다.

오늘날 우리의 행동으로 보건대 우리는 마치 더 많은 정보와 복잡한 데이터 분석, 그리고 더 효과적인 추가 전략을 통해 원하는 결과를 얻을 것이라고 믿는 듯이 보인다. 하지만 조직을 생산적이고 창조적인 환경으로 변모시키는 것은 더 깊은 인간관계, 의미와 목적에 대한 진실한 대화, 정체성에 관한 긍정적인 스토리이다. 우리는 누구이고 무엇이 가능하며 우리가 맡은 임무를 수행함과 더불어 어떤 사람이 되고 싶은지에 관한 스토리 말이다.

리더는 무엇을 찾고 그것을 어떻게 볼지, 무엇에 귀를 기울이고 그것을 어떻게 들어야 할지, 무엇을 말하고 그것을 어떻게 말해야 할지를 알아야 한다. 아울러 언더스토리, 즉 우리의 참모습에서 감정과 영혼의 차원에 주의를 기울여야 한다.

피터 드러커는 다음과 같이 말한다. "나는 결코 예측하지 않습니다. 그저 창밖을 바라보고 보이지 않지만 볼 수 있는 것을 보죠."[2]

이제 우리의 임무는 우리 조직의 집단의식에서 눈에 보이거나 입에 올리지 않는 스토리에 초점을 맞추고 우리가 어떤 사람이 되고 싶은지를 선택할 수 있도록 그 스토리에 빛을 비추는 것이다. 이따금 우리의 참모습을 일깨우는 것이 리더의 역할이다.

교훈 : 명백한 깨달음

리더와 리더십

1. 우리는 현재의 우리를 이끈다. 미래의 우리를 창조할 수 없다. 리더십은 무엇보다 내면의 작업이다.

2. 성공적인 리더십의 핵심은 조직 전략이 아니라 개인과 조직의 의미, 응집력, 명확한 정체성(우리는 누구인가)과 목적(왜 이곳에 있는가)이다.

3. 리더로서 우리가 조직을 움직이고 참여시킬 수 있는 가장 큰 힘은 진실성과 명확성, 조화, 내면의 도덕적 나침반인 용기이며, 이는 우리가 명명하고 실천하는 스토리로 드러난다.

4. 현재 우리의 리더십 개념은 우리의 역량과 상상력에 비하면 너무나 보잘것없다. 잘못된 정신 모형, 즉 권력과 동기 부여, 창조에 대한 왜곡된 견해와 대개 진정한 성공을 평가하는 잘못된 대용물에 기반을 둔 이 개념들이 진정한 우리의 모습을 더럽힌다. 그 결과 우리는 리더십 성공에 관한 전통적인 정의의 전략과 전술을 복제하고 모방하게 만드는 정신적인 지도를 받아들인다. 피터 드러커가 했다고 추정되는 말에 따르면 "문화는 전략을 아침 식사로 먹고 리더는 문화를 창조한다."[3]

5. 리더는 전체의 행복에 관심을 기울인다. 모든 사람을 존중하는 환경을 창조한다. 눈에 보이는 사건을 넘어 조직의 사명과 목적의 핵심을 형성하는 의미 창조 능력과 정체성 형성 패턴을 본다.

6. 현명한 리더는 조직에서 눈에 보이는 오버스토리와 눈에 보이지 않지만 뚜렷이 나타나는 언더스토리를 조명한다. 이때 우리의 정신과 행동을 형성하는 보이지 않는 패턴에 명확한 목적의식이 생

---

2 로버트 렌즈너Robert Lenzner와 스티븐 S. 존슨Stephen S. Johnson, "사물을 있는 그대로 보기 Seeing Things As They Real" 〈포브스〉 1997년 3월 10일 자.

3 앤드류 케이브Andrew Cave에서 "문화는 전략을 아침 식사로 먹는다. 그렇다면 점심 식사는 무엇인가?"라는 발언에 대한 논의 참고, 〈포브스〉 2017년 11월 9일 자.

긴다. 그러면 환상을 토대로 결정을 내리기보다는 스토리를 명확하고 의식적으로 선택할 수 있다.

7. 리더는 카메라가 어디에 초점을 맞출지를 알고 우리가 체현하는 스토리를 스스로 깨닫게 만들며 우리의 정체성을 강화하고 심화하는 스토리를 선택하도록 이끈다.

스토리텔링과 지도 작성

1. 우리는 자신에게 들려주는 자신에 대한 스토리가 된다. 우리가 실천하는 스토리가 된다.

2. 스토리는 지도가 된다. 우리는 이 지도를 보고 걸으면서 지형, 즉 경험과 선택을 창조한다.

3. 한 공동체(조직)에 소속되는 것은 개인의 문제가 아니다. 우리는 모두 연결되어 있다. 공동체 내에서는 비생산적인 견해란 존재하지 않는다. 모든 의견이 새롭게 전개되는 한 스토리에 이바지한다. 효과적이거나 효과적이지 않은 스토리에 모두 포함된다.

4. 우리의 품성과 문화를 형성하는 것은 언더스토리, 다시 말해 겉으로 드러나지 않게 우리가 실천하는 영원하고 지속적인 스토리이다. 의식적으로든 아니든 간에 우리가 어떤 스토리를 실천할 때 그것은 우리의 지도가 되어 우리의 세계관과 가능성, 그리고 우리의 새로운 모습을 정의한다.

1. 현재 여러분이 실천하는 리더십 스토리를 어떻게 묘사하겠는가?

2. 리더의 역할을 스토리텔러나 지도 작성자라고 생각할 때 리더로서 어떤 진리를 경험했는가? 그것을 결정적인 순간으로 생각하는 이유는 무엇인가?

3. 여러분의 조직에서 어떤 방법으로 언더스토리를 조명하고 명명할 것인가?

제13장

높은 기대를
선택하고, 세우고, 실천하라

멜 스피스

퇴역 육군 소장 멜 스피스는 36년 동안 현역 군인이었다. 보병대 장교인 그는 합동 무기 훈련 프로그램Combined Arms Training Program과 보병학교 사령부Command of School of Infantry, 원정 전투 학교Expeditionary Warfare School 지휘관으로 맡은 연대 임무를 포함해 고위 장교로서 훈련과 교육 직책에서 풍부한 경험을 쌓았다. 미국 유럽 사령부US European Command에서 전략, 계획, 평가, J-5 부지휘관과 초대 해병대 원정군 사령관, 초대 해병대 원정 여단 사령관으로 복무했을 뿐만 아니라 사령관으로서 훈련 사령부Training Command, 해병대 공군 육군 태스크포스 훈련 사령부Marine Air Ground Task Force Training Command, 훈련 교육 사령부Training and Education Command 를 지휘했다. 수많은 성과를 거두었지만 훈련 교육 임무에서 수행한 구체적인 활동을 소개하자면 직업 사병 군인 교육Enlisted Professional Military

Education을 개편해 재설계했고, 가치 기반 리더십Values-Based Leadership을 중심으로 직업 군인 교육Professional Military Education의 리더십 개발을 맡았으며, 초보 훈련Entry-Level Training 프로그램을 수립했다. 이라크 전투에 배치된 부대의 임무 수행 연습 훈련Mission Rehearsal Training과 이라크에서 아프가니스탄으로 임무 수행 연습 프로그램을 이전하는 작업의 책임자였다. 현역에서 은퇴하자마자 큐빅 방어 시스템스Cubic Defense Systems로 자리를 옮겨 '리더는 만들어질 수 있다'를 개발하고 현재 독자적으로 수많은 기업에 자문으로 활약하고 있다.

■　■　■

2015년 인스파이어드 워크Inspired Work 워크숍에 참석했을 때 설립자 데이비드 하더David Harder(《직장 참여 솔루션 The Workplace Engagement Solution》[1] 작개)에게서 해병대에서 직장 이탈 문제가 발생하느냐는 질문을 받았다. 우리는 젊은 세대(밀레니엄 세대와 Z세대)의 특성과 이들과 관련된 도전에 관해 이야기를 나누고 있었다. 그는 우리 세대의 일반적인 기대 수준으로 정착한 업무 활동과 성과에 관심이 많았다.

나는 먼저 웃음을 터트렸다가 이렇게 말했다. "아닙니다. 해병대에서는 젊은 군인들과 관련된 도전이 많지만 이탈 문제는 없습니다."

1 데이비드 하더, 《직장 참여 솔루션: 오늘날의 직원과 함께 공통의 사명과 비전, 목적을 찾아라 The Workplace Engagement Solution: Find a Common Mission, Vision and Purpose with All of Today's Employees》 (매사추세츠주, 뉴베리포트Newburyport, MA: 커리어프레스Career Press, 2017).

해병대는 연령대가 가장 낮은 군대이며 매년 병력의 약 20퍼센트가 이직한다. 해병대 모집 대상은 일반 인구집단이지만 이 젊은 인구집단이 지난 15년간 강도 높은 해외 작전을 책임졌다.

해병대에 입대하기로 결정하는 사람들은 전체 인구집단과 비교할 때 자기 내면에 있는 더 중요한 무언가를 이해하려는 의지와 관심을 제외하면 남다를 것이 없다. 그들은 자신을 변화시킬 의지(나아가 열정)를 품고 해병대에 입대한다. 이 젊은 신병들의 공통점은 한 가지뿐이다. 그들은 더 중요한 무언가를 추구하지만 평범한 사람들이다. 열일곱 살 무렵의 내 이야기도 이와 별반 다르지 않았다. 나는 평범한 길을 걸으며 평범한 삶을 살고 있었다. 그러던 어느 날 특별한 기회가 찾아왔다. 물론 편안하게 기대치가 낮은 삶을 선택할 수도 있었지만 그 기회를 잡은 것이 나와 삶에 대한 내 기대를 송두리째 바꿔놓았다.

해병대는 기대를 낮추지 않았다. 오히려 의도적으로 기대치를 높임으로써 눈에 보이지 않는 잠재력을 꿰뚫어보는 방법을 발견했다. 오늘날 민간 직장인들에게서 흔히 볼 수 있는 모습은 문화적 기준과 사회의 기대치를 낮춘 결과물이다. 오늘날 사회에서 눈에 띄지 않는 것은 이 낮은 기대치 아래에 묻힌 잠재력과 가능성이다. 해병대의 모집 대상 인구집단은 민간 직장인 모집 대상과 똑같은 집단이다. 따라서 민간 직장역시 헌신, 끈기, 이타주의, 적응력, 회복력, 우수성이라는 해병대의 본질적인 특성을 똑같이 활용할 수 있다.

결국 중요한 것은 조직이 구성원을 인식하고 협력하는 방식이다. 말과 글로 전달하는 것이 아니라 실제로 실천하는 것이 핵심이다. 조직에서 구성원을 핵심적으로 발전시키고 육성하기를 원하는가? 아니면 구성원은 고위 경영진에게 조종되는 구성요소이며 관리해야 할 비용일 뿐인가? 조직 행동에서 확연히 드러날 이 질문의 해답이 세상의 모든 변화를 일으킨다.

해병대는 무엇이 다를까? 해병대는 미국 전역의 젊은 민간인에게서 잠재력과 내재된 헌신을 본다(그리고 이런 특성들이 존재한다고 믿는다). 해병대는 미국의 소도시와 대도시에 이런 헌신이 존재한다는 믿음을 가지도록 신병 모집관을 훈련시킨다.

웨인 다이어Wayne Dyer가 자주 말하듯이 "믿는 대로 보일 것이다." 해병대에 36년간 복무하면서(이 기간 동안 대부분 젊은 민간인을 미국 최고의 인재로 변화시키는 임무를 맡았다) 나는 모든 젊은이의 삶을 책임지고 파악해야 했으며, 그 결과 다른 수많은 사람이 간과하는 것을 보는 것이 힘이라는 사실을 몸소 깨달았다.

정체성

해병대가 거둔 성공의 핵심은 바로 이것이다. 해병대에는 개인이나 집단의 특별한 정체성이 있다. 사람들의 내면에 존재하는 최고의 모습을 찾아 자아보다 더 중요하고, 정의할 수 있고 정량화할 수 있는 무언가로 그들을 끌어올리는 것이 해병대의 정체성이다. 사람들의 수준에 맞춰 기대를 낮추거나 안락함과 이기적인 일시적 충족감을 제공하지 않는다. 거저 주어지기보다는 힘겹게 얻는 이 정체성은 사람들의 내면에 존재하는 가장 낮은 공통분모가 아니라 가장 높은 이상과 포부에 호소한다.

물론 해병대만 정체성을 중요시하는 것은 아니다. 규모와 상관없이 모든 기업이 대체로 정체성을 인재를 유치하는 과정의 주된 요소로 삼는다. 알다시피 정체성의 상징적인 존재가 되어 조직 정체성을 매력으로 부각시키는 조직과 기업이 있다. 하지만 정체성의 본질은 똑같지 않다. 브랜드와 연관된 값싼 일시적 충족감이 조직의 정체성인가? 아니면 이타적인 대의명분을 위해 모인 심오한 지속적 만족감인가?

하지만 결국 결과물을 좌우하는 것은 인풋과 프로세스이다. 자아에 초점을 맞춘 인풋을 제공한다면 결과물 역시 똑같을 것이다. 자아에 초점을 맞추어 구성된 조직은 더 큰 전체에 충성하기보다는 자아에 초점을 맞춘 기회를 추구하는 사람을 유치하고 발전시킬 것이다.

조직 문화와 가치관에 관한 거창한 말은 많지만 사실 말은 그리 중요하지 않다. 행동과 실천이 가장 중요하다. 지난 몇 년 동안 그릇된 결정을 내려 대중의 신뢰를 잃고 정부에게서 시정조치를 받은 일부 자동차 회사의 웹사이트를 검토한 결과 신뢰와 준법이라는 단어가 수차례 등장하는 것으로 나타났다. 하지만 조직의 의도적인 행동으로 판단하건대 그것은 공허한 말에 지나지 않았으며, 결국 비난을 받는 결과를 초래했다. 훌륭한 말이지만 중요한 순간에는 빈껍데기에 지나지 않았던 것이다.

오늘날 뉴스를 장식하는 수많은 기업이 혁신적이고 창의적이라는 평판을 받지만 우리가 일반적으로 경험하는 것은 사실 순응과 낮은 기대의 문화이다. 직장 참여도가 점점 낮아지고 불행과 성취감 부족에 관한 데이터가 많아졌다. 이것이 문화와 가치관의 실상이다. 결과물이 인풋과 프로세스에서 발생한다는 점을 고려하면 이는 당연한 결과라 할 것이다.

사람들을 향상시키고 고양시키며 그들의 내면에 존재하는 최고의 모습을 준비시키고 개발하는 특성을 바탕으로 삼는 정체성은 영혼을 자유롭게 하고 개인을 해방시킨다. 지난 15년간 밀레니엄 세대와 Z세대는 눈부신 성과를 거두었다. 그들은 2세기가 넘는 세월 동안 형성된 조직의 기준을 실천했다. 해병대의 역경과 위험, 도전을 익히 알지만 젊은이들은 계속해서 해병대에 끌린다.

나는 해병대에서 얻은 경험을 바탕으로 네 가지 핵심 단계를 발견했다. 이것이 밀레니엄 세대와 Z세대의 보이지 않는 재능에서 최고의 모습을 이끌어내는 것으로 입증되었다.

1. 식별하라 : 적절한 인재를 찾고 유치하라

이것은 조직에 새로운 활력을 불어넣는 첫째 필수 단계이다. 이 단계를 제대로 수행하지 못하면 이후에 따르는 모든 일은 쓸모가 없어질 것이다. 그러면 흔히 조직이 원하는 결과를 성취하지 못한다. 해병대에서 이 단계는 조직에 생명력을 제공하는 원천이다.

모집과정과 적절한 인재를 찾고 고용하는 과정이 이 1단계에 속한다. 해병대는 새로운 인재를 찾는 모든 잠재 고용주와 마찬가지로 우선 개인의 자기이익에 호소한다. 해병대의 모집 대상은 민간 기업과 동일한 인구집단에 속하지만 해병대가 호소하는 개인의 자기이익은 민간 기업과 본질적으로 다르다. 해병대는 포부가 크고 자신보다 더 큰 대의 명분을 위해 봉사할 기회를 원하는 특성에 호소한다. 해병대가 성공을 거둔 비결은 밀레니엄 세대와 Z세대의 문화 기준과 가치관에 부합하는 의사소통과 메시지 전달이었다. 이는 해병대의 모집과정이 역동적이고 세심하며 유연하다는 의미이다.

피상적인 모집 과정은 용납되지 않는다. 후보자가 직장에서 더 심오한 무언가를 추구하고 싶어 한다면 단순한 인재 선발 과정과 직책과 보상을 과시하는 방법으로는 그가 원하는 것을 제공할 수 없다. 조직은 조직 문화나 조직이 원하는 변화에 어울리는 부류의 사람을 유치해야만 성공할 수 있다. 아무리 지원자가 많다 해도 고용주는 승리자와 단순한 숭배자를 구분해야 한다.

모집 과정은 또한 투명한 상호조사 과정이다. 고용주는 후보자에게 평가 및 보상 기준과 진정한 기대치를 설정해야 할 의무가 있다.

9·11 테러가 발생한 이후 해병대는 신병 및 장교 훈련에 참가할 지원자를 구했으나 결과는 만족스럽지 않았다. 정량화할 수 있는 모든 면에서 수준이 높아졌다. 그에 따라 해병대가 채택하는 메시지와 프로세스, 인구집단의 성질이 달라졌으며 이는 모두 대중적인 기준과는 대조된다.

2. 투자하라 : 조직의 가치를 신중하게 개발하라

훈련과 탄탄한 역할모델로 직원들을 지원하지 않고 기대치를 설정하는 것은 부당하고 비현실적인 처사이다. 투자가 필요하다. 투자를 확보하면 기대가 현실로 바뀐다. 투자는 교육과 유입으로 나눌 수 있다.

해병대는 수행 결과와 관련된 모든 기대 수준을 정립해 신병들에게 제공한다. 이는 개인에게 헌신하겠다는 조직의 의지를 표현하는 것이며 개인이 능력을 발휘할 수 있는 조직에 반드시 필요한 특성이다.

사람들은 흔히 다음과 같이 이의를 제기한다. "직원에게 이런 훈련을 모두 투자한다면 그건 경쟁자들을 위해 그들을 훈련시키는 것이나 다름없습니다. 3년 후면 떠날 사람들을 훈련시켜야 합니까?"

조직이 의도적이고 점진적이며 전략적인 단계에 따라 발전한다면 투자수익률에 대한 걱정은 가라앉을 것이다. 전문가로서 헌신과 충성을 이끌어낼 가치 전제를 제시하면서 단계적인 온보딩(신입 직원이 직장생활과 성과 면에서 새로운 직무에 신속하게 적응하도록 돕는 프로세스를 일컫는 말―옮긴이)과 훈련에 대한 투자를 계획적인 경력 관리 국면에 맞춰 진행할 수 있다. 개인에게 완벽한 훈련을 제공한다는 것은 그에게 소중한 봉사를 다한다는 뜻이다. 훈련이 끝났을 때 직원이 머물기로 선택한다면 조직에 노련한 인재들이 풍부해질 것이다. 이 인재들이 조직의 성공과 조직 문화를 유지하고 미래 인재의 온보딩과 발전을 책임질 것이다.

이런 개념이 조직의 한 가지 가치로 자리를 잡았다. 앞으로 가망 직원이나 신입 직원이 어떤 조직을 자신이 원하는 공동체라고 판단할 때 이 가치가 기준이 될 것이다.

성공적인 직원 개발 과정에서 한 가지 중대한 요소는 이런 사고방식이다. 해병대는 이 사고방식을 바탕으로 해병대가 아니었다면 높이 평가받지 못했을 인구집단을 유치해서 지난 2세기 동안 해병대가 얻은 이미지와 결과물에 부합하는 위치로 끌어올렸다.

물론 해병대에서 사람들이 필수 능력을 모두 발휘하기를 기대할 수는 없다. 하지만 비록 형태는 없어도 정량화할 수 있는 개인의 특성과 습성, 그리고 조직에서 개인과 조직의 성공, 조직의 쇄신과 성공가능성의 필수조건이라고 판단한 가치관이 직무 능력보다 한층 더 중요하다. 해병대는 모든 신병에게 이런 특성과 습성을 개발하고 가르치는 것이 조직의 의무라고 생각한다.

사람, 특히 무형적인 중요한 특성에 해병대가 투자하는 것은 본질적으로 조직을 위한 투자이다. 투자는 계약에 따른 의무가 아니라 본질적인 의무이며, 이 같은 특성과 습성을 모든 해병대의 일관적인 결과물로 만들고 조직에 확산시키려는 노력이다.

3. 통합하라 : 기능 통합과 조직의 사명을 연결시켜라

조직의 구조와 프로세스, 관행을 통합해야 한다. 최고의 프로세스를 거쳐 적절한 인재를 찾고 직원들에게 투자하면 직원들이 일상 업무를 수행할 것이다. 통합이란 명시한 가치관과 문화, 개인에 대한 기대(이 모든 요소를 신입 직원에게 가르쳐야 한다)에 활기를 불어넣는 수단을 조직에 정착시킨다는 의미이다.

통합은 두 단계로 진행된다. 1) 조직은 직원에 대한 기대, 그리고 직원과 조직의 일상적인 상호작용 방식에 대해 말한 바를 실천해야 한다. 2) 조직은 직원들을 신중하게 배치하고 활용함으로써 조직이 옹호하는

특성과 행동을 직원들이 존중하게 만들어야 한다.

이것은 고용주가 완수해야 할 책임이다. 직원의 온보딩과 교육이 끝났다. 이제 직원에게 의미 있는 역할을 찾아 마음껏 수행할 재량을 제공하는 것이 고용주의 임무이다.

특히 조직의 리더와 연관된 조직 관행은 무엇보다 투명해야 한다. '신뢰', '혁신', '이니셔티브', '역량 증진'이라는 용어를 떠벌리는 조직이 많다. 하지만 조직의 통제 욕구와 위험 회피 성향이 대개 이 메시지의 가치를 떨어뜨리고 직원들의 냉소와 이탈을 초래할 수 있다.

조직이 적절히 훈련받지 못한 직원에게 기대를 거는 것은 온당하지 않다. 조직의 프로세스와 결정, 조치나 문화에서 무시당하거나 침해당한 사람에게 기대를 건다면 매우 해로울 것이다.

오늘날 직원들은 조직에서 역량을 증진할 수 있다는 기대를 품는다. 그것은 조직의 본질이다. 해병대는 품성과 능력을 기르는 데 투자하는 직책을 적극적으로 지원한다. 아울러 이 직책에 직무를 수행할 권한을 부여한다. 그들의 임무는 그저 행동하는 것이다. 대안은 용납되지 않는다. 밀레니엄 세대와 Z세대 해병대는 도전에 대처하는 데 그치지 않고 200년 넘게 조직과 개인의 차원에서 유례가 없는 성공을 거두었다.

계획적인 프로세스로서 통합은 투자수익을 제공한다. 이를테면 개인에 투자하는 조직은 뛰어난 역량을 발휘하며 조직과 조직의 사명, 조직의 성공을 위해 헌신하는 개인이라는 투자수익을 얻는다.

4. 영감을 불어넣어라 : 직장과 조직, 일터와 일상적인 공통 요소

이는 조직의 리더가 이끄는 비전을 공유한 개인에게 '정보를 제공하고 고무시키는 것'을 뜻한다. 사명과 결합된 영감은 모든 사람이 성취하고자 노력하는 더 큰 결과물을 열정적으로 상기시킨다. 비전을 형성하고, 본보기를 보이고, 끊임없이 명심함으로써 집단의 목표를 끈질기게 추구하고, 일상적인 문제를 적절한 관점으로 바라보는 것이다.

조직 지도부의 결정과 조치에서 표출되는 영감은 직원과 조직 사이의 지속적인 관계에 영향을 미친다. 구조적·수직적 리더십 관계는 물론이고 비공식적인 동료 간 리더십에 영향을 미친다. 개인과 조직에 모두 영감을 불어넣을 수 있다. 조직은 스스로 궁극적이고 실질적으로 높이 평가하는 요소를 말이나 명령보다는 행동으로 실천한다. 직원들이 보고 경험하는 인정과 평가, 보상과 승진 과정에 높은 평가와 보상을 받는 요소는 영감이다. 효과적으로 영감을 불어넣는 조직은 조직의 가치관에 부합하는 방식으로 체계적으로 격려하고 지지한다.

해병대는 개개인의 주변에 존재하는 높은 기준을 일깨우고 책임과 특권을 가진 지도부가 모범을 보임으로써 영감을 불어넣는다. 이따금 노골적인 경우도 있지만 대개는 조용히 영감을 불어넣는다. 그것은 해병대 복무생활의 일상적인 요소일 뿐만 아니라 장병들을 결합하는 접착제, 나아가 시간이 흐르면 궁극적으로 조직을 결합하는 접착제이다.

이와 대조적으로 이탈한 직원들에게는 '영감 결핍'이 존재한다. 성과가 평범한 수준에 머물고 목표를 달성하지 못해도 지도부가 용납하면서 받아들이게 되므로 '영감 결핍'은 본질적으로 해롭다. 만일 직원들이 '이 팀에 속하기를 진심으로 원하는가? 내가 동료를 신뢰하고 리더를 존경하는가?' 혹은 이와 비슷한 생각을 한다면 이는 직원 이탈이 일어났다는 뜻이다. 사람들은 동료와 리더에게 영감을 구한다. 긍정적인 비전을 공유할 때 직원들은 스스로 일어서고 발전한다.

해병대는 이 모든 단계를 가르치며 정체성과 함께 놀랄 만한 성공의 토대를 제공한다. 해병대가 활동하는 환경은 독특하지만 어려운 환경이라면 어디에서든 해병대의 원칙이 개발되어 실행된다. 실패가 용납되지 않는 환경도 예외가 아니다.

적절히 수정하면 해병대 접근방식의 기본 원칙을 보편적으로 적용할 수 있다. 성공에는 막연한 문화적 개념이나 정량화할 수 없는 결과물에 대한 미온적인 헌신이 아니라 구체성과 지향성이 요구된다. 무엇보다 중요한 한 가지 사실은 여러분의 사람들은 여러분이 그들에게 기꺼이 투자하는 것 이상을 돌려주지 않을 것이라는 점이다.

세상을 바라보거나 밀레니엄 세대와 Z세대에 대한 부정적인 이야기를 일상적으로 들을 때면 나는 사람과 노력, 기회가 낭비된다는 생각을 떨칠 수 없다. 하지만 나는 역경에 직면해 분대를 지휘하든 일개 부대원이든 혹은 악천후를 무릅쓰고 한밤중에 바다에서 항공모함의 비행갑판에 있는 제트비행기에 연료를 주입하든 상관없이 해병대에서 임무를 수행하는 젊은이들의 모습을 보면 항상 깊은 감명을 받는다.

여러분이 직원에게서 무엇을 얻고 있는지, 그들에게 어떤 기대를 걸었는지, 그리고 그 기대가 어떻게 충족되고 있는지 지켜보라. 만일 어떤 간극이 나타나거나 그 간극이 여러분의 사명과 성공에 영향을 미친다면 몇 가지 문제를 고민해야 할 것이다.

나는 현역으로 복무했던 후반기 16년 중에서 12년 동안 공식 훈련과 교육 임무를 수행했다. 이때 젊은 해병대원들을 지켜보고 긍정적인 의미에서 자주 놀라곤 했다. 나는 내 의견이 중요하지 않다는 사실을 깨달았다. 밀레니엄 세대와 Z세대를 이해하고, 전투에 배치된 우리 부대가 성공을 거두고, 해병대를 조직으로서 유지하려면 우리의 임무를 조정해야 했다.

이것은 신성한 의무였다. 따라서 비록 우리가 해병대의 새로운 작업 환경에 맞춰 변화했지만 그래도 2세기가 넘도록 해병대의 남다른 노력과 장렬한 희생을 바탕으로 확립된 조직의 기준은 엄격하게 유지했다. 37년 동안 현역으로 근무한 경험을 바탕으로 제2차 세계 대전, 한국과 베트남 전쟁에서 해병대로 복무한 장병들에게 존경과 경외심을 표하며 내가 내린 결론은 현재 전투에 투입된 장병들이 해병대 역사상 최고 정예군이라는 사실이다.

만일 여러분이 자신이 몸담은 조직에 대해 이렇게 말할 수 없다면 다음과 같은 사실을 명심하라. 해결책은 조직 외부가 아니라 내부에 있으며, 여러분이 고용해서 투입한 인력보다는 결과물을 바꾸기 위한 조직의 자발적인 노력이 해결책을 좌우한다.

1. 젊은 밀레니엄 세대나 Z세대와 협력할 때 가장 큰 도전은 무엇이라고 생각하는가?
2. 이 신세대가 조직, 나아가 전 세계에 선사할 자산이나 장점은 무엇이라고 생각하는가?
3. 리더는 어떤 전략을 채택해 이들의 장점을 개발할 수 있을까?

제14장

·

존중, 용기, 솔직함
리더십의 진정한 특성

잭 젠거

존 H. 젠거는 리더의 역량을 제고하는 기업인 젠거 포크먼Zenger Folkman의 공동 창립자 겸 최고 경영자이다. 젠거는 서던캘리포니아대학교University of Southern California, USC와 훗날 스탠퍼드 경영대학원Stanford Graduate School of Business에서 강의했다. 그는 서던캘리포니아대학교에서 경영학 박사 학위를 받았다. UVU 이사회UVU Board of Trustees의 임원 겸 회장이었으며 유타주 이사회Board of Regents의 임원으로 10년 임기를 마쳤다. ATD의 직장 학습과 성과 평생 공로상Lifetime Achievement in Workplace Learning and Performance Award을 받았으며, 인력 자원 개발 명예의 전당Human Resources Development Hall에 헌액되었다. 독자적으로 혹은 공동으로 책 14권과 글과 블로그 게시물 150편을 집필했다. 〈하버드비즈니스리뷰〉와 〈포브스〉에 정기적으로 글을 기고한다.

■ ■ ■

그들이 원하는 직원의 특성을 묘사할 때 CEO들은 입을 모아 솔직함과 성실함을 언급한다. 우리 회사에서 360도 피드백 평가(모든 관련자에게 한 개인의 역량이나 성과에 관한 평가나 조언을 받는 방식으로 다면평가와 유사하다 ─ 옮긴이)로 평가한 리더십 능력 가운데 솔직함과 정직함은 다른 요소들에 비해 꾸준히 매우 높은 점수를 받아 1, 2위를 차지했다.

나는 한 가지 경험에서 이 중요한 리더십 특성에 대한 새로운 시각을 얻었다. 리더십의 대가가 아니라 어느 의사에게 얻은 교훈이었다.

폐 전문의이던 내 아들이 위암 진단을 받았다. 아들이 걸린 암은 희귀 암이어서 의료진은 어떤 치료법이 가장 효과적일지를 알지 못했다. 아들은 대대적인 화학요법과 방사선치료, 위의 절반을 절제하는 수술, 마지막으로 골수 이식을 견뎌냈다. 치료를 시작하고 몇 달이 지나 의료진이 CAT 스캔을 실시했을 때 암 세포의 흔적이 전혀 보이지 않았다. 의료진과 가족, 동료와 친구들은 모두 완치되었기를 바랐다.

그런데 부활절 일요일에 아들의 상태가 갑작스럽게 악화되었다. 아들은 다시 입원했고, 의료진은 다시금 대대적인 검사를 실시했다. 다음 날 나를 포함해 가족들이 아들의 병실에 모여 있을 때 종양학 전문의가 결과를 알려주러 병실을 찾았다.

그는 믿을 수 없을 만큼 솔직하게, 하지만 상대를 배려하며 사실을 전달했다. 아들의 암이 칼을 갈고 돌아와 아들의 복강을 온통 뒤덮었다는 결과가 나왔다. 혈액 검사 결과도 똑같이 암담했다. 담당의는 검사 결과를 차분하고 조심스럽게 설명한 다음 아들에게 이해했느냐고 물었다. 아들은 잠시 잠자코 있다가 사무적인 태도로 조용히 대답했다. "예, 내가 곧 죽을 거라는 뜻이군요."

나는 병실에 앉아 오랫동안 내가 알고 지냈던 수많은 기업 리더를 생각했다. 그들은 자신의 행동으로 부정적인 결과가 일어났을 때 용기를 내어 동료들에게 사실을 전하지 못했다. 그것은 경력을 쌓는 과정에서 일어난 사소한 일시적 이탈에 관한 이야기였다. 하지만 이것은 사람들이 떠올릴 수 있는 가장 큰 문제, 그야말로 삶과 죽음에 관한 이야기였다. 내 아들과 그의 담당의는 개인적인 친구이자 존경하는 동료였다. 하지만 그렇게 친밀한 관계인데도 담당의는 솔직하게 진실을 전달하는 방식을 택했다.

그때 나는 다른 직업군의 사람들에게도 배울 것이 많다고 생각했다. 아들의 담당의는 상대에게 공감하고 존중하면서 사실을 전달했다. 가장 고통스러운 메시지를 듣기 좋게 전달하는 방식을 택하지 않았다. 자신이 아끼는 친구이자 동료는 마땅히 진실을 알아야 했고 그의 가족도 마찬가지라고 생각한 것이다.

이틀 후 모든 사람이 곁을 지키는 가운데 아들은 세상을 떠났다. 아들의 죽음, 그리고 나를 비롯해 병실에 있던 모든 사람에게 북받치던 감정을 말로는 제대로 표현할 수 없다. 그리고 용기를 내어 더할 나위 없이 고통스러운 메시지를 전달한 의사에 대한 내 존경심도 말로는 제대로 표현할 수 없다.

홀륭한 리더십의 한 가지 근본 원칙은 존중하는 태도로 다른 사람을 대하려는 마음이다. 이런 마음에서 가장 중요한 요소는 솔직하게 말할 수 있는 능력과 용기이다. 사실 우리가 리더의 성실함에 관해 실시한 조사[1]에서 흥미로운 결과가 나타났다. 솔직함과 성실함에서 높은 점수를 받은 리더는 다음과 같은 다섯 가지 행동 지표에서도 높은 점수를 받았다.

1. 다가가기 쉽다
2. 겸손하게 행동한다
3. 매우 집중해서 듣는다
4. 신중하게 결정을 내린다
5. 단호하게 행동한다

이 가운데 처음 네 가지 지표는 다른 사람을 매우 존중하며 대하는 방식을 묘사한다. 그들은 얼굴은 웃으면서 발로는 짓밟는 유형의 리더가 아니다. 자신은 다른 사람과 수준이 다르다고 여기며 일반적인 규칙에 따를 필요가 없다고 생각하는 오만한 리더도 아니다. 아들의 담당의는 아들과 이야기할 때 이런 특징적인 행동을 모두 보여주었다.

'단호하게 행동한다'는 마지막 항목은 약간 어울리지 않는다. 대부

---

1 존 H. 젱거John H. Zenger, 조지프 포크먼Joseph Folkman, 스콧 에딘거Scott Edinger, "반드시 필요한 사람 되기 Making Yourself Indispensable", 〈하버드비즈니스리뷰〉, 2011년 10월.

분의 사람은 솔직함과 성실함의 단짝으로 즉시 단호함을 떠올리지 않을 것이다. 아들의 담당의는 온갖 방법을 동원해 변명을 늘어놓으면서 너무나 어려운 대화를 피할 수도 있었겠지만 그러지 않았다. 그의 모습에서 나는 '진정한 솔직함'이라는 친절한 행위를 배웠다.

자기성찰 질문

1. 다른 분야의 전문가들에게서 어떤 교훈을 얻을 수 있는가?
2. 솔직함과 성실함이 리더에게 대단히 중요한 특성인 이유는 무엇인가?
3. 얼마나 편안하게 동료를 솔직하게 대하는가? 여러분이 이끄는 사람들은 어떤가? '그리 편안하지 않다면' 왜 그런 상호작용이 어려운가?

결정적인 순간

우리에게는 누구나 창밖을 바라볼 때 눈에 보이는 것에 영향을 미치는 결정적인 순간이 있다. 어떤 사람에게 이런 결정적인 순간은 한 번으로 그치지 않는다. 이전에는 의식하지 못한 무언가를 깨닫는 경험을 우리는 결정적인 순간이라고 일컫는다. 이런 경험이 품성을 형성하고 결정에 영감을 불어넣으며 삶의 여정에 출발점이 된다.

PART 3의 문을 여는 베스트바이Best Buy CEO 허버트 졸리Hubert Joly는 사업가로 활동하던 초기에 경영코치에게 도움을 받는 것에 거부감을 가졌던 자신의 행동을 분석한다. 그리고 마셜 골드스미스와 협력하기 시작하면서 자신의 삶과 경력이 변화한 사연을 설명한다. 특히 리더로서 성장하기 위해 피드백을 개방적으로 받아들이는 일의 중요성을 강조한다. 리타 맥그래스Rita McGrath는 학계와 전문 분야에서 경력을 쌓는 동안 배운 몇 가지 핵심 주제를 요약한다. 그리고 마셜 골드스미스의 "피드백은 선물"이라는 조언에 대해 발견한 내용과 훌륭한 이론을 출발점으로 삼는 방식이 실제로 미치는 영향으로 마무리한다. 베벌리 케이Beverly Kaye는 자신의 '단점'을 인정하고 안전지대에서 벗어나 스스로에게 도전을 제시함으로써 균형 감각이 더 뛰어난 유능한 리더로 거듭날 방법을 모색하는 일이 얼마나 중요한지를 탐구한다. 캐서린 카 Catherine Carr는 수년간 국경없는의사회Doctors Without Borders의 일원으로 전 세계에서 봉사한 인도주의적 경험을 바탕으로 '확대하고 성장하며 기 쁨과 슬픔에 모두 마음을 열어 더욱 의미 있는 방식으로 세계와 관계를 맺는 일'의 중요성을 설명한다. 제프리 쿤Jeffrey Kuhn은 수많은 리더와 조 직에 영향을 미치는 '전략적 근시안'을 묘사한다. 그는 창밖을 바라보 고 "보이지 않지만 볼 수 있는 것"을 본다는 피터 드러커의 개념을 이 용해 전략적인 눈을 개발할 새로운 패러다임과 가능성을 제시한다. 프 라카시 라만Prakash Raman은 청소년 시절 세계적인 테니스 선수로서의 경 험(성공과 실패)을 활용해 일과 삶에서 영감과 실제 행동 사이의 간극을 메 우려는 재계 리더에게 조언을 제시한다. 마지막으로 마거릿 휘틀리 Margaret Wheatley는 리더가 다음 목표를 결정하기에 앞서 지금까지의 과정 을 생각하고 반성해야 할 필요성을 살펴보고 새로운 시각이 새로운 선 택을 선사한다는 점을 설명한다. 아울러 오늘날 세계에 필요한 새로운 유형의 리더를 강조하고 세계보다는 지역 차원에서 리더십의 결정적 인 역할을 설명한다.

제15장

피드백
수용의 힘

허버트 졸리

허버트 졸리는 베스트바이사의 회장 겸 CEO이다. 소비자 기술 제품과 서비스의 주요 공급업체인 베스트바이는 북아메리카 지역에서 직원 약 12만 5000명을 두고 있으며 연간 총수입은 400억 달러가 넘는다. 졸리는 2012년 베스트바이에 입사해 세간의 이목을 받은 리뉴 블루Renew Blue 변화가 진행되는 동안 회사를 이끌었다. 이 변화의 결과로 고객만족도가 향상되고 시장점유율이 증가했으며 총수입이 성장하고 판매수익이 향상되었다. 현재 졸리는 다음 국면인 베스트바이 2020: 새로운 블루 건설하기Best Buy 2020: Building the New Blue를 향해 베스트바이를 이끌고 있다. 베스트바이는 이 새로운 장에서 고객이 자신의 열정을 따르고 기술의 도움을 받아 풍요로운 삶을 살도록 돕는다는 뚜렷한 목적에 따라 움직인다. 졸리는 베스트바이에 합류하기 전에 세계적인 환대 및 여행 기업 칼슨Carlson을 지휘했다. 그전에는 칼슨웨건릿트래블 Carlson Wagonlit Travel과 비벤디유니버설게임즈Vivendi Universal Games, 일렉트로 닉데이터시스템스Electronic Data Systems의 프랑스 사업을 지휘했다. 현재 랄프로렌사Ralph Lauren Corp.를 포함해 일곱 개 비영리 단체와 법인 회사 의 이사회 임원을 맡고 있다. 2017년 프랑스의 민간인 최고 영예 훈장 인 레지옹도뇌르훈장Legion of Honor을 받았다.

■　■　■

스키광인 나는 강사와 함께 스키 타는 것을 좋아한다. 테니스 팬인 나는 테니스 코치와 규칙적으로 함께 테니스를 친다. 나는 이 두 스포 츠에서 코치를 활용한다. 물론 리프트 대기 줄에서 앞에 서거나 더 좋 은 테니스 코트를 예약하고 싶은 마음도 있지만 그렇게 하지 않는 것은 내가 좋아하는 두 가지 운동에서 실력을 키우고 싶기 때문이다. 그런데 이상하게도 경영코치와 협력하기까지는 오랜 시간이 걸렸다. 사실 경 력을 쌓던 초기에 어떤 동료 경영인이 코치를 두고 있다는 소식을 들었 다면 나는 반문하면서 분명히 이렇게 생각했을 것이다. '뭐가 잘못된 거지? 무슨 문제가 있나?'

내가 개인적으로 코치를 두는 것에 관심이 없었던 이유는 피드백을 받아들이기가 어려웠기 때문이다. 내가 잘한 점을 서너 가지 얘기한 다 음에 항상 고쳐야 할 점을 덧붙이던 사람이 많았다. 나는 피드백의 앞 부분에 대해서는 고맙게 여기고 기꺼이 동의하곤 했다. 하지만 개인의 발전에 도움이 될 기회에 관한 이야기는 당연히 좋아하지 않았다. 사실 방어적인 반응을 보인 것은 물론이고 그렇게 충고하는 사람들이 대체 왜 그 모양인지 이해가 되지 않았다. 그들은 나를 이해하지 못하거나 나와 의견이 다른 사람들임이 분명했다. 솔직히 나는 곧잘 피드백을 합리화하고(거부하고) 고통스럽고 재미가 없는 것이라고 생각하며 이 발전의 기회를 활용하지 않았다. 피드백에 따라 움직일 때면 즐겁지 않았거나 진심에서 열정이 우러나지 않았다.

그런데 2010년을 기점으로 이 모든 것이 바뀌었다. 나는 그것이 당시 칼슨의 HR 책임자였던 엘리자베스 바스토니Elizabeth Bastoni 덕분이라고 생각한다. 나를 마셜 골드스미스에게 소개했던 그녀는 코카콜라 컴퍼니Coca-Cola Company의 HR 부서에서 골드스미스와 함께 일한 인연이 있었다. 마셜 골드스미스는 세계에서 최고라고 단언할 수는 없어도 일류 경영코치임은 분명하다. 흥미롭게도 당시 그는 여러 유능한 경영인과 협력하고 있었다. 사실 그의 전문 분야는 유능한 사람들을 더욱 향상시키는 것이었고, 이 사실이 코칭에 대한 나의 무관심과 염증을 극복하는 데 도움이 되었다.

마셜 골드스미스는 《일 잘하는 당신이 성공을 못하는 20가지 비밀》[1]의 서두에서 성공하는 사람들의 스무 가지 특이한 행동을 나열했다. 내 기억이 정확하다면 스무 가지 가운데 열세 가지가 내게 해당되었다. 이를테면 좌중에서 본인이 가장 똑똑한 사람이어야 한다고 생각하

---

1 마셜 골드스미스, 《일 잘하는 당신이 성공을 못하는 20가지 비밀》 개정판, (뉴욕: 아셰트북스 Hachette Books, 2007).

거나 특정한 토론이나 회의에 '지나치게 많은 가치'를 부가했다. 마셜 골드스미스의 평가에 따르면 나는 본인이 얼마나 똑똑하며 얼마나 많은 가치를 부가할 수 있는지를 사람들에게 확인시키고 싶어 하는 부류였다. 이는 내가 도움을 받아야 할 때가 왔다는 뜻이었다. 이렇게 진실을 깨달은 후에 나는 골드스미스가 이용하는 경이로운 프로세스를 발견했다.

그 프로세스는 360도 피드백으로 시작한다. 골드스미스는 여러분의 동료와 부하직원, 그리고 이사회 임원들과 이야기를 나눈다. 그런 다음 그들의 피드백을 깔끔하게 정리해서 두 가지 문서를 따로따로 여러분에게 보낸다. 한 문서에는 여러분이 훌륭하게 하고 있는 일이 모두 담겨 있다. 그는 여러분에게 이 문서를 먼저 읽고 감사하라고 말한다. 그런 다음 여러분을 위한 '기회'로 구성된 두 번째 문서를 보낸다. 여기까지는 내가 앞서 설명했던 피드백 시나리오와 별반 달라 보이지 않는다. 여러분이 잘하고 있는 세 가지를 듣고 고쳐야 할 세 가지를 듣는 시나리오 말이다. 차이점이 있다면 골드스미스의 다음 지시뿐이다. 골드스미스는 고치고 싶은 일을 '직접' 결정하라고 말한다. 여러분이 선택하는 것이다. 이 구성방식의 핵심은 어떤 의미에서 보면 문제를 고치는 것이 아니라 나아지기로 결정하는 것이다. 훌륭한 구성방식이다.

테니스를 칠 때 나는 이미 오래전에 포핸드에서 더 나아지기로 결정했다. 스키를 탈 때는 딥파우더에서 나아지고 싶었다. 더 나아지고 싶은 일은 언제나 존재한다. 누군가 노력해야 한다고 지적하는 것이 아니라 내가 피드백을 참고해서 노력하고 싶다고 결정하는 것이 엄청난 차이를 일으켰다.

내가 이처럼 변화를 수용할 준비가 된 한 가지 이유는 몇 년 동안 내가 세인트 존St. John 신도회의 수사이자 친구인 사무엘 형제와 함께 일했기 때문이다. 그의 도움 덕분에 나는 일에서든 삶에서든 간에 완벽을 추구하는 것이 불행한 일임을 깨달았다. 그는 누구의 도움도 필요하지 않은 완벽한 존재라고 여겼던 추락 천사의 이야기를 성경에서 인용했다. 어쨌든 이런 줄거리는 비록 내가 약점이 있어도 '약점에도 불구하고'가 아니라 '약점으로 말미암아' 사랑받을 수 있다는 사실을 헤아리는 데 도움이 되었다. 이에 못지않게 중요한 사실은 내가 동료의 약점을 헤아리고 심지어 사랑하는 것을 이 영적 여정의 중요한 요소라고 생각한다는 점이었다.

마셜 골드스미스의 프로세스를 계속 살펴보자. 일단 고치고 싶은 점을 결정했다면 다음으로 집단이나 개인에게 그 사실을 전달한다. 우선 모든 긍정적인 피드백에 관해 고마움을 전하고 비난에 관해서는 언급하지 않는다. 이를테면 이렇게 말한다. "여러분의 피드백 감사합니다. 피드백을 참고로 해서 나는 이런 점들을 고치기로 결정했습니다."

그리고 나서 앞으로 고칠 세 가지를 공유한다. 내 경우에는 이 세 가지를 글로 적어서 팀원들에게 전달한다. 이것은 그들에게 도움이나 조언을 요청하려는 일종의 서곡이다. 몇 달 후에 내 상태를 점검하고 동료들에게 묻는다. 점검의 확실한 장점은 피드백과 조언을 더 많이 받을 수 있다는 점이다. 나는 이 사실을 염두에 두고 다음과 같이 말하곤 한다. "그래서 이 일에서는 지금 내가 어떤 상태인가요?" "내게 해주실 조언이 있습니까?" 추가 피드백을 받으면 잠자코 경청한 다음 고마움을 표한다. 방어적인 태도를 취하지 마라. 피드백의 장점은 피드백에 대처할 필요가 없다는 사실임을 명심하라. 여러분이 결정자이다. 사실 피드백에 동의할 필요조차 없다. "고맙다"라고 말하면 그만이다.

　동료들과 함께 점검하면 또 다른 긍정적인 효과가 있다. 여러분의 진보 상황에 관한 피드백을 구해야 한다는 사실을 아는 것만으로도 실제로 무슨 일이든 실천할 훌륭한 동기가 생긴다. 골드스미스의 프로세스는 인간의 욕구 구조를 반영한다. 이 프로세스를 생각하면 나는 실화는 아닌 것 같지만 조종사와 외과 의사의 차이점에 관한 이야기가 떠오른다. 조종사는 이륙이나 착륙을 앞두고 항상 점검표를 확인한다. 외과 의사는 이와 비슷한 점검표를 항상 확인하지는 않는다. 심지어 손을 꼼꼼히 씻어야 한다는 규정을 제대로 지키지 않을 때도 있을 것이다. 왜 이 전문가들이 점검표를 대하는 태도가 서로 다를까? 만일 조종사가 점검표를 확인하지 않는다면 '본인'이 죽을 수도 있다. 의사가 점검표를 확인하지 않으면 '환자'가 죽을 수도 있다. 이것은 중대한 차이이다. 심각한 결과가 발생하지 않을 상황에서 구조가 필요한 것은 이런 이유 때문이다. 마셜 골드스미스의 프로세스는 이런 구조를 제시함으로써 반복을 통해 점점 나아질 기회를 제공한다. 코칭에서 끝이란 존재하지 않는다. 아직도 코치를 두고 스윙을 점검하는 테니스 챔피언 로저 페더러Roger Federer에게 물어보라.

　내가 마셜 골드스미스에게 배운 점검의 마지막 장점이 있다. 그의 설명에 따르면 자신의 행동을 바꾸는 것이 그 행동에 대한 다른 사람들의 인식을 바꾸는 것보다 실제로 더 쉽다. 예컨대 내가 회의에서 무례하게 굴지 않으려고 노력한다고 하자. 만일 내가 6개월 후에 무례한 행동을 성공적으로 고치고 내 현재 상태를 묻는다면 여러분은 십중팔구 다음과 같이 말할 것이다. "글쎄요. 생각해보니 지난 6개월 동안 당신이 회의에서 무례하게 굴었던 적이 떠오르지 않네요."

이 특정한 장점은 두 가지 면에서 이롭다. 첫째, 내 현재 상태에 관한 피드백을 얻는다. 둘째, 과거의 내 무례한 행동을 다른 사람의 기억 속에 남기지 않고 내가 더 좋은 방향으로 변했다는 사실을 일깨운다.

그렇다면 나는 코칭 경험에서 어떤 교훈을 얻었을까?

나는 이제 좌중에서 가장 똑똑한 사람이 되는 것이 내 역할이라고 생각지 않는다. 대신 내 역할은 다른 사람들이 발전하고 훌륭한 성과를 거둘 환경을 조성하는 것임을 이해한다. 아울러 나는 다른 사람의 약점뿐만 아니라 내 약점을 수용하는 법도 배웠다.

그뿐 아니라 결정은 의사결정자의 몫이며, 내가 항상 의사결정자는 아니라는 사실을 편안하게 받아들여야 한다는 점도 배웠다. 이것이 요점이다. 똑똑하고 활력이 넘치는 사람은 모든 일에서 책임자가 되고 싶어 한다. 아서라! 결정은 의사결정자가 내린다. 이 사실을 명심하고 때때로 사람들에게 당신의 아이디어나 비전을 납득시키는 일이 당신의 역할임을 명심하라. 그들을 납득시킬 수 없다면 그것은 그들이 아니라 당신의 문제이다.

요컨대 나는 경영코치에게 도움을 받는 방법을 좀 더 일찍 발견하지 못한 것이 못내 아쉽다. 다행스럽게도 나는 5년 전 베스트바이에 입사할 때 경영코치와 협력한 적이 있다. 입사한 지 4개월 만에 나는 새로 만난 내 팀원들에게 '마셜 골드스미스를 초빙해 여러분과 대화를 나누라고 부탁했다'고 전했다. 그것은 내가 계속 최고의 리더로 남기 위한 방법이었다. 베스트바이를 회생시키려면 나부터 시작해서 모든 사람이 최고의 리더가 되어야 하며, 그러려면 팀원의 도움이 필요하다고 설명했다. 물론 동료들에게도 본인의 발전을 위해 노력해도 좋다는 신호, 배움에는 늦음이 없다는 교훈을 넌지시 전달했다.

✍️ 자기성찰 질문

1. 피드백이 불편한가? 개인의 발전을 위해 노력하는 것이 고통스러운가, 아니면 즐거운가?

2. 피드백 부족이 전문가로서 성공하는 데 걸림돌이라고 느끼는가?

3. 무언가에서 더 나아지기를 진심으로 원한다고 느끼는가?

4. 지금껏 여러분이 생각하기에 가치나 쓸모가 있는 피드백을 제공한 사람이 있는가?

5. 피드백을 청하고 제공받는 체계적인 방식이 있는가?

제16장

동기 발견하기

리타 맥그래스

리타 맥그래스는 세계가 인정하는 소트 리더로, 불확실성이 지배하는 시기의 혁신과 성장 주도를 중점적으로 다룬다. 그녀는 이사회와 CEO, 고위 경영진과 협력해 오늘날의 급변하는 일촉즉발 환경에서도 전략적으로 사고하도록 돕는다. 권위 있는 경영 평가 기관인 싱커스 50으로부터 전략 부문 최고 공로상을 받았으며 꾸준히 상위 10위 내에 이름을 올리고 있다. 가장 최근에는 베스트셀러 《경쟁우위의 종말 The End of Competitive Advantage》을 발표했다. 이 밖에도 클레이튼 크리스텐슨이 역사상 가장 중요한 경영 개념이라고 표현한 《발견 주도 성장 Discovery Driven Growth》을 포함해 책 세 권을 발표했다. 드러커 포럼Drucker Forum과 다양한 CEO 수뇌 회담 같은 전문행사에 정기적으로 연사로 참여한다. 현재 전략적 변곡점에 관한 책을 집필하고 있다. 맥그래스가 최근 설립한 발리즈사Valize, LLC는 주도 성장 접근방식의 힘을 밝힘으로써 조직이 단순히 혁신의 무대라는 수준을 넘어서도록 지원하는 일에 초점을 맞춘다. 맥그래스는 1993년 컬럼비아 경영대학원Columbia Business School의 교수진에 합류했다. 학계에서 활약하기 전에는 IT 기업의 국장으로 재직하며 정치 무대에서 활약했고 스타트업 두 개를 설립했다. 펜실베이니아대학교 와튼스쿨Wharton School, University of Pennsylvania에서 박사 학위를 취득했으며 바너드 칼리지Barnard College와 컬럼비아 국제정책대학원 Columbia School of International and Public Affairs에서 명예학위 세 개를 받았다. 기혼인 그녀는 유쾌한 두 자녀의 어머니라는 사실을 자랑스럽게 여긴다. 트위터 @rgmcgrath에서 그녀를 팔로어하라. 더 많은 정보가 필요하면 RitaMcGrath.com을 참고하라.

■ ■ ■

평가 – 그리고 놀라운 사건

때는 1993년이었다. 나는 새내기 박사이자 컬럼비아 경영대학원 교수진의 신입 멤버였다. 당시 교수진 신입 멤버의 신고식은 전全 학기 핵심 필수 강좌인 '기업의 전략적 경영 Strategic Management of the Enterprise'을 가르치는 것이었다. MBA를 가르치는 것도 녹록지 않은 일이었으나 컬럼비아 역사상 그 특별한 시기에 MBA를 가르치는 것은 혹독한 일이었다.

무엇보다 수강생의 절반가량이 컨설팅회사 출신이어서 실세계의 전략에 관해서라면 서른두 살 먹은 학자에게 배울 것이 많다고 생각지 않았다. 나머지 절반의 수강생은 월스트리트의 금융 서비스 기업의 직원이거나 입사 희망자였다. 어느 집단도 이 강좌가 가까운 시기에 유용하게 쓰일 것이라고 생각지 않았다. 솔직히 말해 그들은 강좌가 뽑아낼 거액의 수업료에 분개했다. 우리가 상대평가로 성적을 매겨야 한다거나 성적의 상당 부분이 수업 참가에 대한 내 주관적인 평가에 좌우된다는 사실은 그리 도움이 되지 않았다. 아무리 듣기 좋게 말해도 그것은 벅찬 임무였다.

그런 상황이었지만 나는 진심으로 노력했다. 사람들이 나를 옛날 사람쯤으로 바라보던 시기에도 그곳에서 버텨냈다(실제로 그 시절 우리는 인쇄한 슬라이드와 오버헤드 프로젝트와 분필을 사용했다). 한 학생은 나보고 최신 뉴스에 그다지 해박하지 않다고 말했다. 다른 학생은 "일과 삶의 균형을 어떻게 해결하느냐" 같은 질문을 했고, 또 다른 학생은 "분명히 저 교수님은 그걸 2×2 매트릭스에 넣을 거야!"라고 큰 소리로 말했다. 아마도 내가 이 교수 도구를 지나치게 많이 썼을 것이다. 나는 한 학생 팀이 래리 플린트Larry Flynt의 〈허슬러 Hustler〉(미국에서 출간되는 월간 포르노그래피 잡지 - 옮긴이) 잡지 제국에 대한 심층 연구를 실시해 그 잡지의 대표적인 간행본으로 보고서를 도배했을 때에도 냉정을 잃지 않았다.

그러던 중에 강좌 평가에서 뜻밖의 선물을 받게 되었다. 나에 대한 한 가지 정보를 전하자면, 물론 나는 마셜 골드스미스가 끊임없이 지적하듯이 피드백을 선물이라고 여기지만 처음에는 과민 반응을 보인다. 100명 가운데 99명이 내가 물 위를 걷고 있다고 말하는데 한 명이 "와,

X 교수는 물 위에서 달릴 수 있어"라고 말한다면 나는 충격을 받을 것이다. 강좌 평가를 훑어보던 나는 (사실 십중팔구 긍정적인 의견이 많았을 텐데도) 오로지 부정적인 의견에만 정신을 쏟다가 갑자기 진짜 보석을 발견했다.

한 학생이 다음과 같이 평가했다. "맥그래스 교수님은 언뜻 보면 관계가 없는 것 같은 두 요소를 연결하는 비상한 능력이 있다."

그 순간까지 나는 수업을 들어야 한다는 사실을 못마땅하게 여겼을 어떤 학생이 언급할 만큼 내 '비상한 능력'을 대단히 특이하다고 생각하지 않았다. 그런데 이제 창밖을 바라볼 때 내가 보는 것은 동기, 다시 말해 조직과 다른 종류의 시스템 원리를 알리는 대체로 미묘한 패턴이라고 확신하게 되었다. 그런 시각은 조정이 가능한 훌륭한 출발점이 된다. 시스템을 바꾸고 싶다면 구성요소 사이의 상호관계를 이해해야 한다. 지금껏 내 연구와 생각과 행동은 대부분 이 상호작용을 이해하기 위한 작업이었다.

진보의 시절

나는 20대 내내 '명예와 부를 찾아 뉴욕에 입성한 젊은 여성' 같은 부류의 전형이었다. 나는 부푼 가슴을 안고 빅애플(Big Apple, 뉴욕의 애칭—옮긴이)의 바너드 칼리지에 입학하려고 로체스터Rochester 지역을 도망치듯이 떠났다. 부모님이 사학을 전공하지 말라고 만류했을 때(매주 부모님은 사학 전공자의 끔찍한 직업과 실패한 인생에 대한 기사를 우편물에 동봉했다) 나는 정치학으로 전향해 정치학에 푹 빠졌다. 당시 현장에는 우리 주변의 정치경제학을 창조한 매력적인 사람과 환경, 결정에 대한 풍부한 이야기들을 위한 공간이 여전히 존재했다. 또 공원국Parks and Recreation department, 의회 회장실, 다양한 정치 운동의 인턴으로서 실제 정치계에 입문했다. 그뿐 아니라 회사 두 개를 차렸는데 이 가운데 하나는 정치 관련 회사였다. 정치는 중독성이 있었다.

결국 나는 컬럼비아 국제정책대학원 공공행정학과 석사 학위를 마쳤고 이후 현재 뉴욕시 행정서비스 부서New York City Department of Citywide Administrative Services에서 일자리를 얻었다. 당시 시 운영 업무는 여간 힘들지 않았다. 아이러니하게도 수많은 문제가 온갖 기회를 창출했다. 다시 말해 상황이 악화되는 일은 드물었다. 에드 코크Ed Koch 시장은 지칠 줄 모르고 원기 왕성한 뉴욕 옹호자였으며, 새로운 아이디어를 활용하라고 기관들을 몰아붙였다.

당국이 당시 수동으로 운영하던 조달 프로세스를 전산화하기로 결정했을 때 내게 큰 행운이 찾아왔다. 보기에는 매력적인 것 같지 않겠지만 내가 CLIPSCommodity Line Item Purchasing System라고 일컬었던 그 프로젝트는 새로운 중대한 역할을 등장시키는 촉매 역할을 했다. 나는 스물다섯 나이에 12명으로 구성된 컨설턴트 팀, 수백만 달러에 이르는 예산, 판매업체를 결정할 권한, 결국에는 모든 시 기관과 시의 일상용품 구매 방식에 영향을 미칠 프로젝트를 관할하는 임무를 맡았다. 나는 이런 일이 불가능에 가깝다는 사실을 몰랐고, 그래서 우리 팀은 곧장 뛰어들었다. 통찰력을 제공하는 IT 부서장의 지원을 받으며 우리는 예산과 일정에 맞춰 일을 꾸려갔다.

이 시기에 내 동기 형성 기술이 급격하게 향상되었다. 컴퓨터 시스템은 예측할 수 없는 방식으로 이해관계자에게 영향을 미치며 이 정도로 규모가 커지면 기술뿐만 아니라 조직 변화가 중요해진다. 조직 변화를 촉진시키는 방법, 정치적인 시각으로 주변을 돌아보는 방법, 공식적인 권한을 행사하지 않고 사람들에게 영향을 미치는 방법 등에 대해 내가 얻은 몇 가지 중대한 교훈을 얻은 것도 이 무렵이었다.

비록 장시간 일하고 이따금 좌절도 겪었지만 일이 매우 즐거웠다. 그래서 나는 그곳에 머물렀다. 내가 사랑하는 일, 버젓한 수입, 브루클린Brooklyn의 집, 남편과 맨해튼의 아파트가 있었다. 이보다 더 좋을 수 있었을까? 하지만 독자들이 익히 짐작하듯이 모든 일이 순조롭게 진행되는 것처럼 보이는 시기에 대개 정체라는 가장 큰 위험이 도사리고 있다.

무시무시한 한 해

경력 면에서 나는 별 탈 없이 작동 중인 시스템을 운영하며 이 행복하고 안정적인 상황이 무기한 계속되어 매우 편안한 종착점에 이를 수 있겠다고 생각했다. 내 기술을 가지고 민영 분야로 진출할 수 있는 대안도 있었다. 하지만 그 무렵 우리는 첫아이가 태어나기를 기다리고 있었기 때문에 그것은 현명한 선택처럼 보이지 않았다.

나는 경영대학원이 호황이 누리고 있어서 박사 학위를 가진 사람들이 필요하며 신입 경영학 박사들을 위한 일자리가 많다는 이야기를 들었다. 연구와 집필, 강의를 한다는 생각에 마음이 끌렸고 기업 경영인보다는 교수직이 양육을 병행하기에 확실히 더 적합해 보였다.

나는 와튼스쿨에서 사회체계학 박사 과정에 합격했다. 우리는 아기를 데리고 뉴욕과 필라델피아Philadelphia 사이에 있는 프린스턴Princeton 지역으로 이사하기로 결정했다. 남편과 나는 양육, 통근, 탁아, 새집, 저당, 아는 사람이 전혀 없는 지역사회라는 새로운 세계로 들어갔다.

그리고 나는 비참해졌다.

박사 과정을 시작하자 상황이 더욱 악화되었다. 공부하는 과목에 대해 무언가 알고 있다는 그릇된 생각을 깨부수는 것이 첫해의 목적인 것처럼 보였다. 그 무렵까지 나는 몇 년 동안 사람들을 관리했으니 여러분은 내가 경영에 관해 무언가 알 것이라고 생각할지 모른다. 학계에서 이런 사실은 전혀 중요하지 않았다. 내가 읽는 모든 연구 논문은 마치 내가 그 자리에 오기 훨씬 전에 시작해서 내가 그곳을 떠난 후에도 오랫동안 계속될 대화의 한 대목처럼 느껴졌다. 예컨대 존 차일드John Child의 권위 있는 연구 논문은 전략적인 선택이 조직성과에 중요하다는 논지를 전달하는 데 서른 페이지를 할애했다.[1] 나는 처음부터 그것이 두말할 필요도 없이 명백한 이야기라고 생각했고 그런 연구 논문이 왜 큰 반향을 일으키는지 이해가 되지 않았다(존과 나는 훗날 친해져서 매우 권위 있는 학계 간행물에 특별 간행본을 공동으로 편집했다).

---

1 존 차일드, "조직구조와 환경, 성과: 전략적 선택의 역할 Organizational Structure, Environment and Performance: The Role of Strategic Choice" 〈사회학 Sociology〉 6호, 1권 (1972): 1~22페이지.

터널 끝의 불빛?

그 힘겨운 한 해의 한 줄기 빛은 '대학원생처럼 읽는 법을 배우면서' 일주일에 한 권씩 피터 드러커의 작품을 전부 읽으라는 과제를 받은 일이었다. 나는 이 과제를 계기로 사람과 현상에 관한 심층 논문을 읽는 즐거움을 얻은 것은 물론이고 관찰한 현상의 패턴을 종합해서 통합하는 드러커의 능력을 높이 평가하게 되었다. 그것은 대부분의 학문 연구(경영도 예외가 아니다)에서는 볼 수 없는 성과였다. 학계는 물리학 시샘 physics envy이라는 나쁜 병에 걸렸다는 이야기를 자주 들었다. 심층 관찰 연구보다 통계와 대규모 데이터세트가 대개 더 높이 평가되었기 때문이다. 소프트 사이언스(심리학, 사회학, 인류학, 정치학 등 인간의 행동, 제도, 사회 등을 과학적으로 연구하는 학문 – 옮긴이)가 학문적인 열정에 대해 존경을 받기 시작하자 정치학 분야에서도 똑같은 현상이 일어났다.

내 지도교수 켄윈 스미스Kenwyn Smith 역시 조직 진단에 관한 강좌를 맡았다. 이 강좌는 훗날 내 컨설팅과 전략 업무의 토대가 되었다. 그는 이렇게 말하곤 했다. "자네가 아직 보지 못할 뿐이지 문을 열고 들어오면 모든 것이 준비되어 있다네." 그것은 어떤 조직의 패턴을 볼 수 있다는 정신과 관련이 많다. 그리고 이것이 중대한 통찰력을 제공했다. 즉 고객이 자신의 문제라고 진단하는 것이 실제로 문제인 경우는 드물다는 사실의 실마리를 얻었다.

또 다른 빛은 이언 맥밀런Ian MacMillan의 기업가정신센터에서 일한 것이었다. 나는 그 무렵 논문에서 연구할 개념을 제출하면 여러 번 퇴짜를 맞았는데 이후 시티은행Citibank에서 제공한 기회 덕분에 이 딜레마가 해결되었다. 자사의 기업 벤처링(기업이 보유한 자산과 역량, 자원을 활용해 기존 사업과 연관된 새로운 사업을 전개하는 것 — 옮긴이) 프로세스를 위해 3개년 연구를 계획한 시티은행은 우리에게 성공하거나 실패한 자사의 기업 벤처 23개의 심층 사례 연구를 의뢰했다. 사례 연구는 매력적이었다. 그래서 나는 내가 퍼즐의 모든 조각이 어떤 식으로 맞아떨어지는지를 이해하는 일을 무척 좋아한다는 사실을 깨달았다.

"훌륭한 이론만큼 실용적인 것은 없다."

내가 평생의 주문으로 삼은 커트 르윈Kurt Lewin의 이 발언은 근본적인 패턴과 동기를 찾는 일과 관련이 있다. 내가 배웠듯이 훌륭한 이론은 경계조건(특정한 원인이 언제 효과를 나타낼까?)과 명확한 독립 및 의존 변수(우리는 무엇을 해결하고 있는가?)를 포함하고 있으며 상관관계와 인과관계를 구분한다.

예를 들면 현재 린 툴키트lean toolkit(낭비요소와 손실을 줄여 최적화할 수 있는 도구 상자를 일컫는 말 — 옮긴이)의 요소로 재부상한 발견 주도 계획에 대한 내 연구는 한 가지 인식에서 시작했다. 나는 사실보다 가정을 토대로 연구할 경우 위험을 최대한 줄인 상태에서 최대한 많이 배우기란 어렵다는 사실을 깨달았다. 이 이론적 세계는 과거가 미래의 훌륭한 예측요소여서 가정이 거의 필요 없는 세계와는 사뭇 다르다.

내 이야기를 돌이켜보면 몇 가지 핵심 동기가 뚜렷하게 나타난다. 첫째 동기는 여러분이 사랑하는 것을 발견하면 거의 언제나 예상치 못한 길로 들어서게 되며 그 여정은 이따금 불편하다는 사실이다. 이것은 새로운 것을 시도하는 영역에는 불행과 분노, 좌절이 따른다는 둘째 주제로 이어진다. 요컨대 여러분이 경영 서적을 펼치는 가장 멍청한 사람은 아니라는 확신을 주는 지원의 원천(내 경우에는 남편과 동료들)이 존재한다는 사실이 중요하다. 내 생각에 여러분의 특기를 찾으면 전략과 마찬가지로 폭넓게 방향을 정하고 그곳에 도달하고자 진심으로 열심히 일할 수 있다.

마셜 골드스미스, 당신이 옳았다. 피드백은 선물이다.

✍️ 자기성찰 질문

1. 진심으로 피드백을 선물이라고 생각하는가? 어떤 면에서 그런가?
2. 다른 사람에게 피드백을 제공하면 그들은 어떻게 받아들이는가?
3. 직장과 개인생활에서 외부에서는 근사해 보이지만 내부에서는 행복하지 않았던 상황에 처한 적이 있는가? 그때 무엇을 했는가?
4. 학교에서 배운 경영이나 리더십 이론을 실제 상황에 어떻게 적용하는가? 이론이 실제 상황에 어울리는가?

제17장

당신의 안전지대를 떠날 때가 왔는가?

베벌리 케이

베벌리 케이는 경력 개발, 참여, 보유 세계에서 소트 리더로서 명성을 얻었다. 경력시스템스인터내셔널Career Systems International의 설립자로서 헌신적이고 열정적인 실무자들의 팀을 구성해 자신의 아이디어를 전 세계 모든 규모의 조직에 전달할 기회를 얻었다.

그녀가 발표한 여러 책은 조직에 경력 개발 이니셔티브와 지원 시스템을 설치하는 HR 실무자들의 교재로 쓰인다. 그녀의 책들은 개개인에게 본인이 맡은 업무에 책임을 져야 한다는 사실을 일깨우고, 나아가 관리자들이 더 쉽게 경력 개발에 관한 대화를 나누며 관리자와 직원이 경력 이동성이라는 개념을 재구성하는 것은 물론이고 수많은 관리자가 인재를 확보하고 유지할 실질적인 방법을 찾는 데 효과적이다. 베벌리 케이는 2018년 3월 학습제공자협회Association of Learning Providers에서

ISA소트리더상ISA Thought Leader Award과 2018년 5월 ATD평생공로상을 받았다.

■ ■ ■

　나는 이스트코스트East Coast에서 생활하며 경력을 쌓은 후에 캘리포니아로 이사했다. 당시 나는 고등교육 분야에서 일하며 몇몇 일류 대학교에서 학생처장실의 일원으로서 몇 가지 직책을 맡았다(지원할 때는 내가 이런 학교에 입사할 수 있다고 생각하지 못했다).

　흥미롭게도 많은 학생이 A급 학교의 A급 학생이라면 A급 삶과 경력이 그들을 기다리고 있을 것이라고 믿어 의심치 않았다. 일부 학생에게는 이런 믿음이 현실로 바뀌었지만 그렇지 않은 경우도 있었다. 삶은 마음먹은 대로 흘러가지 않는다. 내가 경력 분야에 관심을 가지기 시작한 것은 그 무렵부터였다. 나는 물길이 막힐 경우에 대비한 우발기획(미래에 발생할 수 있는 위기상황에 대처하고자 미리 준비하는 비상계획을 가리키는 말—옮긴이)의 중요성을 깨달았다.

　나는 보스턴대학교Boston University와 MIT 슬론경영대학원Sloan School of Management에서 학업을 계속하면서 사고의 폭을 넓히고 경력 전용 우발기획에 관해 생각할 기회를 얻었다.

　당시에는 조직 경력 개발 세계에서 내 미래를 설계할 수 있다고는 생각지 못했다. 내가 UCLA 대학원의 입학 허가를 받았을 때 캘리포니아로 입성할 문이 열렸다. 나는 성인 교육과 변화 관리를 공부했다. 수

년간 과제를 수행하고 다양한 조직과 성인 교육 센터에서 가르치며 초창기의 내 개념과 생각을 시험할 기회를 얻었다. 이 모든 경험을 토대로 조직이 직원들의 경력 성장을 지원할 방법과 이 과정에 필요한 시스템과 구조를 논문 주제로 결정했다.

나는 어떤 강좌에서든지 항상 추가 학점을 받기 위해 추가 과제를 수행하며 열심히 공부하는 성실한 학생이었다. 나는 공부하고, 암기하고, 배운 내용을 적용하고, 필요하면 내 모든 창의력을 발휘하는 데 익숙했고 이런 일을 재빨리 성공적으로 해냈다. 나는 행동계획을 세우지 않고 움직이는 데 익숙지 않았다. 실패하는 데도 익숙지 않았다. 하지만 그런 일들이 몇 차례 일어났다.

나는 경영대학원과 교육대학원에서 내가 익숙하고 내 노력을 지원할 것처럼 보이는 논문위원회를 선택했다. 실행이 가능하고 내 스타일에 어울릴 만한 연구 의제를 설계할 수 있는 접근방식을 선택했다. 나는 조치를 취하고, 재빨리 움직이고, 연구에서 배운 내용을 보고하고, 내 경력의 다음 단계로 넘어가고 싶었다(저지 출신 소녀에게 적합한 접근방식이었다). 그것은 완전히 내 안전지대 안에 있었다.

하지만 문제가 있었다. 내가 선택한 위원회에서는 내가 안전지대 안에서 움직이면 경력과 교육의 단계가 요구하는 변화와 성장을 경험할 수 없다는 사실을 직감적으로 깨닫고 또 그렇게 믿었다. 그들은 내가 아이디어를 제시할 때마다 모조리 거부하고 처음부터 다시 시작하라고 말했다. 앞서 말했듯이 실패는 내게 익숙하지 않았다. 어떤 도전에 직면하든 간에 내 돌파 방식은 언제나 노력이었다. 하지만 이번에는 통하지 않았다.

그들은 이른바 토대 이론grounded theory 혹은 현상학적 연구라는 접근 방식을 이용하라고 요구했다. 실제로 내 약점을 발견했다고 말했다(나는 큰일 났다고 생각했다). 그들은 내가 이론 기반이 아니라 직감에 따라 움직인다고 생각했다. 나는 직접 연구한 결과에서 얻고 내 언어로 표현할 수 있는 신뢰 체계와 이론 개념 모형을 토대로 삼아야 했다. 내가 발판으로 삼고 지지할 수 있는 체계와 모형이어야 했다. 더 많이 심사숙고하고(이는 내게 자연스러운 방식이 아니었다) 온전히 내 것인 탄탄한 개념 모형을 제시해야 했다. 하지만 나는 이런 접근방식에 대한 글을 많이 읽었지만 그래도 어떻게 해야 할지 도무지 감이 잡히지 않았다. 모른다는 사실을 참을 수 없었다.

그래도 내가 포기하지 않을 수 있었던 것은 (또다시 퇴짜를 맞고 눈물을 흘리고 있을 때) 위원회의 한 임원이 건넨 말 덕분이었다. "버티게, 베벌리. 이일을 할 수 있다면 그게 자네의 경력 개발이 될 거네." 당시에는 완전히 이해하지 못했지만 이 조언이 내게 포기하지 않을 힘을 주었다. 나는 이 경험이 내 경력에 중대한 요소가 되기를 원했고 그래서 버티기로 결심했다.

나는 연구 대상으로 세 조직을 선택해서 인터뷰를 시작했다. HR 리더, 라인 리더, 직원, 관리자들이 생각하는 경력 성장을 파악하는 것이 목적이었다. 나는 대량으로 데이터를 수집해 (비록 성공은 못했지만) 보고하려고 노력했다.

현상학적 연구에서는 여러분의 이론이 타당하고 모든 데이터를 설명한다면 그것으로 충분하다. 나는 시도할 때마다 내게 이론이 있다고 생각했다. 하지만 안타깝게도 이론을 제시할 때면 이론의 앞뒤가 맞지 않는다는 사실을 깨달았다. 나는 이 일을 해낼 수 없다고 믿었다. 불가능한 일이라고 되뇔수록 실제로 점점 불가능해졌다. 심지어 나는 교육 과정이 끝날 무렵에 위원회에게 너무 밀어붙이지 말라고 간청했다. 특히 나처럼 평생 배우는 사람이 입에 올리기에는 어리석기 짝이 없는 말이었다.

나는 절망(외로움)과 싸운 끝에 나만의 창의적인 학습 방식을 우연히 발견했다. 내가 정보를 혼자 간직할 수 있는 부류의 사람이 아니라는 사실을 깨달았다. 나와 정반대로 생각하는 사람이 필요했다. 나는 어떤 사람을 발견해서 실제로 그 사람을 경청자로 옆에 앉혀놓았다. 그리고 내가 직접 실시한 모든 인터뷰에서 들은 내용과 배우고 있는 내용을 전달했다. 흥미롭게도 내가 선택한 학습 파트너는 내 연구에 대해 전혀 아는 바가 없었지만 훌륭한 질문을 하는 법을 알았다. 그녀는 거듭 질문했고 나는 거듭 대답했다. 내 통찰력을 검토할 사람을 가까이 두는 이 방식이 정확히 내게 필요했다(그리고 이후 30년 동안 나는 새로운 아이디어를 개발할 수 있는 이 방식을 가장 선호했다). 천천히(아주 천천히) '이것은 불가능하다'는 내 관점에서 스스로도 놀랄 만한 통찰력을 얻었다. 오랫동안 애쓴 끝에 간신히 발견한 개념 모형이 마침내 구체화되었으며 실제로 내게 명확하게 보였다. 그 덕분에 나는 위원회에 그것을 명확히 전달했고 그렇게 해서 비로소 연구가 시작되었다.

나는 이 과제가 수십 년 동안 계속할 내 진정한 연구가 될 것인지는 알지 못했다. 나는 컨설팅의 지침이 되는 모형과 프레임워크뿐만 아니라 학습 해법을 개발했다. 이 과정에 나는 다른 실무자나 고객과 만나서 브레인스토밍을 실시했다. 대화를 나눌 때마다 프레임워크가 향상되었고 발표할 때마다 초기 개념이 강화되었다. 내가 현장에서 일하는 동안 조직 상황이 여러 차례 변화했지만 변화에 맞춰 초창기의 내 개념을 재고하고, 개선하고, 수정했다. 이 모든 것의 출발점은 내 안전지대에서 벗어나 새로운 접근방식에 전념한 것이었다.

그렇다면 나는 무엇을 배웠는가?

나는 직감과 몇 차례에 걸친 유익한 시행착오 경험을 결합해 내 관점을 창조했다. 이 직감은 지금도 여전히 중요하다. 그래서 나는 그것에 귀를 기울인다. 비록 불편하다고 해도 잠시 멈추어 심사숙고해야 한다는 사실을 배웠다. 심사숙고하는 동안 통찰력을 끌어내고 다른 사람과 함께 시험해야 한다. 마침내 내가 지지할 수 있는 무언가를 생산하려면 편안함과 도전이 공존해야 했다.

우리만의 사고 플랫폼을 구성해야 한다. 우리가 매일 수행하는 작업을 통해 플랫폼의 유효성이 확인될 때 플랫폼이 계속해서 힘을 제공하고 확장된다. 특히 어려운 경험을 견디고 지속적인 작업을 통해 확증될 때 탄탄한 토대가 마련된다.

공동 작업은 유쾌하다. 다른 사람과 대화를 나눌 때 가장 효과적으로 배우는 사람을 위해 대화 상대를 찾고 주저 없이 초대해야 한다.

첫 작품을 발표한 이후 내가 쓴 모든 책은 다른 멋진 사상가들과 공동으로 작업한 결과물이다. 나는 다른 사람들과 파트너십을 맺을 때 내 창의력의 정수가 발휘된다는 사실을 깨달았다.

가장 힘겨운 경험이 가장 많은 가르침을 준다. 세상을 거대한 교실이라고 생각할 수 있을 때 모든 경험은 자신에 대해 무언가를 가르치기 위해 존재한다는 사실을 이해하기 시작한다. 아무리 힘겨워도 경험을 흔쾌히 받아들일 때 비로소 성장한다.

자기성찰 질문

1. '이건 불가능해!'라고 느끼거나 혼잣말을 했던 시기에 어떤 방법을 써서 상황을 역전시켰는가? 그 방법을 반복할 수 있는가?
2. 어떤 학습 방식을 선호하는가? 그것이 본인에게 효과가 있다는 사실을 어떻게 확인했는가?
3. 학습 파트너를 이용한 적이 있는가? 그렇다면 그 방법이 효과적이었는가?

제18장

'순간' 이해하기

캐서린 카

캐서린 카는 2009년 자신의 인력 개발과 금융 경험을 현장으로 옮겨 국경없는의사회에 합류했다. 그 이후부터 아프리카, 중동, 필리핀, 아이티에서 열 가지가 넘는 프로젝트에 참여하는 영예를 얻었다. 모든 경험이 그녀가 이전에 지닌 개념을 파괴하고 불편한 것에 편안해지는 방법을 가르치며 세상과 더욱 돈독한 관계를 맺는 데 한몫했다. 캐서린 카는 샌프란시스코대학교University of San Francisco에서 학사 학위를, 골든게이트대학교Golden Gate University에서 경영학 석사 학위를 취득했다. 여행하거나 일하지 않을 때는 집필하고, 강연하고, 가족이나 친구들과 교류하며 시간을 보낸다. 일반 소셜 미디어에서 그녀의 소식을 접할 수 있다. 이 방법이 여의치 않으면 그녀의 웹사이트 www.catherinecarr.global이 언제나 기다리고 있다.

삶은 한순간에 변한다. 순간은 무궁무진하므로 삶을 바꾸는 한순간이 언제 들이닥칠지를 예측하는 일은 그야말로 복불복이다. 경험상 내가 가장 예측하지 못한 순간에 그 한순간이 들이닥치고, 그것이 지나간 후에야 비로소 사태가 파악된다.

다른 문화, 새로운 환경, 한 번도 생각하지 않았던 개념. 이런 것들이 때로는 부드럽게, 때로는 거칠게 내게 자리를 옮겨 다른 관점으로 경치를 보라고 밀어붙인다. 때로는 길목에서 나를 꼼짝하지 못하게 만든다. 그런가 하면 때로는 천천히 나를 가까운 곳으로 끌어당긴다. 매번 새로운 것을 이해하고 세상과 더 돈독하고 의미 있는 관계를 맺는 일에 더 가까워지도록 끌어당긴다.

내가 국경없는의사회에 합류하고 다섯 번째 해를 맞이한 2013년의 어느 늦은 오후, 나는 북부 시리아의 작은 마을에서 생활하며 일하고 있었다. 팀원들이 특별할 것 없는 2층 주택을 작은 병원으로 개조했다. 우리의 임무는 전쟁의 희생자와 민간인, 전사 등 모든 사람에게 긴급 의료 서비스를 제공하는 일이었다.

이 특별한 오후는 평화로웠다. 긴급 상황도 없었고 태양이 빛나고 있었으며, 멀리 떨어진 올리브 숲 위로 구름 한 점 보이지 않았다. 한겨울이었지만 봄기운이 감돌고 있었다. 나는 비좁은 공동 사무실을 탈출해 아래층에 있는 의료진을 찾아가기로 마음먹었다. 나는 내 머리가 양말 아래에 얌전히 끼어 있는지 확인하며 머리를 매만졌다. 양말이란 히

잡(이슬람의 여성들이 머리와 목 등을 가리려고 쓰는 스카프의 일종 — 옮긴이) 스카프 아래로 살짝 보이는, 꽉 끼는 머리 가리개를 말한다. 어떤 순간이 목전에 와 있다는 사실을 알았다면 더 세심하게 살폈을 것이다.

얼마간 시간을 보내고 아래층 사람들이 한바탕 웃음을 터트린 후에 나는 대개 비어 있는 계단을 이용해 다시 위층으로 향했다. 나는 기분이 좋아서 콧노래를 부르며 계단을 껑충껑충 뛰어올랐다. 움직이는 느낌이 좋았고 머리카락이 양말을 빠져나와 목과 얼굴을 스치는 느낌을 즐겼다. 히잡이 흘러내려온 것이 분명했으나 신경 쓰지 않았다.

내가 첫 번째 통계단의 모퉁이를 돌아 두 번째 통계단으로 들어섰을 때 나를 향해 내려오는 문제의 남자가 보였다. 원래도 키가 큰 사람이었지만 계단 위에 서 있으니 훨씬 더 커 보였다. 그는 턱수염이 더부룩했고 전통적인 흰색 두건, 흰색 바지, 흰색 윗옷, 검은색 조끼, 폭이 넓은 검은색 허리띠 차림이었다. 현재 내가 위치한 지리학적 지역, 우리 환자들의 연령, 그가 부축을 받지 않고 걷고 있다는 사실을 고려했을 때 나는 그가 병원에 있는 친구를 만나러 온 전사라고 생각했다.

"자극과 반응 사이에는 공간이 있다. 그 공간에 우리가 반응을 선택할 힘이 존재한다. 우리의 반응에 우리의 성장과 자유가 존재한다"라는 말이 있다. 실로 근사한 이론이지만 사람이 없는 계단통에서 예상치 못한 현실 앞에 서 있으면 그 공간에 저절로 무너지는 길이 생기는 법이다.

우리는 서 있었다. 서로 응시하면서. 나는 다시 계단을 뛰어 내려갈까를 고민했지만 그것은 도마뱀 뇌(위험을 감지하는 뇌의 부분 — 옮긴이)의 생각이었다. 나는 움직이지 않았다. 공간이 무너졌고 시간이 느려졌다. 우리는 가장 기본적인 수준으로 작동하고 있었다. 이런 생각이 들었다. '흥미롭군. 도주나 투쟁 반응 이외에 '동작 그만' 도 있다니.'

도마뱀은 그리 똑똑하지 않다는 사실을 알았기 때문에 내 에고가 곧장 도마뱀 뇌를 물리치고 주도권을 잡았다. 이성적인 사고가 목표일 경우라면 적절하지 않겠지만 그것은 새로운 상황에 직면했을 때 우리의 정신이 택하는 방법처럼 보였다. 마치 뇌가 이렇게 말하는 것 같았다. '좋아. 안전한 상황이야. 그런데 이 상황은 내게 어떤 영향을 미칠까?' 에고 사고는 '내 길이 옳은 길'이라는 확신을 품고 '나, 나, 나'라는 이름으로 결정이 내려지는 어둡고 습한 곳이 될 수 있다.

나는 그 남자가 그때 무슨 생각을 하고 있었는지 결코 알 수 없을 것이다. 하지만 우리 두 사람이 동시에 에고 사고 속에 사로잡혔다고 가정한다면 다음과 같이 그의 생각을 상상할 수 있다.

나: "저기 선생님, 거기 서서 위압감을 주면서 나를 불편하게 만드는 당신은 누구신가요?"

그: "부인, 우리의 관습을 존중하지 않고 히잡이 벗겨진 채로 돌아다니는 당신은 누구신가요?"

나: "저를 모르시나요? 저는 미국에서 온 여자라서 내가 원하는 건 무엇이든 할 수 있답니다."

그: "당신이 지금 어디에 있는지 잊으셨습니까? 이 벽의 저편에는 전쟁이 한창입니다. 그런데…제 귀에 들렸던 소리가 혹시 콧노

래였나요?"

나: "맞아요. 콧노래였어요. 이봐요. 당신이 바라보는 시각으로 나
　　를 위협할 권리는 당신에게 없답니다. 바깥에는 전쟁이 한창일
　　지 몰라도 세상의 모든 여성을 대표해서 제가 요구하는 건⋯."

　이런 식으로 정당한 에고 사고가 계속된다. 공감과 이해가 무르익
지 않은 우물 속으로 깊숙이 떨어진다. 나는 이런 일이 벌어지는 것을
알았고 우리는 5~6초가량 이런 대화에 빠져 있었다.

　그때 나는 희미한 빛을 보았다. 그것은 이성의 빛이었다. 나는 그 빛
을 향해 돌아서서 이렇게 생각했다. '워워! 캐서린, 넌 지금 시리아에
있어. 네 히잡이 벗겨졌고 그래서 그는 네 모습을 보고 당황한 거지. 상
황을 정리해.'

　하지만 그 남자가 한발 앞서 상황을 정리했다. 그는 손으로 눈을 가
리고 몸을 벽 쪽으로 기댔다. 나는 내 에고에게 말했다. '저것 봐. 저 사
람은 몸을 돌려서 자신과 내 문화를 존중할 뿐만 아니라 우리가 지나갈
공간을 만들었어.'

　이성적인 사고가 이제 강력하게 가동되고 있었다. 나는 천천히 계
단을 올라가다가 그를 지나치면서 낮은 목소리로 다소곳이 "슈크란
(Shokrun, '고맙다'는 의미의 아랍어)"이라고 말했다. 계단 위에 도착한 나는 돌
아서서 그의 다음 행동을 지켜보았다. 특별한 행동은 없었다. 그는 그
저 한 번도 돌아보지 않고 계속 계단을 내려가 건물 밖으로 사라졌다.

　나는 그 자리에 서서 15초도 채 되지 않았지만 영원 같던 시간에 일

어난 모든 일을 곰곰이 생각했다. 나는 시리아의 한 남성 반군 전사가 미국 여성 인도주의자와 길을 건넜고 두 사람이 함께 말없이 좁은 계단통에서 상대방의 문화를 존중하는 공간을 찾았다고 생각하고 싶다.

불과 몇 초 만에 완벽한 침묵 속에서 공감과 이해를 찾을 수 있다. 또 우리는 비록 서로 이해하는 단어는 손가락으로 꼽을 정도에 지나지 않아도 시간이 지나면서 우리의 마음이 연결되는 그 동일한 장소에 도달할 수 있다.

아이보리코스트Ivory Coast 작은 마을에서 또 다른 임무를 수행하는 동안 나는 병이 났다. 그곳에 도착하고 몇 주 지나지 않아 침대 옆에 둔 플라스틱 쓰레기통에 강렬한 노란색과 형광 녹색 물질을 토했다.

위에 들어간 것은 모조리, 심지어 약까지 토했다. 프로젝트 담당 의사가 내게 정맥 주사를 놓았고 나흘 동안 나는 어쩌다 한 번씩 변소에 다녀온 것을 제외하고 줄곧 누워 있었다. 우리가 생활하며 일하는 곳은 주변 환경이 좁아 비밀이 없는 소小지구였다. 동료들과 한집에 살던 사람들은 인정이 무척 많아서 내가 변소를 갈 때면 내 머리를 받치고 정맥 주사를 높이 들어주었으며 좁으나마 내가 체면을 지킬 수 있는 공간을 내주었다.

내가 심하게 병이 난 것은 그때가 처음이었다. 나를 현장에서 철수시킨다는 이야기가 오갈 정도로 심하게 앓았다. 현장에서 철수하려면 임무를 재위임하고, 6시간 동안 도로를 달려 랜드크루저 두 대가 중간에서 만나고, 차를 갈아타서 가는 내내 험한 도로를 달리고, 의사들이 나를 모르는 데다가 영어로 말이 통하지 않는 병원에 도착해야 했다.

나는 무척 두려웠지만 그런 한편으로 내가 운이 좋다는 사실을 깨달았다. 프로젝트에 참여한 의사들은 나를 알았고 내가 구사하는 프랑스어를 이해했다. 나는 병원에서 그들이 보살피는 수많은 아이와 함께 회진을 받았다. 나만의 공간과 침대, 선풍기, 간간이 전기를 사용할 수 있었다. 내 구토물만 담는 전용 플라스틱 쓰레기통도 있었다. 당시 상황을 고려할 때 나는 운이 좋았다.

나는 천천히 회복되었다. 비록 쇠약한 상태였지만 내가 없는 동안 일어난 상황을 살펴볼 준비가 되어 마침내 일터로 돌아갔다. 처음 들른 곳은 유아 병동이었다. 그 무렵은 말라리아 시즌이었다. 의료진이 병상을 옮겨 다니며 최대한의 조치를 취했다. 삶의 희망을 잃고 울부짖는 아기들. 아픈 아이를 달래는 엄마들. 얼마 전까지 겪은 일로 말미암아 그들의 좌절과 병에 대한 두려움이 뼛속까지 느껴졌다. 한 침대에서는 한 엄마가 몸을 웅크리고 옆으로 누워 아기에게 젖을 먹이면서 무릎 뒤편에 눕힌 다른 아이의 등을 토닥이고 있었다. 나는 돌아서서 그 자리를 떠났다.

그런 다음 어린이 병동으로 향했다. 잠깐만 들여다보자고 다짐했다. 병동에 들어서자마자 한 소년의 눈에 마음을 빼앗겼다. 아이는 열 살이었는데 의료진이 아닌 팀원인 나조차도 다섯 걸음 떨어진 곳에서 아이의 병세가 얼마나 심각한지 알 수 있었다. 아이가 침대 가장자리에 걸터앉아 있었기 때문에 아이의 무릎에서 불과 몇 센티미터 떨어진 곳에 옆 침대 아이가 있었다. 아이의 무릎에는 한때 선명한 색상이었지만 이제는 낡아빠진 천이 늘어져 있었다. 아이의 다리에는 무릎부터 발끝까지

붕대가 감겨 있고 퉁퉁 부은 몸은 흙투성이였다. 아이의 고운 진짜 피부색이 드러나는 부분은 눈물과 땀이 흘러내려 흙이 씻긴 부분뿐이었다. 고통으로 떨리는 아이의 입술은 밭은 숨을 바쁘게 쉬고 있었다.

우리의 눈이 마주쳤을 때 나는 눈을 돌리지 않고 더욱 깊이 들여다보았다. 일단 무언가를 알면 모르는 상태로 돌릴 수 없다. 나는 아프다는 것이 어떤 의미인지 알았다. 고통과 두려움, 비참함을 넘어선다는 것이 어떤 의미인지 알았다.

나는 그 소년에게 걸어가 옆에 앉은 다음 아이의 머리에 손을 얹었다. 다치지 않은 부분이 머리뿐이었기 때문이다. 그러자 아이는 자신의 고통을 나와 함께 나누었다. 아이는 마치 '나는 망가졌어요'라고 말하는 듯이 손바닥을 위로 한 채 무릎에 놓였던 손을 들어올렸다. 나는 고개를 끄덕였다. 아이는 프랑스어와 지역 언어를 섞어서 말했다. 나는 그의 말은 이해하지 못했어도 감정은 이해할 수 있었다. 나는 망가졌다는 느낌이 어떤 것인지 안다. 아이는 할 말이 생각나지 않을 때까지 말했다. 그런 다음 우리는 손을 잡고 함께 심호흡을 하면서 잠자코 앉아 있었다.

저녁 식사를 할 때 나는 팀원들에게 구석에 있던 소년에 관해 물었다. 그들은 내가 누구를 말하는지 정확히 알았다. 아르세네Arsene는 2주 전에 두 다리가 부러진 채 도착했다. 그는 망고나무에 올라가 맛있게 잘 익은 손바닥만 한 열매를 따다가 떨어졌다. 아이의 엄마가 아이를 담요에 싸안고 하루 종일 오토바이와 버스를 갈아타며 병원으로 데려왔다. 아르세네는 여러 차례 외과 수술을 받았다. 합병증이 나타나는 바람에 병세가 호전될 무렵에 파상풍에 걸렸다.

다음 몇 주 동안 나는 매일 짬을 내어 아르세네 곁에 앉았다. 그는 그저 말만 했다. 나는 그저 듣고만 있었다. 그런 다음에 우리는 그저 숨만 쉬었다.

그리고 이윽고 아르세네의 망가진 몸이 치유되기 시작했다. 치유에 필요한 것은 시간이기 때문이다. 조만간 작별을 고할 때가 닥칠 테니 방법을 찾아야 했다.

해결책은 내 여행 가방 속에 있었다. 몇 달 전 보도에서 내 구두를 위협하는 개 배설물 지뢰밭을 무사히 헤쳐 나가며 파리에 머무는 동안 한 친구가 파리 웨이터들의 휘둥그레질 눈은 안중에도 없이 내 불안감을 헤아려 걱정 인형을 보냈다. 길이가 3센티미터 정도이고 밝은 색상의 끈으로 만든 인형이었다. 그녀는 밤에 걱정 인형을 베개 밑에 두면 내가 잠든 동안 인형이 내 걱정을 가져갈 것이라고 설명했다. 나는 여행 가방에 인형을 넣었다. 인형이 언젠가 꼭 필요한 날 쓰이기를 바랄 테니 너무 빨리 닳게 하지 않는 편이 낫겠다고 생각했기 때문이다.

우리가 마지막으로 만나던 날 나는 형편없는 프랑스어와 몸짓, 소리를 총동원해서 아르세네에게 걱정 인형의 위력을 설명했다. 그가 갓 치유된 다리로 이 드넓은 세상으로 다시 발걸음을 내디딜 때 인형이 그에게 힘을 주고 그의 걱정을 가져가며 우리가 지금껏 함께 연습했던 심호흡을 하라고 일깨울 것이라고 설명했다. 우리가 이 세상 어느 곳에 있더라도 그는 언제나 내 마음속에 있을 것이라고 말했다. 그리고 나는 아이들이 신나게 놀다 보면 물건을 잘 잃어버린다는 사실을 감안해서 혹시 인형이 떠나더라도 걱정하지 말라는 말을 덧붙였다. "그건 이제

더는 인형이 필요하지 않다는 뜻이거든. 그러면 인형은 인형이 필요한 다음 사람에게 갈 거야. 그것이 걱정 인형의 임무란다."

나는 밝은 파란색 끈으로 인형을 목걸이에 매달아 아르세네의 목에 둘러주었다. 그리고 우리는 작별했다. 우리가 작별하기 전에 아르세네는 망고나무에 올라갈 때는 조심하고 학교에 계속 다니겠다고 약속했다.

아르세네는 고통과 슬픔에서 자신을 보호하려고 주변에 둘러친 벽이 허물어질 때에야 비로소 마음에 더 넓어질 공간이 생긴다는 사실을 가르쳐주었다. 우리가 세운 벽이 둘러싼 훨씬 더 큰 세상에서 우리를 보호할지는 몰라도 그와 동시에 이해에서 우리를 단절시킨다. 희망은 벽의 건너편에 숨어 있다. 기쁨은 슬픔 뒤에 숨어 있다. 마음이 부서진다. 그런 다음 넓어진다. 마음은 성장할 무한한 능력을 가지고 있으며 엄청난 양의 슬픔과 기쁨을 모두 담고 있다.

여러분은 일어난 일과 여러분이 한 일 사이에 존재하는 그 공간에서 성장과 자유를 찾아야 한다. 설령 느껴지지 않을지라도 언제나 공간이 존재한다는 사실을 잊지 마라. 이따금 공간이 비좁을 때면 공간을 넓히려고 노력해야 할 것이다. 공간이 너무 넓어서 길을 잃을 때도 있을 것이다. 어느 편이든 간에 공간은 언제나 그곳에 존재하며 여러분이 한껏 마음을 열고 다른 관점으로 발걸음을 내디뎌 새로운 것을 이해하는 길에 더 가까워지고 더욱 의미 있는 방식으로 세상과 관계를 맺도록 격려한다.

삶은 순간으로 이루어져 있다. 순간들은 이리저리 소용돌이치며 우리를 따라오다가 우리의 주의를 끌어보려고 우리를 쿡쿡 찌르고 쑤신다. 이따금 우리는 그들에게 눈길을 주지만 대체로 그들의 존재를 인식하지 못한 채 지나친다. 그렇기 때문에 그들은 우리를 쓰러뜨리며 주의를 기울이라고 우격다짐을 한다.

하지만 우리가 의도적으로 순간들을 찾아낸다면 어떤 일이 일어날까? 습관적으로 우리를 낯설고 불편한 상황에 몰아넣는다면 어떤 일이 일어날까? 물론 쉽지 않을 것이다. 우리 어머니가 말하듯이, "쉬운 일이라면 누구나 할 것이다."

세상에 대한 자신의 견해와 인식이 뿌리째 흔들릴 때 기꺼이 받아들여라. 불편해져라. 공감과 이해를 위한 공간을 만들어라. 그리고 매 순간 여러분의 마음이 더 큰 세상과 더 깊은 관계를 맺도록 초대하라.

✍️ 자기성찰 질문

1. 문화 충돌을 직접 경험한 적이 있는가? 어떤 느낌이었는가? 어떻게 반응했는가?

2. 조직은 문화 충돌을 예방하거나 완화하기 위해 어떤 조치를 취하는가? 문화 사이의 의사소통이나 관계를 더 편안하게 만들기 위해 개인적으로 어떤 일을 할 수 있는가?

3. 찰나의 순간에 어떻게 반응할지 결정해야 했던 순간이 있었는가? 그 경험이 얼마나 어려웠는가? 어떤 결과를 얻었는가?

제19장

형제여, 패러다임을 바꿀 수 있는가?

제프리 S. 쿤

교육학 박사 제프리 S. 쿤은 전략, 혁신, 성장, 조직 쇄신의 접점에 위치한 전문 지식을 자랑하는 출중한 사상가, 작가, 전략 자문, 교육가, 연사이다. 그의 작품은 재계 고위 리더들이 심오한 변화를 겪고 있는 역동적인 시장 환경에서 전략적으로 생각하고 지휘할 역량을 개발하도록 지원하는 것을 목적으로 삼는다. 컬럼비아대학교에서 박사 학위를 취득했고, 컬럼비아 경영대학원과 컬럼비아대학교 교육대학 교수로 재직하고 있다. 런던에 본부를 둔 전략적 경영포럼Strategic Management Forum의 창립회원이자 왕립예술학회Royal Society of Arts의 특별회원이다. 2017년 쿤 박사는 마셜 골드스미스의 100대 코치Marshall Goldsmith's 100 Coaches로 선정되었다.

■ ■ ■

최근 나는 비즈니스 전문 잡지에 "전략적 리더십: 단기주의의 간단한 치료법 Strategic Leadership: A Simple Cure for Short-Termism"[1] 이라는 제목으로 글을 실었다. 이 글의 기본 주제로 '창밖을 바라보고 눈에 보이지 않지만 볼 수 있는 것을 본다'는 피터 드러커의 개념을 탐구했다.

글의 서론에서 나는 컴퓨터와 모바일 디바이스에 묶여 실내에서 지나치게 오랜 시간을 보내는 현상에서 발생한 학령기 아동의 세계적인 근시안 유행병과 전 세계 중역실에 만연한 전략적 근시안 유행병을 비교했다. 전략적 근시안 유행병이란, 경영인들이 기업의 가치 창조 역량을 강화하는 장기 전략적 사고를 잃어가며 단기 수익 극대화에 집착하는 조직의 병폐를 가리킨다.

두 가지 형태의 근시안을 치료하는 방법은 매우 간단하고 놀랄 만큼 서로 비슷하다. 연구진은 아이들에게 책과 컴퓨터에서 벗어나 밖에서 자연광을 받으며 먼 곳을 응시하는 시간을 많이 보내라고 권한다. 재계 리더들에게도 비슷한 처방을 내릴 수 있다. 심오한 시장 변화를 예고하는 희미한 신호(눈에 보이지 않지만 볼 수 있는 미묘한 실마리)를 놓치지 않으려면 스프레드시트와 사분기 세부 보고서에서 벗어나 조직의 정신적 밀폐 공간 밖에서 먼 미래를 응시하는 시간을 많이 보내라고.

나는 단기 수익을 거두어야 한다는 투자가의 압력 증가부터 반응적

---

1 제프리 쿤, "전략적 리더십: 단기주의의 간단한 치료법"〈앰비션 Ambition〉, 2017년 7/8월 호, 34~39페이지.

인 일회성 사고(기업판 두더지잡기)를 야기하는 경쟁의 강도 증가에 이르기까지 전략적 근시안의 다양한 원인을 살펴보았다. 그리고 인지 개발과 패턴 인식에 대한 내 연구를 이용해 고위 리더들의 전략적 근시안 유행병에는 근본적인 인지적 차원이 존재한다고 제안했다. 어쨌든 인식은 정신에서 일어난다. 수년간 성숙한 시장이 더디게 한 자릿수 성장을 기록한 것이 리더들로 하여금 단기 수익을 확보하고자 안전과 증가 위주로 사고하도록 학습시켰다는 것이 내 지론이다. 그 결과 삭감, 계층감축, 합리화, 조직개편, 오프쇼링(offshoring, 사업을 한 나라에서 다른 나라로 옮기는 과정—옮긴이), 니어쇼링(nearshoring, 인근 국가에서 진행하는 아웃소싱—옮긴이)에는 정통하지만 마음의 눈으로 내일의 흥미진진한 성장 플랫폼을 보는 인지능력(선견지명, 호기심, 상상력)은 부족한 평범한 관리자가 양산되었다.

나는 드러커 교수의 말을 인용해 다음과 같이 그 글의 결론을 내렸다. "다음번에 사분기 보고서를 수도 없이 읽다가 근시안이 되어 향후 10년은 고사하고 당장 필요한 것을 생각하기도 어렵다면 창문으로 걸어가 밖을 바라보라. 아마 여러분의 눈에 보이는 것에 깜짝 놀랄 것이다."

나는 출판사에 글을 보내기 전에 신뢰하는 편집자 이선Ethan에게 원고를 보내 최종 검토를 부탁했다. 다음 날 아침, 편지함에 수정된 원고가 도착해 있었다. 편집한 내용은 대부분 사소한 수정들이었고 내가 반박할 만한 것이 없었다. 하지만 마지막 페이지의 하단을 훑어보던 나는 그가 마지막 문장 옆의 오른쪽 여백에다 써넣은 질문을 읽고 몹시 당황했다. "정확히 어떻게 창밖을 내다본다는 건가요?" 내가 20년 넘게 편집자들과 긴밀히 협력하며 생뚱맞은 말을 많이 봤지만 이 질문은 최악이었다.

나는 어이가 없어서 컴퓨터 모니터를 뚫어지게 쳐다보았고 믿을 수가 없어서 머리를 가로저으며 이렇게 생각했다. '말 그대로 창밖을 바라보는 게 아니지. 창문은 우리의 정신을 의미하는 은유잖아. 창밖을 바라본다는 건 복잡한 사회경제적 트렌드와 시장을 창조하고 형성하는 신기술을 본다는 뜻이라고.'

하지만 잡지사에서는 이 은유적 개념을 반기면서 크게 수정하지 않고 내 글을 발표했다. 하지만 편집자의 질문이 내 머릿속을 계속 맴돌았다. 그러다 결국 나는 처음에는 이상하게 들렸지만 편집자가 전달하려던 요점은 창밖을 바라보는 법을 모르는 리더가 많다는 것임을 깨달았다. 그것은 광역 시장 판도를 자세히 살피고 사회경제적 트렌드의 접점을 식별할 방법을 모른다는 의미였다. 그들은 그런 식으로 프로그램이 되지 않은 사람들이다. 조직의 엔진을 계속 가동시키고 사분기 성과 목표를 실행하도록 프로그램이 되었을 뿐이다. 어쩌다 창밖을 바라보더라도 어떻게 볼지는 고사하고 무엇을 볼지조차 확신하지 못한다.

과거의 패러다임

시간을 100년 전으로 돌려서 창밖을 본다면 우리의 정신은 사뭇 다른 세계를 구성할 것이다(다시 말해 볼 것이다). 그것은 기계로서의 조직 경영 패러다임을 탄생시킨 기계론적 뉴턴식 세계이다. 이 패러다임은 프레더릭 테일러Frederick Taylor의 과학적 경영으로 구체화된다.

당시에는 창밖을 바라볼 필요가 거의 없었다. 외부 환경은 비교적 안정적이었고 어느 정도 예측이 가능했다. 산업계는 소수의 지배적인 플레이어가 점진적이고 선형적으로 진화하는 매우 체계적인 분야에서 익숙한 일련의 규칙에 따라 경쟁하는 구도였다. 경쟁은 거인들의 충돌, 다시 말해 규모와 구조적 장점의 게임이었다. 만일 창밖을 바라보지 않는다면 여러분의 정신은 시계처럼 정확하게 돌아가는 불변의 질서정연한 우주를 그렸을 것이다. 이런 우주에서는 인풋과 아웃풋이 동일하고 작용이 반작용을 일으키며 큰 문제를 작은 문제로 분해해 단독으로 분석할 수 있었다.

1950년대 정보화 시대의 도래와 함께 지각 변동이 일어나기 시작했다. 비즈니스 세계가 점점 역동적이고 불확실해짐에 따라 산업 시대의 기계론적 세계관은 수명을 다했다. 시간이 지나면서 뉴턴의 질서정연한 우주는 양자물리학과 복잡도 이론의 연구 결과로 대체되어 패러다임을 파괴했다.

기름칠을 잘한 기계에서 역동적인 유기체로 변화한 조직이 더 큰 생태계의 일원이 되었다. 기업은 이제 고립된 좁은 시장이 아니라 체계가 없는 세계 무대에서 새로운 규칙에 따라 새로운 플레이어와 경쟁했다. 시장이 점점 복잡해지고 경쟁이 치열해지자 리더들은 좀 더 자주 창밖을 바라보고 좀 더 유동적인 사고방식과 존재방식을 채택하기 시작했다.

오늘날 세계화와 기술 가속화라는 두 힘은 단기 주기 세계를 창조해 상품화 주기가 짧아지고 도그 이어(dog year, 인터넷 분야의 비즈니스나 기술이 기존 산업 분야에 비해 놀라운 속도로 급변한다는 사실을 나타내는 표현이다. 인간의 1년이 개에게 는 7년에 해당한다는 개념에서 생겼다－옮긴이)로 평가할 만큼 기업의 수명이 단축 되었다. 저비용 디지털 기술로 말미암아 진입 장벽이 낮아져 새로운 유 형의 경쟁자와 사업 모형이 등장했고 높은 복잡도, 높은 불확실성, 일 시적인 경쟁 우위로 대변되는 무정형의 사업 구도가 형성되었다.[2]

미래와 과거의 닮은 점은 좀처럼 찾기 어렵다.

단기 주기 상품화 세계에서는 경쟁자보다 더 일찍 더 정확하게 변 화의 희미한 신호를 식별하는 능력이 중대한 조직 역량으로 부상했다. 시장 환경이 더욱 역동적이고 불확실하게 변할수록 지평을 유심히 살 펴 새롭게 부상하는 트렌드를 발견하고 전략적으로 사고하며 대화를 나눌 필요성이 더 커진다. 개념 면에서 이 사실에 이의를 제기하는 리 더는 거의 없다. 하지만 모든 지역에 제품을 전달한다는 사실에 자부심 을 느끼며 긴장을 늦추지 않는 관리자들은 치열한 비즈니스 세계에서 속도를 늦추고 심사숙고하며 시장 판도가 변화하는 모습을 개념적으로 생각해야 한다는 말에는 질색을 한다. 비즈니스 역사의 연보는 너무 바 쁜 나머지 매장을 돌보지 못하고 산업계 외부에서 은근슬쩍 들어오는 신참들을 발견하지 못했던 유명한 회사들의 사례로 가득하다. 코닥 Kodak과 블랙베리Blackberry가 입증하듯이 외부 환경의 거대한 변화를 인

2 리타 맥그래스, 《경쟁우위의 종말: 비즈니스만큼 빠른 속도로 전략을 계속 실행하는 방법 The End of Competitive Advantage: How to Keep Your Strategy Moving as Fast as Your Business》 (보스턴: 하버드비즈니스리뷰 출판, 2013).

정하고 기업의 전략적 견고성에 관한 질문을 묻지 않으면 암울한 결과를 맞이할 수 있다.

산업 시대의 기계론적 세계관이 계속해서 우리의 사고방식과 조직 운영 방식에 긴 그림자를 드리운다. 수 세대에 걸쳐 효율성과 통제라는 과학적 경영의 원칙이 재계 리더들의 머릿속에 새겨졌다. 조직 지향적인 관리자는 전략적인 역할을 맡기면 대개 폭넓게 상상하는 데 어려움을 겪는다. 이들은 자산 안정성과 재고회전률에 관해서는 장황하게 말하지만 내부의 단기적 관점이 아니라 외부의 장기적 관점으로 조직을 고려하고 지휘하라고 요구하면 갈팡질팡한다.

그러나 적절한 경험만 뒷받침된다면 리더들은 대단히 예리한 인지 능력을 발휘해 전략적인 눈(창밖을 바라보고 보이지 않지만 볼 수 있는 것을 보는 인지 능력)을 개발할 수 있다.

전략적인 눈 개발하기

이해를 돕기 위해 여러분이 제너럴모터스General Motors의 고위 리더인데 경영진이 다음 이사회 회의에서 자동차 산업의 변화와 미래의 성장 기회에 관해 발표하라는 요청을 받았다고 가정해보자.

여러분의 정신은 혹사 상태로 진입한다. '뭘 봐야 하지? 서로 교차하는 트렌드와 패턴을 어떻게 알아볼까? 어떻게 마음의 눈으로 본 것을 일련의 전략적 통찰력으로 바꾸어 이사회와 공유해야 하지?'

이런 식으로 반응하는 사람은 여러분만이 아니다. 전략적 사고를 힘들어하며 인지 능력(사고방식과 근육)은 운 좋은 유전자 집단이 타고나는 특성이라서 개발할 수 없다고 생각하는 리더가 많다. 이때 중요한 논점이 제기된다. 전략적으로 생각하는 사람은 질문 형태로 생각한다. 전략적인 질문을 능숙하게 구성할수록 전략적 사고에도 능숙할 것이다. 내 편집자가 암시했듯이 신의 계시를 바라며 창밖을 응시하는 것이 아니다. 정신의 틈을 열어줄 일련의 폭넓은 질문으로 시장 판도를 유심히 살핀다. '시장 판도에서 핵심적인 사회경제 및 기술 트렌드는 무엇이며 그 트렌드들이 어떤 식으로 교차되는가?' 이처럼 포괄적으로 구성한 질문이 여정을 인도할 훌륭한 출발점을 제공한다. 이는 '어떻게 경쟁자를 물리치고 자동차를 더 많이 팔 수 있을까?' 같은 전형적인 실행 지향적 질문과는 사뭇 다르게 복잡한 사고방식이다.

자동차 회사의 노련한 경영인으로서 창밖을 바라볼 때 여러분이 발견할 첫째 사실은 산업계가 1900년대 초반과 상당히 비슷하게 창업 홍수 상태라는 점이다. 1990년대 초반에는 등록된 자동차 제조업체가 미국만 해도 241개에 이르렀고 증기와 전기 자동차가 지배적인 설계가 되고자 내연기관과 경쟁했다. 오늘날 실리콘밸리의 수많은 거대 기술 기업과 벤처 지원 스타트업, 대학, 기존 자동차 제조업체가 새로운 형태의 하이브리드 자동차, 전기 자동차, 자율주행 자동차, 2륜·3륜·4륜 시티카(시가지 주행 전용 자동차 — 옮긴이) 같은 신개념 자동차, 승차공유(예컨대 우버나 리프트Lyft) 같은 혁신적인 사업 모형, 고급 구독 서비스, 여러 사람이 자동차 한 대를 소유하거나 임대하는 분획 모형을 선도하고 있다.

이런 통찰력이 생기면 더욱 심오한 일련의 질문들이 떠오른다. '무엇이 이런 창업 홍수 현상을 일으키고 있는가? 산업계 구도가 어떤 식으로 진화하겠는가? 미래에는 어떤 식으로 고객과 경제적 가치를 창출할 것인가? 어떻게 시대를 앞서가서 우리 회사에서 밀려나지 않을 것인가? 미래가 얼마나 빨리 다가올 것인가?'

호기심이 생긴 여러분은 포괄적인 시장 판도를 더욱 깊이 파고들어 자동차 산업의 형세를 개편하는 다음과 같은 다섯 가지 전략적 메가트렌드를 확인한다. 1) 이산화탄소 배출과 관련된 환경적 관심사 2) 도시화와 인구밀도가 높은 메가시티의 급성장 3) 세계 중산층 성장 같은 인구통계학적 변화와 밀레니엄 세대의 등장 4) 새로운 에너지원과 자율주행 자동차 같은 새로운 기술 5) 자동차 소유보다는 자동차 접근에 대한 선호도의 증가 같은 소비자의 대대적인 변화가 바로 그것이다. 여러분은 이들 트렌드의 상호관계를 검토한다. 그 결과 그들이 서로 결합해 자동차를 소유하는 사람이 감소하고 이동성을 서비스로 소비하는 새로운 판도를 창조하고 있음을 확실히 깨닫는다.

인지적 관점에서 볼 때 만일 자동차를 제조한 다음 이를 소유하고 운행할 소비자에게 자동차를 판매하는 현재의 협소한 핵심 사업 프리즘으로 시장 판도를 보았다면 여러분은 이런 트렌드를 발견하지 못했을 것이다. 미래를 바라보는 폭넓은 관점을 개발하려면 기존 제품과 서비스의 프리즘이 아니라 밖에서 안으로 세계를 바라보고, 즉각적인 소비자 욕구와 단기적인 경쟁 역학을 넘어 광역 시장 판도를 눈여겨보아야 한다(그림 19.1 참고).

어떤 조직이 신생 스타트업에서 산업계의 충실한 일원으로 성숙해

형제여, 패러다임을 바꿀 수 있는가?

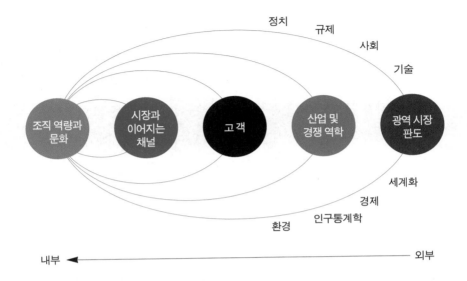

그림 19.1 전략적인 렌즈

지면 대개 시야가 좁아져서 자신도 모르게 좁은 구멍을 통해 외부 세상을 내다본다. 개인도 무한한 호기심과 상상력이 가득하고 꿈꾸는 듯한 눈빛을 가진 아이에서 과거의 경험으로 미래를 해석하는 단정한 차림의 경영인으로 성장하고 성숙해짐에 따라 이와 비슷한 라이프사이클의 변화를 겪는다. 이런 인지적 필터를 점검하지 않으면 그것이 여러분을 제한하고 자동으로 가동되어 장기적인 사고방식을 억누른다. 그러면 지속적인 가치 창조의 필수 조건인 상상력을 발휘하지 못한다. 기존 기업에서 성장 기회가 대부분 평범한 광경 속에 숨겨진 것은 바로 이 때문이다.

교차하는 트렌드와 새롭게 등장하는 성장 기회를 발견하려면 고위 리더들이 자신의 정신적 유리창을 말끔히 닦음으로써 다양한 사고를 방해하고 상상력을 짓누르는 조직의 전통적인 관행과 관성을 극복할 능력을 갖추어야 한다. 또 다른 핵심 요소는 생태학적 렌즈이다. 전문 트렌드 관찰자는 우림지역 동식물군의 역동적인 상호작용을 연구하는 노련한 생물학자와 같다. 시장도 다르지 않다. 자연 생태계와 똑같은 원칙, 다시 말해 상호의존성, 역동성, 출현을 토대로 삼는다.

지원 요청 : 전략적 리더

보기에는 단순하지만 드러커의 명언을 이해하려면 일련의 복잡한 인지 능력이 필요하다. 시장 판도를 자세히 살피고 보이지 않지만 볼 수 있는 미묘한 실마리를 포착해야 한다. 우리가 보는 것과 그것을 보는 방식에 영향을 미치면서 마치 보이지 않는 손처럼 작용하는 조직의 면역 체계와 수많은 병폐까지 가세하면 문제는 더욱 복잡해진다.

20여 년 전 전략 전문가 C.K. 프라할라드[3]는 기존 기업에는 자원이 아니라 상상력이 부족하다고 말했다. 이는 상상력이 희귀 자원이라는 뜻이다. 조직은 이제 시장의 이 새로운 현실에 눈뜨고 호기심과 상상

---

3 C.K. 프라할라드와 래리 배닝슨Larry Bennigson, "성장에 대해: C.K. 프라할라드와의 대화 On Growth: A Conversation with C.K. Prahalad", 〈전략과 리더십 Strategy & Leadership〉 24호, 5권 (1996): 30페이지.

력, 기업가다운 기백을 발휘해 창밖을 바라보고 내일의 시장과 기업, 산업을 인식하는 역동적인 전략적 리더가 부족하다는 사실을 깨닫고 있다.

새로운 시장 판도를 창조하는 이 같은 사회경제적 트렌드는 패러다임뿐만 아니라 구조와 관련이 있다. 시장 변화는 슬며시 확산되고 미묘해서 인식하기가 어렵다. 하지만 한 가지는 확실하다. 현재 사분기에만 초점을 맞추거나 사분기 시장점유율을 놓고 최대 경쟁자와 싸운다면 '보이지 않지만 볼 수 있는 것'을 보지 못할 것이다.

몇 년 동안 나와 협력한 리더들은 체계적으로 창밖을 바라보는 일의 중요성을 인정한다. 다만 눈에 보이는 것을 이해할 방법을 모를 뿐이다. 하지만 경영 구루인 톰 피터스Tom Peters가 최근 단언했듯이 "혼란스럽지 않다면 주의를 기울이지 않는다는 뜻이다."[4] 그러니 내가 "전략적 리더십: 단기주의의 간단한 치료법"[5]에서 독자들에게 제안했듯이 스프레드를 내려놓고 창문으로 걸어가 창밖을 바라보라. 산업 시대 패러다임의 잔해와 과거의 경험을 렌즈에서 닦아내고 다섯 살짜리 어린 아이의 호기심과 상상력을 품고 시장 판도를 유심히 살핀다면 여러분의 눈에 보이는 것에 아마 깜짝 놀랄 것이다. 전략적인 눈을 개발할 때 맨눈으로는 볼 수 없는 미묘한 실마리가 명명백백하게 보일 것이다.

---

4 "21세기 조직 이끌기에 대한 톰 피터스의 이야기 Tom Peters on Leading the 21st-Century Organization", 〈매킨지 쿼털리 McKinsey Quarterly〉, 2014년 9월 호, 1페이지.
5 쿤, "전략적 리더십: 단기주의의 간단한 치료법".

✎ 자기성찰 질문

1. 기존 기업에서 창밖을 바라보는 것이 중요한 이유는 무엇인가?

2. 여러분의 조직은 외부 환경을 관찰하려고 어떤 시스템과 프로세스를 마련했는가?

3. 여러분의 조직은 광역 시장 판도에서 어떤 트렌드를 관찰해야 하는가? 경영진이 어떤 전략적 질문을 제시해야 하는가?

4. 창밖을 바라보는 데 일주일에 어느 정도 시간을 할애해서 시장 트렌드를 확인하는가? 맡은 역할을 고려할 때 여러분은 시간을 어느 정도 할애해야 하는가?

5. 광역 시장 판도에서 새롭게 등장하는 위협과 기회를 인식할 수 있는 전략적인 눈을 어떤 방식으로 연마할 수 있을까?

일은 사랑이다

제20장

테니스 코트에서 얻은 삶의 교훈

프라카시 라만

프라카시 라만의 열렬한 관심사는 리더들이 집단을 성공시킬 수 있는 자신의 잠재력을 인식하고 발휘하도록 지원하는 일이다. 라만은 리더들이 성공과 행복을 가로막는 장애물을 제거할 수 있는 실용적인 도구를 링크드인Linkedln에서 소개한다. 그는 가치관, 관계, 경험 공유를 통한 리더십 전문 워크숍의 코치이자 퍼실리테이터, 운영자이다. 자신의 배경을 토대로 독특하고 실행 가능한 접근방식으로 리더들을 발전시킨다. 월스트리트에서 경력을 쌓기 시작해 한 비영리 조직을 세계적인 규모로 성장시키고 오레오Oreo 쿠키 브랜드를 마케팅하는 일에 이르기까지 리더들과 협력하며 중대한 비즈니스 관련 문제들을 해결하고 비즈니스에 뿌리를 둔 관점을 제시했다. 2016년 세계 최고 경영코치인 마셜 골드스미스가 기획하고 지휘한 100대 코치 프로젝트에 선발되었다.

차세대 리더에게 멘토링을 제공하는 것을 목적으로 삼은 이 프로젝트에는 유수의 학자, 베스트셀러 작가, 기업 경영인, 최고 경영코치가 참여한다. 그는 또한 스탠퍼드 경영대학원의 강좌인 '마음챙김과 공감으로 이끌기 Leading with Mindfulness and Compassion'의 퍼실리테이터이며 이 대학원에서 진행하는 연구에 참여한다. 노스웨스턴 켈로그 경영대학원 Northwestern's Kellogg School of Management에서 경영학 석사 학위를, 라이스대학교Rice University에서 경제학 학사 학위를 취득했다.

■ ■ ■

나는 텍사스주 휴스턴Houston, Texas에서 인도 이주민 가족의 막내로 자랐다. 어느 이주민 가족과 마찬가지로 부모님은 모든 것을 포기한 채 자녀들에게 더 나은 삶을 선사하겠다는 의지만 품고서 미국으로 건너왔다. 이주민 부모의 암묵적인 기대와 작열하는 텍사스의 태양 때문에 내 친구들은 대부분 공부에만 집중하며 집 안에서 어린 시절을 보냈다. 하지만 나는 테니스 코트에서 미래를 설계하며 오로지 바깥에서 성장기를 보냈다. 감사하게도 부모님은 테니스에 대한 내 집념을 전적으로 지지했다. 다섯 살에 오동통한 손으로 맨 처음 라켓을 잡은 순간 나는 테니스에 푹 빠졌고 퇴근해서 돌아오는 아버지에게 매일같이 테니스를 치자고 졸랐다. 날마다 저녁 5시 20분만 되면 아버지의 반짝이는 빨간색 라켓, 흰색 핸들에 때가 묻은 내 라켓, 물병, 뚜껑이 열리기를 기다리는 월슨Wilson 테니스공 한 통 등 필요한 장비를 양손에 잔뜩 든 채 갈

색 단층 주택인 우리 집 현관에서 아버지를 기다렸다.

아버지가 집에 도착하자마자 나는 아버지에게 서둘러 옷을 갈아입으라고 보채며 남자아이의 능력을 최대한 발휘해 끈질기게 졸랐다. 우리는 매일 밤 해가 나무 너머로 모습을 감출 때까지 테니스를 친 다음 집으로 걸어왔다. 그리고 저녁을 먹으며 그날 저녁 경기에 대해 이야기를 나누곤 했다. 엄마와 형까지 내가 어떤 점을 고쳐야 하고 어떤 영역에 주로 초점을 맞추느냐고 물어주면 나는 더 우쭐해지곤 했다.

테니스를 치지 않는 순간에도 내 머릿속은 온통 테니스 생각뿐이었다. 나는 지상파 텔레비전(이주민 부모들에게 케이블 텔레비전은 사치였다)에서 방송하는 테니스 경기를 모조리 녹화해 줄기차게 반복해서 보곤 했다. 늦은 밤 대부분의 아이가 몰래 침실을 빠져나와 비디오 게임이나 만화를 즐길 때 나는 스테판 에드베리Stefan Edberg와 안드레 아가시Andre Agassi처럼 내가 좋아하는 테니스 선수의 경기를 녹화한 테이프를 보았다. 나는 다음 날 아버지보다 한 수 앞서려고 이 선수들의 테크닉을 연구하고 전략을 분석했다. 얼마 지나지 않아 테니스의 기본기를 익혔고 아버지와 형에게 당당하게 패하곤 했다. 그래도 다음 날 다시 도전해서 경기를 더 잘하고 심지어 이길 수도 있다고 생각하며 힘을 얻었다.

여느 어린 선수와 마찬가지로 내 삶의 목표는 프로 테니스 선수가 되어 윔블던Wimbledon에서 우승하는 것이었다.

집착에 가깝게 집중한 덕분에 실력이 늘기 시작할 무렵 나는 스스로 상당한 실력자 수준이라고 자부했다. 여덟 살에 열두 살 형들과 겨루어 이겼다. 경기를 마치면 이기든 지든 상관없이 잘한 부분과 이보다 더 중요한 고칠 부분을 되짚어보곤 했다. 내가 그 스포츠를 무척 좋아한 이유는 단순했다. 성공을 가장 작은 동작이나 가장 짧은 순간으로 분해함으로써 잘한 부분을 파악할 수 있었기 때문이다. 경기의 모든 점수를 돌아보면 기회뿐만 아니라 기회에 대처하는 데 필요한 미세한 변화들이 눈에 띄기도 했다. 이전의 정보를 토대로 변화하고 성공 확률을 높일 수 있는 힘을 얻었다. 물론 나는 승리에 매혹되었지만 나를 움직인 진정한 원동력은 끊임없는 배움이라는 토대였다.

이내 결과가 나타났다. 몇 년 후에 나는 텍사스 챔피언이 되었다. 텍사스 테니스계 역사상 최장 기간 챔피언 자리를 지켰다. 미국 전역을 순회하기 시작하면서 곧 전국 6위에 올랐다. 라켓과 의류 후원을 받았을 때는 내 사회적 지위와 테니스 순위가 서로 관련이 있음을 깨달았다. 십 대 시절에는 만사가 계획에 따라 순조롭게 진행되었다. 나는 이처럼 철저하게 집중함으로써 프로 테니스 선수가 된다는 꿈에 더욱 가까워졌다.

그러던 어느 날 나는 연습량이 줄었음을 문득 깨달았다. 내 삶의 다른 면들(수업, 친구, 클럽, 데이트)을 놓치고 싶지 않았다. 비록 매주 연습하는 날이 줄었어도 당분간은 계속 승리했다. 이듬해에 내가 거둔 성적은 내 실력이 줄어들지 않았음을 입증했다. 오히려 '어쨌든 이길 테니 많이 연습할 필요가 없다'는 신호를 보내는 듯했다. 나는 테니스에 대한 내 이해도가 또래보다 높다고 결론을 내렸다. 다른 사람들보다 테니스 실력이 뛰어나니 청소년기 초기에 나를 불살랐던 집념 따위는 잊어버려도 될 것이라고 생각했다.

열여섯 살이 되던 해에 나는 2년 반 만에 처음으로 텍사스에서 패배를 맛보았다. 그날은 예년과 다름없는 여름날이었고 온도가 37도를 훌쩍 넘었다. 경기 상대는 내가 익히 알고 있고 여섯 번 내리 이긴 적이 있는 선수였다. 코트 위를 걷는데 무언가 잘못되었다는 느낌이 들었다. 내 몸은 그곳에 있었으나 내 마음은 이미 코트를 떠날 생각을 하고 있었다. 30분이 채 지나지 않았을 때 나는 이 익숙한 상대에게 첫 세트를 내주었다. '기분이 좋지 않은 건가? 날씨가 너무 더운가? 아니면 그냥 일진이 좋지 않은 날인가?' 다시 30분이 지났고 매치포인트를 뺏겼다. 나는 마지막 샷을 받아 치려다 바닥에 쓰러지면서 상징적인 모습으로 패배했다.

경기가 끝난 후에도 잘못된 부분을 되짚어보거나 분석하지 않았다. 대신 깨끗이 잊어버리고 그날 일어난 일을 내 책임으로 돌리지 않았다. '나는 내가 예전만큼 많이 연습하고 집중하지 않는다는 사실을 알아. 그래도 아니야! 그게 내가 패배한 이유일 리는 없지. 지난 3년 동안 나는 언제나 더 뛰어났어. 누구나 어느 시점에 패배하잖아, 그렇지 않나?' 아무리 십 대라고 해도 그리 바람직한 내적 대화는 아니었다.

그러고 나서 봇물이 터졌다. 텍사스에서 패배하는 일이 더 잦아졌고 전국 대회에서 일찌감치 탈락하기 시작했다. 내 실력과 경기 계획이 의심스러워져서 또래 선수처럼 경기를 하려고 모방하기 시작했다. 나는 이렇게 생각했다. '어쩌면 그 선수들이 내가 모르는 비밀을 알고 있을지 몰라. 지금은 그들의 테크닉이 더 훌륭하니까 그들처럼 쳐야 하는 건가.' 말할 필요도 없이 몹시 당황스러웠다. 하지만 그것은 상황을 해결하는 데 도움이 되지 않았다.

테니스에서의 패배는 내 삶의 다른 영역에서 연쇄반응을 일으켰다. 학교 성적은 떨어졌고 과제물의 마감 시한을 지키지 못했으며 특별활동 모임에 더는 참가하지 않았다. 요컨대 나는 자멸했다.

고등학교를 졸업할 때까지 이런 상태가 계속되었다. 다행히도 거의 10년 동안 헌신적으로 연습한 덕분에 2년 내리 성적이 좋지 않았을지언정 테니스 실력은 충분히 뛰어난 수준이었다. 나는 여전히 미국에서 상위권 선수였다. 하지만 어린 시절 꿈을 이룰 수 있는 수준까지는 회복하지 못했다. 결국 내가 1부 대학 테니스에서 활약할 무렵에 테니스는 내 기쁨과 잠재력, 그리고 미래의 핵심이었던 과거와는 달리 내 삶의 여담이나 곁들이가 되었다. 내가 가장 힘들었던 것은 꿈을 이루지 못했다는 사실이 아니라 꿈을 이루려고 충분히 노력하지 않았다는 사실이었다.

이미 오래전에 경험한 일이지만 이때 내가 얻은 교훈은 오늘날에도 여러모로 내게 도움이 된다. 나는 이 교훈을 바탕으로 재계 리더들이 영감과 운영 사이의 간극을 메워 개인과 조직의 목표를 달성하도록 돕는다. 이 가운데 세 가지를 공유하고 싶다.

1. 성공의 토대는 결과물이 아니라 습관이다

옛 속담은 진실이다. '재능이 노력하지 않을 때 노력이 재능을 이긴다.' 어린 시절 내가 거둔 성공의 토대는 일련의 습관, 즉 집중과 훈련, 일관성이었다. 추락이 시작되기 전에 나는 이기든 지든 상관없이 내가

하고 있는 일을 즐겼다. 패배하더라도 다음번에는 더욱 빈틈없고 강해질 것이라고 확신했다. 그것은 특히 반복을 통해 꾸준히 향상할 원동력을 제공하는 일련의 습관이 있었기 때문이다. 하지만 성공이 가시권에 들어오자 나는 습관을 버리고 성공과 자존감을 좌우하는 결과물에 초점을 맞추었다. 그 결과 자멸적인 패턴이 내 삶에 침투하기 시작했다.

전성기였을 때 개인적인 자신감과 성공하고 있다는 느낌의 원천은 결과물이 아니라 내 습관의 일관성과 훈련을 평가하는 일이었다. 나는 내 통제권 안에 있는 것에 초점을 맞추었다.

우리는 누구나 성공을 추구하는 과정의 책임자이다. 하지만 대개 그릇된 기준으로 성공을 평가한다. 우리의 통제권을 벗어나는 요인을 토대로 삼아야만 얻을 수 있는 결과가 언제나 존재할 것이다. 스스로 바꿀 수 있는 것과 습관에서 비롯되는 영향력에 초점을 맞춘다면 날마다 성공할 기회를 얻을 것이다. 우리는 더는 결과물이 나타나기만을 기다리는 포로가 아닐 것이다. 근본적으로 성공의 토대는 결과물이 아니라 습관이다.

2. 잠재력을 십분 발휘하고 행동과 감정을 돌아보라

나는 경기력을 향상시킬 전략과 전술을 심사숙고하는 데는 능숙했지만 내 감정과 그것의 의미는 충분히 돌아보지 않았다. 내가 코트에서 패배할지 모른다는 두려움을 알아차리지 못하는 바람에 내 삶의 다른 영역에서 자기 파괴라는 나선 효과가 일어났다. 두려움과 두려움을 일으키는 요인, 그리고 그 가운데 진짜 두려움을 알아차림으로써 전진을 위한 이성적이고 건설적인 접근방식을 취할 수도 있었다. 내 감정은 바꿀 수 없었지만 반응방식은 바꿀 수도 있었다.

이 교훈은 지금까지도 내게 도움이 된다. 나는 다음과 같은 질문을 함으로써 이 교훈을 실천한다.

- 무엇을 느끼고 있는가?
- 무엇이 그 감정을 일으키고 있는가?
- 그 가운데 어떤 부분이 진짜인가?
- 내가 통제할 수 있는 것들을 처리하기 위해 무엇을 하고 싶은가?

매일 이 과정을 거치면 나를 움직이는 유인과 내가 느끼고 있는 감정에 대처할 확실하고 효과적인 방법을 더욱 정확하게 이해할 수 있다. 그러면 그런 감정들이 은근슬쩍 침투해 파괴하는 패턴을 만들기보다는 자신을 적극적으로 도울 수 있다.

자신의 행동을 돌아보는 것만으로는 충분하지 않다. 행동과 더불어 감정을 돌아봄으로써 스스로 발전하고 가장 큰 영향력을 발휘할 계기를 얻을 수 있다.

3. 다른 사람들에게 배우는 것과 자신을 믿는 것의 접점을 찾아라

다른 사람들에게 배우는 것과 다른 사람처럼 되려고 노력하는 것에는 한 가지 차이점이 있다. 어린 시절 나는 내 경기를 렌즈로 삼아 다른 선수들의 장점을 보았다. '어떻게 하면 저들의 장점을 내 경기에 통합

해서 진짜처럼 느낄 수 있을까?'

이런 식으로 여과 과정을 거침으로써 다른 사람들이 잘한 것, 코트에서 효과적으로 보였던 것, 내가 원하는 선수의 모습을 발견했다. 다시 말해 나는 안에서 밖으로 움직였다. 이런 방식이 내게 진짜라는 느낌을 주었다. 나는 경기의 승패와는 상관없이 경기력이 가장 중요하다는 사실을 깨닫고 다시 실력을 향상시키며 나만의 방식으로 새로운 테크닉을 익혔다.

그러나 고전하기 시작했을 때부터 나는 자신의 능력을 믿고 다른 사람에게 배우기보다는 밖에서 안으로 움직이며 내 경기력이나 내가 보여주고 싶은 모습을 고려하지 않은 채 맹목적으로 다른 사람을 모방했다. 그 결과 나는 완벽하게 몰두하지 못했으며, 경기하는 내 모습이 진짜 나처럼 느껴지지 않았다.

다른 사람에게 배우는 것은 우리가 선택할 수 있는 가장 바람직한 일이라 할 수 있다. 하지만 자신의 판단에 대한 믿음이 없으면 다른 사람의 삶을 살게 될 것이다. 스티브 잡스Steve Jobs는 스탠퍼드대학교 졸업식 연설에서 졸업생들에게 다음과 같이 전했다. "여러분의 시간은 유한합니다. 그러니 다른 사람의 삶을 사느라 시간을 허비하지 마십시오. 도그마의 함정에 빠지지 마십시오. 그것은 다른 사람이 생각한 결과에 맞춰 사는 것입니다. 다른 사람의 의견이라는 소음이 여러분 내면의 목소리를 압도하도록 방치하지 마십시오." 여러분 '내면의 목소리'를 찾아 자아실현을 하는 삶을 살면 그 과정에서 여러분의 경기를 안에서 밖으로 전개할 수 있을 것이다.

✎ 자기성찰 질문

1. 무엇을 성취하고 싶은가? 여러분의 통제권 안에 있으면서 구체적인 결과물이 나타날 때가 아니라 매일 성공할 기회를 제공하는 일상 습관은 무엇인가?

2. 성취감을 방해하는 가장 일반적인 감정은 무엇인가? 무엇이 그런 감정을 일으키는가?

3. 어떤 분야에서 다른 사람의 삶을 살고 있는가, 자신의 삶을 살고 있는가?

4. 현재의 성공과 실패에 원인을 제공하는 현실은 무엇인가? 이 가운데 의존할지 아니면 바꿀지를 직접 통제할 수 있는 현실은 무엇인가?

제21장

의식적인
선택의 필요성

마거릿 휘틀리

마거릿 휘틀리는 1966년 전후의 한국에서 평화봉사단의 일원으로
인도주의 활동을 시작했다. 다양한 역할(연사, 교사, 컨설턴트, 자문, 공식 리더)로
서 그녀가 수행한 작업을 통해 리더란 모름지기 사람들에게서 타고난
관대함, 창의력, 지역사회의 필요성을 불러일으킬 방법을 배워야 한다
는 흔들리지 않는 확신을 얻었다. 우리를 분열시키는 이 세상에서 인간
정신을 대표하는 냉철한 리더십이야말로 전진할 수 있는 유일한 방법
이다. 그녀는 버카나연구소Berkana Institute(www.berkana.org)의 공동 설립자
겸 대표이다. 다작 작가이고 젊은 시절부터 세계 시민이었으며 1973년
부터 조직 컨설턴트로 활약했다. 걸작《리더십과 새로운 과학Leadership
and the New Science》을 필두로 책 아홉 권을 발표했다. 2017년 6월에 발표
한 그녀의 최신작은《우리는 어떤 사람이 되기로 선택했는가? 현실 직

면하기 | 리더십 요구하기 | 냉정 회복하기 Who Do We Choose to Be? Facing Reality | Claiming Leadership | Restoring Sanity》이다. 그녀의 획기적인 업적은 여러 전문 기관과 대학, 조직에서 인정받았다. 그녀의 웹사이트는 풍부한 자료로 가득하며 www.margaretwheatley.com에서 그녀의 글을 무료로 다운로드할 수 있다.

■ ■ ■

내 최신작[1]은 '우리는 어떤 사람이 되기로 선택했는가?'라는 질문을 제목으로 삼았다. 나는 리더라면 본인의 힘과 영향력을 발휘할 방법을 의식적으로 선택해야 한다고 생각하며 지금까지 수년 동안 리더들에게 이 질문을 제시했다. 사람과 지구, 미래를 파괴하는 당대의 악인들과 당당히 맞설 의향이 있는가? 아니면 뒤로 물러나 지금 일어나고 있는 일을 외면하고 개인의 성공에만 초점을 맞출 것인가?

나는 내 경력의 결정적인 순간들을 돌아보기 전까지 내가 발전하는 과정에서 선택이 어떤 역할을 했는지 깨닫지 못했다. 사실 선택은 내 작품의 가장 확실한 주제였다. 하지만 새로운 과학 그리고 사람들을 이 끌고 그들에게 동기를 부여하는 더 단순한 방법을 제시하겠다는 약속에 대해 강연하기 시작할 때까지 나는 내 작품을 선택을 제안하는 책으

---

1 마거릿 휘틀리,《우리는 어떤 사람이 되기로 선택했는가? 현실 직면하기, 리더십 요구하기, 냉정 회복하기》(캘리포니아주, 오클랜드Oakland, CA: 베렛-코엘러출판사Berrett-Koehler Publishers, 2017).

로 요약할 수 있을지 확신이 없었다.

선택이란 무엇인가? 그것은 우리가 한 가지 사고방식이나 행동방식에 갇히지 않았으며 자신의 가정과 행동습관이라는 구속에서 자신을 해방시킬 수 있다는 깨달음이다. 궁극적으로 선택은 자유를 제공한다. 새로운 가능성의 의미를 제시한다. 꼭 이 방식을 고집해야 하는 것은 아니다. 우리는 변화할 수 있다. 다른 방식을 선택할 수 있다.

나는 통제와 질서가 동의어가 아님을 깨닫고 깜짝 놀랐던 1990년의 그 순간을 잊지 못할 것이다. 나는 그때 책상에 앉아 생명 체계, 그리고 복잡성과 기능성의 수준을 높이는 자기 조직화 능력에 대한 과학에 관한 글을 읽고 있었다. 그것은 진정한 '아하!'의 순간이었다. 부분이나 종족 혹은 사람들이 공통의 정체성을 토대로 개별적인 결정을 내릴 때 그들의 상호작용으로 질서가 창조될 수 있다. 리더들이 주로 초점을 맞추는 정교한 통제는 불필요할 뿐만 아니라 복잡도 과학자 스튜어트 카우프만Stuart Kauffman[2]이 '무상無常의 질서 order for free'라고 표현한 것을 가로막는 장애물을 낳았다. 물론 나는 카우프만의 표현을 좋아하나 이 개념을 나만의 용어로 다음과 같이 바꾸었다. '삶은 질서를 추구하지만 질서에 도달하려고 혼란을 이용한다.'

이후 수년 동안 나는 새로운 패러다임이 선택을 제시한다는 사실을 확실히 깨달았다. 우리는 세상이나 사건, 혹은 사람을 다른 방식으로

---

2 스튜어트 카우프만의 작품은 메그 휘틀리의 《더 간단한 방법 A Simpler Way》(캘리포니아주, 오클랜드: 베렛-코엘러출판사, 1999)에 완벽하게 묘사되어 있다. '무상의 질서'라는 문구는 구글에서 쉽게 검색할 수 있다.

해석할 수 있다. 그러면 더 많은 것이 가능해진다. 패러다임에 대한 조엘 바커Joel Barker의 연구[3]에서 이 사실이 명백히 입증되었다. 그는 무언가를 어떤 패러다임으로 해결할 수 없을 때 패러다임을 바꾸면 쉽게 해결할 수 있음을 밝혔다. 새로운 시각은 가정이라는 감옥에서 우리를 해방시킬 잠재력을 동반한다.

우리가 세상을 어떻게 바라보든, 그리고 어떤 경험이 우리의 정신 모형을 형성했든 상관없이 하나의 개별 요소는 현재 일어나고 있는 일을 인식하기에는 턱없이 부족하다. 우리는 비판적인 정보를 걸러내는 어두운 눈가리개를 쓴 채 걸어 다닌다. 게다가 방해요소가 난무하는 가운데 속도를 높이며 일하다 보니 우리의 눈은 실제로 멀어버렸다. 생각할 시간을 가지는 사람이 갈수록 줄어들며, 그러다 보니 눈먼 사람의 힘이 더욱 커진다. 고대 속담에서 말했듯이 장님의 나라에서는 외눈박이가 왕이다.

우리에게 선택권이 있다는 사실을 이해하는 사람이 몇 명이나 되는가? 업무에 시달리고 방해요소에 중독되어 생각을 회피하다 보니 인간은 모든 종족 가운데 가장 심각한 멸종 위기에 처하게 되었다. 그리고 이런 일이 벌어진 이유는 우리가 모든 생명 체계가 소유한 본질적인 자유, 즉 선택을 활용하지 못하기 때문이다. 모든 생명체는 환경에서 어떤 일이 일어나는지를 알아차리고 어떻게 반응할지를 자유롭게 선택한다. 물론 인간의 사고와 인식 능력은 여전히 가장 뛰어나다. 하지만 인

---

3 조엘 바커의 초기 작품은 1980년대 후반 《패러다임의 비즈니스 The Business of Paradigms》라는 제목으로 책과 동영상이 발행되었다.

간의 어떤 행동에서 이 사실을 확인할 수 있는가? 지금 일어나는 일에 주목하고 경험에서 배우지 못함으로써(선택을 행사하지 못함으로써) 인간은 가장 심각한 멸종 위기에 처한 종족은 물론이고 가장 멍청한 종족으로 낙인찍혔다. (실제로 멍청함과 멸종 위기는 인과관계가 있다.)

내가 '선택'을 내 책 제목에 넣었으며 이 책이 리더에 관한 내 최고 걸작이 된 것은 바로 이 때문이다. 잠시라도 생각할 시간을 가진다면 우리가 지지하는 사람들, 우리가 소중히 여기는 대의명분, 우리가 사랑하는 가족, 우리 삶의 토대인 행성에 어떤 일이 일어나고 있는지를 알아차릴 수밖에 없다. 리더와 시민으로서 우리는 자신이 소유한 능력과 자원을 어떻게 사용하기로 선택하고 있는가? 다음은 이 질문에 답하고자 내가 쓴 산문시이다.

이 세상에 필요한 것

이 세상에 더 많은 기업가는 필요하지 않다.
이 세상에 더 많은 기술 혁신은 필요하지 않다.
이 세상에는 리더가 필요하다.
우리에게는 자신보다 봉사를 더 중요하게 여기는 리더, 위기와 실패에도 흔들리지 않을 수 있는 리더, 현재에 머물러 사람들과 그들이 처한 상황, 그들이 소중히 여기는 대의명분을 변화시키고 싶어 하는 리더가 필요하다.
우리에게는 봉사하는 일에 헌신하는 리더, 인간의 정신을 지배하고 무시하며 유린하려는 조급함 속에서 무엇을 상실하고 있는지를 인식하는 리더가 필요하다.

우리에게는 리더가 필요하다. 시장을 넓히거나 가장 먼저 시장에 진출하거나 킬러 앱(시장에 등장하자마자 다른 경쟁 제품을 몰아내고 시장을 완전히 재편할 정도로 인기를 누리고 투자비용의 수십 배 넘는 수익을 올리는 상품이나 서비스 — 옮긴이)을 개발하는 사람 혹은 사람들이 생기를 잃고 위축될 때까지 공포의 목줄을 끊임없이 조임으로써 권력을 유지하는 사람들이 리더십을 퇴색시켰기 때문이다.

이제 우리에게는 리더가 필요하다. 우리가 효과적으로 입증된 일, 증오, 폭력, 빈곤, 생태계 파괴의 심화를 예방하거나 완화시킬 수 있는 일을 실천하지 못했기 때문이다. 실패의 원인은 아이디어와 기술의 부족이 아니라 의지의 부족이다. 우리에게 필요한 해결책은 이미 존재했다.

이제 때가 너무 늦었다. 이런 세계적인 문제들을 세계적으로 해결할 수 없다. 우리는 이 문제를 명확히 볼 수 있다. 그것의 원인을 이해할 수 있다. 우리는 그것을 해결할 수 있었던 해결책의 증거를 가지고 있다. 하지만 문제를 해결하는 과정에서 우리는 하나뿐인 소중한 행성의 주민인 영리하고 창의적인 종족으로서 타협하고 협력하며 끈기를 발휘하기를 거부했다.

이제 세계 리더가 아니라 지역 리더로서 이 일을 실천하는 것은 우리의 몫이다. 우리가 사람들을 이끌어 지역적으로 긍정적인 변화를 일으킴으로써 삶을 더 편안하고 지속가능하게 만들 수 있다. 이 긍정적인 변화가 세계적으로 퇴보하는 이 시점에 가능성을 창조한다.

활용할 수 있는 모든 자원과 우리 곁에 있는 사람들을 동원해 그들이 소중히 여기는 것을 위해 노력하며 우리가 가진 힘과 영향력을 발휘하자.

테디 루스벨트Teddy Roosevelt 전 대통령이 우리에게 요구했듯이 "여러분이 있는 곳에서 여러분이 가진 것으로 여러분이 할 수 있는 일을 하라."

자기성찰 질문

다음은 생각하기에 관한 질문이며 이 질문에 답하려면 생각할 시간이 필요하다. 그뿐 아니라 지난 몇 년 동안 변한 것을 명확히 깨달을 수 있는 현재와 과거의 시각이 필요하다.

1. 개인적인 차원에서 몇 년 전과 비교했을 때 현재 생각하고 반성하는 데 얼마나 많은 시간을 투자하는가?
2. 조직적인 차원에서 몇 년 전과 비교했을 때 동료들과 함께 생각하는 데 얼마나 많은 시간을 투자하는가?
3. 경험에서 얼마나 많이 배우는가?
4. 몇몇 직원과 이야기를 나누고 위의 질문에 답해 달라고 요청하라. 그런 다음 함께 반성할 시간에 관해 이야기할 때 사람들이 슬퍼하거나 그리워하는지에 주목하라.

문을 여는
사람이 되어라

PART 4

1800년대 미국의 위대한 연사이자 수필가, 시인인 랠프 왈도 에머슨Ralph Waldo Emerson은 "문을 여는 사람이 되라"라고 말했다. PART 4에서 우리의 기고 작가들은 에머슨의 이 감명 깊은 문구의 의미를 탐구한다. 자신과 다른 사람을 위해 문을 연다는 것은 무슨 의미인가? 우리가 미래에 대한 긍정적인 공통 비전을 향해 함께 걸어갈 길을 열어주는 문 말이다.

마이클 번게이 스태니어Michael Bungay Stanier는 위대한 리더십의 문을 위한 열쇠로서 코칭 이론과 실제의 '우아한 단순함'을 분석한다. 개리 리지Gary Ridge는 오스트레일리아 시드니 교외에서 보낸 어린 시절부터 비즈니스의 진정한 본질과 목적에 관해 배운 점을 전한다. 그리고 이를 이용해 '변혁' 리더십을 개발하고 현대 조직 문화에서 '부족의 단결tribal unity'을 창조할 방법을 소개한다. 톰 콜디츠 준장은 대학생들이 더 안정적인 경력을 쌓을 때까지 기다리기보다는 전문적인 수준으로 리더십을 개발해야 한다고 강력히 주장한다. 또 '제4차 산업혁명'의 도전에 적합한 젊은 리더 집단을 창조한 결과로 얻을 수 있는 보상을 확인한다. 파월 모틸Pawel Motyl은 '전문 안과 의사'인 마셜 골드스미스와의 만남을 계기로 조국인 폴란드에서 주요 비즈니스 전문 잡지사의 CEO로 재직하던 자신을 돌아보고 자신의 성과를 재평가하게 된 사연을 자세히 소개한다. 그뿐 아니라 피터 드러커의 통찰력을 바탕으로 자신의 진정한 자아상에 맞춰 경력의 진로를 조정한 경위를 설명한다. 앨릭스 오스터발더Alex Osterwalder는 정원 같은 기업 문화와 이 기업 문화를 조성하고 관리할 방법을 묘사한다. 리더와 팀원들이 현재 문화를 평가하고 새로운 문화를 창조할 방법으로서 컬처 맵Culture Map 테크닉을 소개한다. 리즈 와이즈먼은 과거에 실시했던 리더십 유형 연구를 확장해 '우발적 축소자'에 관해 설명한다. 우발적 축소자란, 추종자들을 의도치 않게, 자신도 모르는 사이에 축소시키는 사람을 일컫는다. 그녀는 단순히 '좋은' 리더를 넘어 '위대한' 리더로 발전할 수 있는 테크닉과 더불어 여러분의 리더십과 관행에 나타나는 경향을 확인하고 이를 극복하기 위한 몇 가지 세밀한 전략을 개설한다.

제22장

코칭의 우아함과
단순함

마이클 번게이 스태니어

. . .

마이클 번게이 스태니어는 바쁜 관리자들에게 10분 코칭을 가르치는 박스오브크레용-Box of Crayons의 설립자이다. 발표 즉시 줄곧 최고의 코칭 서적 자리를 지키는 〈월스트리트저널〉 베스트셀러 《코칭 습관 The Coaching Habit》의 작가이다. 로즈 장학생(영국 옥스퍼드대학교에서 공부하는 미국, 독일, 영연방 공화국 출신 학생들에게 수여하는 로즈 장학금을 받는 학생 — 옮긴이)이며 마셜 골드스미스 100대 코치의 일원이다. 오스트레일리아 출신이며, 현재 캐나다 토론토Toronto에 거주한다.

. . .

나는 복잡성의 앞면에 있는 단순함에는 눈길도 주지 않을 테지만 복잡성의 뒷면에 있는 단순함에는 내 일생을 바칠 것이다.

– 올리버 웬들 홈스 주니어Oliver Wendell Holmes, Jr.

훌륭한 도구와 모형에는 우아한 단순함이 있다. 이런 도구와 모형을 접하면 사람들은 다음과 같이 역설적인 반응을 동시에 보인다. "이런 건 지금껏 한 번도 본 적이 없습니다." "물론 이래야 마땅하죠." 주기율표와 다윈의 자연도태 이론이 이런 현상을 보여주는 좋은 사례라 할 것이다. 리더십 세계에서는 마셜 골드스미스의 피드포워드Feedforward 프로세스[1]와 피터 드러커의 '다섯 가지 질문'[2]을 예로 들 수 있다.

내 목표는 코칭을 모든 관리자의 실용적인 도구로 만드는 일이며, 그래서 나는 이 훈련에서 복잡함의 이면에 숨은 단순함을 찾고 있다.

하지만 복잡한 면이 무척 많다. 많은 사람이 코칭은 혼란스럽고, 복잡하고, 은밀하고, HR 유형과 캘리포니아 출신 사람들이어야만 익힐 수 있는 약간 '닭살이 돋는' 프로세스라고 인식한다. 코칭은 짜증스러운 일인 것이다. 코칭을 필수적인 리더십 기술이라고 평가하는 신경과학과 대규모 리더십 연구의 증거가 갈수록 증가하지만 관리자와 리더의 코칭 기술이 향상되는 속도는 사실상 더디다.

그러나 상황을 바꿀 수 있다. 나는 실제로 코칭의 기본적인 우아함과 단순함을 목격했다. 대개 결단과 함께 훌륭한 질문 몇 개만 있으면

---

1 마셜 골드스미스, "피드백 대신 피드포워드를 시도하라", 〈리더투리더〉, 2002년 6월.
2 피터 F. 드러커, 《여러분의 조직에 관한 다섯 가지 중요한 질문 The Five Most Important Questions You Will Ever Ask About Your Organization》(샌프란시스코: 조시-베이스, 2008).

여러분의 모든 부하직원과 고객이 유능한 코치가 될 수 있다.

처음부터 시작하라

코칭의 정의부터 시작해보자. 코칭을 한마디로 정의할 수는 없다. 수년 동안 다양한 정의가 등장해 확산되었다. 이런 정의들은 모두 비슷하면서도 약간 다르며 그래서 혼란을 일으킨다.

내가 고르디우스의 매듭(복잡한 매듭처럼 풀기 힘들지만, 허점을 찾아내거나 발상을 전환함으로써 쉽게 풀 수 있는 문제를 비유하는 말—옮긴이)을 자르도록 하겠다. 코칭 주기는 단순하다. 훌륭한 질문이 새로운 통찰력을 창조한다. 통찰력이 행동과 행위의 변화를 야기한다. 행동이 변화하면 영향력이 커진다. 이 영향력에서 얻은 교훈은 다시금 새로운 통찰력으로 이어진다. 이 선순환이 반복된다.

이것이 코칭의 원리이다. 코칭을 완성하는 행동은 훨씬 더 간단하다. '조금 더 오랫동안 호기심을 품어라. 조금 더 천천히 행동하고 조언하라.' 사실 간단하지만 실천하기는 어렵다.

다음은 이 이론을 실천할 수 있는 네 가지 단순한 전략이다. 모든 관리자와 리더가 리더십 게임을 그만두고 다른 사람과 협력하는 방식을 개선할 때 이 전략들이 도움이 될 수 있다.

1. 코칭이 아니라 '코치 비슷하게'

《'어떻게'의 답변은 '예'이다 The Answer to How Is Yes》[3]와 《무결점 컨설

팅 Flawless Consulting》[4]을 발표한 유명 작가 피터 블록Peter Block은 "코칭은 일이 아니라 서로 함께 있는 방식"이라고 말했다. 이 말의 힘은 코칭을 모든 사람이 할 수 있는 일로 만든다는 점에 있다. 코칭은 소수를 위한 것이 아니라 모든 사람을 위한 것이다.

하지만 사람들은 '코칭'이라는 말을 들으면 거창하게 생각한다. 어떤 사람은 간간이 도에 넘치는 감정과 섬세함을 표현하는 경향을 보이며 인생 코칭의 확산에 관해 생각한다. 경영 코칭에 참여해본 어떤 사람은 호화로운 사무실에서 오가는 활력이 넘치는 대화가 경영 코칭의 핵심이라고 여긴다. 그런가 하면 스포츠 코칭, ADHD(attention deficit hyperactive disorder, 주의력 결핍 및 과잉 행동 장애―옮긴이) 코칭, 십 대 코칭 혹은 중년 코칭 등등에 참여하는 사람도 있을 것이다. 이유가 무엇이든 간에 너무나 많은 사람이 '이 코치라는 존재가 되는 일은 나와는 상관없다'고 생각한다.

관점을 바꾸면 모든 것이 달라진다. 코치가 되는 것이 아니라 그저 '코치 비슷하게' 되는 것이 목표라고 표현해보자. 그러면 거창함이 사라진다. 정체성 변화가 아니라 행동 변화가 필요한 것이다. 부담이나 기대를 더하는 것이 아니라 현재 여러분이 하는 행동을 바꾸는 방법에 지나지 않는다. 그렇다면 '코치 비슷하게' 된다는 것은 무슨 뜻인가? 앞

---

3 피터 블록, 《'어떻게'에 대한 답변은 '예'이다: 중요한 것에 따라 행동하기 The Answer to How Is Yes: Acting on What Matters》 (오클랜드, CA: 베렛 2001).
4 피터 블록, 《무결점 컨설팅: 전문지식 활용 가이드 Flawless Consulting: A Guide to Getting Your Expertise Used》 (뉴저지주, 호보켄Hoboken, NJ: 파이퍼Pfeiffer, 2011).

서 말했듯이 그저 조금 더 오랫동안 호기심을 품고 조금 더 천천히 행동하고 조언하는 것이다.

2. 가짜 질문이 아니라 진짜 질문

우리는 대부분 질문이 코칭의 수단임을 안다. 클레이튼 크리스텐슨은 "훌륭한 질문이 없으면 훌륭한 답변이 갈 곳이 없다"라고 말했다.[5] 최고의 코칭은 답변하는 사람조차 놀랄 만큼 훌륭한 답변을 대개 매우 근사하게 이끌어낸다.

독자들 중에 열린 질문과 닫힌 질문의 차이를 이미 들어본 사람이 있을 것이다. '예' '아니요'라는 답변을 받는 것이 목적인 닫힌 질문은 교차 검토를 실시하는 모든 변호사의 무기이다. 반면 열린 질문은 답변하는 사람으로 하여금 좀 더 노력해서 세부적인 내용을 제시하게 만든다. 전통적인 코칭에서는 닫힌 질문을 무시하는 경향이 있다. 여러분은 열린 질문을 더 자주 이용하고 싶겠으나 사실 모든 점을 감안하면 두 가지 질문 유형이 모두 매우 쓸모가 있을 것이다.

하지만 내가 말하는 가짜 질문은 이와는 다르다.

가짜 질문이란 이를테면 이런 질문이다. "…을 생각한 적이 있나요?" "…을 고려했습니까?" "…을 시도해봤나요?" 심지어 "…은 어떻습니까?"도 가짜 질문이다.

이것들은 물음표가 달린 의문문으로 제시하는 조언일 뿐 사실상 질

---

5 워런 버거Warren Berger, 《더 아름다운 질문 A More Beautiful Question》 (뉴욕: 블룸스버리 USA Bloomsbury USA, 2014).

문이라 할 수 없다.

조금 더 오랫동안 호기심을 품고 조금 더 천천히 행동하고 조언하는 것이 목표임을 기억하라. 사실 우리는 대부분 조언하는 기계나 다름없다. 우리는 평생 동안 답변을 제시하도록 교육을 받고 그에 따른 칭찬과 보상을 받았다. 이것이 여러분의 가치 부가 방식이다. 심지어 문제가 무엇인지 모를 때조차 여러분은 십중팔구 어떻게든 해결책을 제시할 것이다.

조언을 제공하는 방식을 좀 더 영리하게 생각해서 자신의 개념을 질문처럼 보이도록 포장하는 법을 배운 사람들이 있다. 하지만 이제 자신을 속이는 짓은 그만두고 진짜 질문을 하는 연습을 시작하자(잠시 후에 세상에서 가장 훌륭한 코칭 질문을 알려줄 것이다).

3. 가짜 경청이 아니라 진짜 경청

어떤 종류든 간에 코칭 교육을 받은 경험이 있는 사람이라면 아마 적극적 경청이라는 개념을 접했을 것이다. 사실 교육이 끝나면 이 개념만 유일하게 기억하는 사람이 많다. 고개를 많이 끄덕여라. 격려한다는 의미로 작은 소리를 내라. 관심이 있다는 표정을 보여라.

창피하게도 우리는 대부분 FAL(Fake Active Listening, 가짜 적극적 경청)로 옮겨간다. 물론 끄덕임, '아하' 소리 내기, 눈 맞추기 등 추임새는 훤히 알고 있다. 하지만 고객에게 진심으로 귀를 기울이고 있는가? 장담하기 어렵다. 머릿속에 맴도는 것은 그들의 말이 아니라 여러분의 말이다. '얼마나 오랫동안 계속 말할 참이지?' 다음에 무슨 질문을 해야 하

나?' '어떻게 말을 중단시키고 내 생각을 말할 수 있을까?' '오늘 아침 출근할 때 가스레인지를 껐나?'

현재에 집중하고 상대방이 실제로 말하는 내용을 듣기란 결코 쉽지 않지만, 할 수만 있다면 그 효과는 대단하다. 상대방의 말을 끊거나 본인의 요점을 전하거나 상대방에게 무엇을 하라고 말함으로써 가치를 부가할 필요성을 느끼지 않고 경청하는 태도의 효과 역시 대단하다.

4. 세상에서 가장 훌륭한 코칭 질문

앞서 가짜 질문이 아닌 진짜 질문을 해야 한다는 사실을 살펴보았다. 이제 이런 궁금증이 일 것이다. "마이클, 다 좋아요. 그런데 대체 무엇이 훌륭한 코칭 질문인가요?"

훌륭한 코칭 질문은 많다. 가장 현명한 방법은 우선 여러분의 마음에 드는 질문을 수집하는 것이다. 이를테면 누군가 "여기에서 당신에게 힘든 일은 무엇인가요?"라고 질문했는데 그것이 천천히 행동하며 문제의 핵심을 더 깊이 파악하는 데 효과적이라는 사실을 깨달았다고 하자. 그러면 적어라. 아니면 다른 코치가 "당신이 원하는 건 뭔가요?"라고 질문했는데 그 질문이 대화의 속도를 늦추고 솔직하게 자신의 나약함을 인정해 통찰력을 얻는 순간을 유도했다면, 이 테크닉을 기록했다가 직접 시험하라.

하지만 모두를 지배하는 한 가지 질문, 즉 세상에서 가장 효과적인 코칭 질문이 있다. 그것은 단 세 단어로 구성된다. 그야말로 경이로운 질문이다.

바로 이것이다. "다른 건 없나요?"

이 질문의 마법은 무엇일까? 이 질문에는 두 가지 마법이 담겨 있다. 우선 누군가 여러분에게 처음 제시하는 답변은 결코 그들의 유일한 답변이 아니며 최고의 답변인 경우도 드물다. "다른 건 없나요?"라고 질문하면 상대방은 멈추지 않고 자기 머릿속에 있는 모든 것을 캐낸다. 그들에게는 여러분에게 못다 한 말이 있다. 이 질문이 그 말을 할 수 있는 기회를 제공한다.

다음으로 이 질문은 자기 관리 도구가 된다. 다시금 요점을 전하자면 우리는 조금 더 오랫동안 호기심을 품고 조금 더 천천히 행동하고 조언하고자 노력하고 있다. 하지만 사람들은 대부분 이런 형태의 자제에는 그다지 능숙하지 않다. "다른 건 없나요?"라고 질문하면 하고 싶은 말을 참을 수 있다. 여러분이 상대방에게 기를 쓰고 전하고 싶은 열정적인 답변, 다시 말해 소중한 지혜, 주옥같은 말을 건네는 대신 잠깐만 멈추어라. 대신 "다른 건 없나요?"라고 질문하라.

코칭은 단순하고 우아하다.

원한다면 코치가 되기 위해 수개월을 투자하고 수천 번씩 훈련을 받을 수도 있다. 그러면 틀림없이 몇몇 효과적이고 유용한 도구를 얻을 것이다. 하지만 그럴 필요가 없다. '코치와 더 비슷해지기' 위해 필요한 모든 것은 이 페이지의 바로 이 부분에 있다.

- 조언하고픈 마음을 참아라.
- 계속 호기심을 품고 진짜 질문을 하라.

- "다른 건 없나요?"라고 질문하라.
- 답변을 경청하라.

이것을 모두 실천하라. 그러면 여러분의 리더십이 완전히 바뀔 것이다.

✍️ **자기성찰 질문**

1. 여러분이 생각하는 코칭의 정의는 무엇인가?
2. 진짜 코칭과 '코치와 비슷한' 활동의 차이는 무엇인가?
3. 일상생활에서 여러분이 보였던 가짜 경청과 진짜 경청의 몇 가지 사례를 들어보라. 여러분의 경청 방식을 어떻게 바꾸면 언제나 더 진심에서 우러나서 현재에 충실할 수 있을까? 이로써 일과 삶에서 얻을 수 있는 혜택은 무엇일까?

제23장

—— ● ——

소속의 선물

개리 리지

개리 리지는 WD-40 컴퍼니WD-40 Company의 CEO이다. 1987년 이회사에 합류한 그는 다양한 리더 직책을 거쳐 1997년 CEO로 임명되었다. 샌디에이고대학교University of San Diego 객원교수로서 리더십 개발, 인재 관리, 승계 계획을 가르친다. 그는 장기적으로 볼 때 WD-40 컴퍼니에서 일할 때 가장 중요한 요소는 가치관이라고 믿는다. 2009년 《사람들이 일에서 성공하도록 돕기: '내 논문을 채점하지 말고 A를 받도록 도와 달라'는 이름의 기업 철학 Helping People Win at Work: A Business Philosophy Called "Don't Mark My Paper, Help Me Get an A"》을 켄 블랜차드Ken Blanchard와 공동으로 집필했다. 시드니 토박이인 리지는 현대 소매 및 도매 유통 과정을 이수하고 샌디에이고대학교 경영리더십과학 석사 학위를 취득했다.

■ ■ ■

(진정으로 고무적이고 변혁적인) 리더십을 실천하려면 사업의 가장 중요한 역할이 사람들에게 봉사하는 것임을 이해하는 지혜가 필요하다. 이때 봉사란 임무를 수행하고 일상적인 문제를 해결하려는 사람들에게 필요한 것을 제공하는 일, 그들의 고충을 덜어주는 일, 그들이 최고의 모습을 발휘하도록 역량을 증진시킬 필수 도구와 희망을 선사하는 일, 심지어 그들의 외로움과 고독을 어루만지는 일을 의미한다. 공식적으로 리더로 임명받으려면 수십 년 동안 열심히 경력을 쌓아야 하겠지만 지혜를 얻는 일은 삶의 어느 시점에서든지 시작할 수 있다. 내 경우에는 1960년대 서부 시드니 근교의 파이브 독Five Dock 주민이었던 필 부인과 녹스 씨가 있다. 나는 두 분 덕분에 사업의 진정한 목표, 즉 소속과 관계에서 사람들을 발전시키는 일에 눈을 떴다.

그때 난 그저 꼬맹이였을 뿐이지만 이 두 친절하고 다정한 어른이 내게 훌륭한 교훈을 주었다. 필 부인은 혼자 사는 나이 많은 환자였고 나는 열두 살짜리 신문 배달원이었다. 나는 매일 신문을 돌리다가 부인의 집에 멈추어 다정하게 한두 마디 말을 주고받았다. 매주 금요일 부인은 내가 가장 좋아하는 사탕 봉지를 들고 문간에서 나를 맞이하곤 했다. 우리나라에서는 사탕을 롤리라고 부른다. 당연히 나는 사탕을 좋아할 만큼 어린 나이였지만 매주 받는 이 선물의 진정한 의미를 이해할 만큼은 철이 들었다. 부인이 내게 사탕을 주려면 엄청난 노력이 필요했다. 아마존이 등장하지 않았던 시절이었다. 나는 우리가 매주 치르던

이 의식에서 누군가를 진심으로 배려하고 관심을 가지는 행동이 어떤 힘을 발휘하는지 깨달았다. 부인은 내 행동에 대한 보답으로 누군가에게 관심과 사랑을 받는다는 느낌을 내게 선물했다. 우리의 관계에서 평범한 신문구독은 새로운 차원의 진정한 인간관계로 승화했다.

좀 더 자랐을 때 나는 녹스 씨의 철물점에서 잡일을 맡아 하기 시작했다. 일을 시작한 지 몇 달 남짓 지났을 무렵 녹스 씨는 전화를 받고 부친이 갑작스럽게 세상을 떠났다는 비보를 들었다. 밖으로 달려 나가던 녹스 씨는 매장 열쇠를 집어 들고 나를 향해 던지면서 이렇게 말했다. "옛다. 내가 없는 동안 가게를 맡아주렴. 언제 돌아올지 모르겠구나." 길어야 일주일이었던 것 같다. 하도 옛날 일이라 기억이 잘 나지 않는다. 하지만 이것만은 기억한다. 나에 대한 녹스 씨의 믿음이 내게 녹스 씨와 그의 매장을 위해 더 열심히 일하고 싶은 마음을 불러일으켰다. 그가 도움이 절실히 필요한 시기에 망설이지 않고 나를 믿어주었기 때문에 나는 자존감과 내 일에 대한 자부심을 얻었고, 그래서 더욱 헌신적으로 일했다. 가게를 멋지게 관리해서 녹스 씨가 돌아올 무렵에 훨씬 더 나은 상태로 만들겠다고 결심했다.

이것은 평범한 오스트레일리아 소년이 경험한 소박한 이야기 두 편이다. 내가 마침내 세계에서 가장 크게 인정받고 사랑받는 브랜드로 손꼽히는 WD-40 컴퍼니의 CEO가 된 지금까지 이 이야기가 잊히지 않는 이유는 무엇일까? 나는 이 두 사람에게 세상에 잠시 머물다 가는 우리의 여정에서 우리의 일이 중요한 부분이라는 사실을 배웠다. 우리는 일에서 의미와 소속감, 환대와 정체성을 발견한다. 내 또래의 다른 남자아이들은 운동을 하면서 자신의 정체성을 발견했지만 솔직히 나는 어린 시절의 내 일에서 자신을 발견하고 있었다. 그렇다고 일을 많이 한 것은 아니다. 그러나 나는 내 인생에서 매우 소중한 교훈을 일에서 얻었다. 나는 내가 거래하는 사람들에게 관심을 가졌기 때문에 그들에게 존중받았고, 그래서 소속감을 느꼈다. 내가 세상에서 한자리를 차지할 수 있었던 것은 이 모든 것 때문이었다.

요컨대 나는 가족이 아닌 사람들에게 내가 필요한 존재라는 사실이 얼마나 기분 좋은 일인지 깨달았고 그것이 그들에게 한층 더 소중한 존재가 되라는 영감을 불어넣었다.

나는 이 원칙을 지금까지 간직하고 있다(아무리 어른이 되어도 누구나 존중받아야 마땅하다). 그리고 나는 WD-40 컴퍼니에서 내 팀(내 부족)에 이 선물을 선사하는 일에 헌신한다.

이쯤이면 여러분은 이렇게 생각할지 모른다. '아, 이제 무슨 이야기를 하려는지 알겠군요. 직원 참여 이야기가 나오겠죠? 그렇죠?' 이는 합리적인 예측일 것이다. 우리는 수십 년 동안 직장과 정서적 유대를 맺은 직원과 업무 성과의 관계를 지속적으로 입증했다. 이 사실을 주장하는 데 능숙해질수록, 특히 (직장 참여 조사를 실시함으로써) 이를 수치로 증명하는 데 능숙해질수록 우리는 더욱 신이 나서 이 사실을 언급한다.

하지만 오늘 나는 여러분과 함께 직원과 기업 관계의 이면에 관해 생각할 기회를 얻고자 한다. 정서적으로 건강한 직장은 자존감과 목적, 그리고 흔히 어느 정도 정서적 치유의 길로 구성원을 인도한다. 이 길이 업무 성과 개선으로도 이어질까? 당연히 그렇다. 이런 관계가 존재하기 때문에 CEO들이 나누는 대화에 직원 참여가 점점 자연스럽고 확실한 주제로 등장한다. 하지만 지금은 이 주제를 잠시 접어두고 우리 주변에 항상 존재하지만 가장 입에 올리지 않는 문제, 그래서 눈에 띄지 않는 문제를 살펴보자. 그것은 바로 개인의 회복과 치유, 성장의 혜택을 추구하는 직장이 구성원에게 선사하는 선물이다. 이런 직장은 그저 매일 업무 수행이라는 사명을 수행하는 과정에서 자사의 부족과 거듭 합류한다. 이것이 소속의 선물이다.

왜 소속이 중요한가? 왜 지금 중요한가?

이런 소속의 토대에서 개인과 그의 가족, 그의 일, 그가 관계를 맺는 기업에 모든 좋은 일이 일어나기 시작한다. 이는 좋은 감정, 말하자면 긍정성을 가능케 하는 플랫폼이다. 심리학자이자 교수, 노스캐롤라이나대학교University of North Carolina 긍정적인 정서 및 정신심리학 연구소 Positive Emotions and Psychophysiology Lab, PEPLab 최고 연구원인 바버라 프레더릭슨Barbara Fredrickson에 따르면 좋은 감정이 신뢰와 협력, 건강 증진, 회복력, 초점, 유대감, 심지어 혁신을 촉진시킨다.

그녀는 캘리포니아대학교 버클리캠퍼스UC Berkeley 산하 대의과학센터Greater Good Science Center에서 열린 프레젠테이션에서 다음과 같이 말했다. "긍정적인 정서가 우리 머리와 가슴의 경계, 환경에 대한 우리의 관점을 변화시킨다. 아울러 사람들이 살펴보는 영역을 넓힌다. 더 많은 가능성을 본다. 사람들은 다음에 할 일에 대해 더 많은 아이디어를 제시한다."[1]

그녀는 30년 넘게 연구를 계속한 끝에 긍정적인 정서가 아이디어를 떠올리고 혁신하는 개인(그 결과 고용주)의 능력과 관련이 있다는 결론을 내렸다. 그녀는 이 현상을 '확장과 수립 broaden and build'이라고 표현했는데 이는 현재 행동심리학자, 조직심리학자, 정서탐구이론 전문 컨설턴트들이 거의 보편적으로 수용하는 개념이다.[2]

하지만 기업 공동체 내부와 공식적인 직원 참여 관련 대화의 영역 밖에서 긍정적인 정서의 필요성에 대한 이해는 아직까지 다소 미흡한 수준이다. 에이브러햄 매슬로Abraham Maslow의 욕구 단계를 생각하면 소속은 기본적인 생존 욕구가 충족된 이후 중간 단계에서 나타나는 첫째 긍정적인 정서이다. 소속의 다음 단계는 존중과 자아실현이다. 이 세 감정 영역에서 개인은 정서적으로 풍요로운 상태이며 궁극적으로 혁신과 공헌을 창조하는 긍정적인 사고방식을 활용한다. 이는 모든 기업이 미래의 가망 고객을 유치할 수 있는 새로운 아이디어와 발견을 이끌어 낼 수 있는 영역이다. 따라서 기업이 직원들의 소속감에 생명을 불어넣기 위해(말하자면 부족 문화를 창조하려고) 노력한다면 특히 매슬로의 가장 낮은 단계(생리와 안전/안정)에서 직원들의 욕구를 충족시키는 것만으로도 충분하다고 여기는 경쟁업체와 차별화될 수 있다.

---

1 https://greatergood.berkeley.edu/video/item/positive_emotions_open_our_mind.
2 바버라 I. 프레더릭슨, "챕터 1: 긍정적인 정서가 확장되고 수립된다 Chapter 1: Positive Emotions Broaden and Build", 〈실험사회심리학의 발전 Advances in Experimental Social Psychology〉 47호 (매사추세츠주 케임브리지: 아카데믹프레스Academic Press 2013년 5월 14일, 2013).

직장은 스스로 지적 능력을 자극하고 도전을 제기하는 직원들에게 체계, 평온, 위로, 보상이 따르는 창의성과 편안함을 제공하는 유일한 원천이 될 수 있다. 아울러 직원들이 자신의 가장 멋진 모습을 발견하고 삶의 다른 영역을 항해할 기술을 연마하며 세상 속에서 자신의 위치를 발견하는 장소가 될 수 있다.

현대인의 삶을 잠시 멈추어 생각해보면 이런저런 이유로 평가절하를 당하고 고립된 외부인이 된 듯이 느낄 만한 온갖 일들이 주변에 산재해 있다. 이방인들에게 공동의 장을 제공하는 단순하고 일상적인 친절한 행동이 빠른 속도로 사라지고 있다. 사람들이 툭하면 서로의 말을 가로막는다. 정치적인 이견 때문에 친구와 가족이 소원해진다. 시류에 뒤처지지 않으려는 노력이 우리의 뇌를 부정적인 생각과 절망으로 가득 채워 삶의 다른 영역에서까지 우리를 무력화시킨다. 개인은 3~5년마다 직장을 옮겨 다니면서 영원한 외부인과 신참으로 남는다. 현대인은 폐쇄된 가정에서 이혼과 중독 같은 파괴적인 가정의 역기능으로 고통받고 있다. 그러니 개인이 고립과 외로움이라는 유독한 짐을 짊어진 채 매일 출근해 자존감을 무너뜨리는 현상이 새삼스러울 것이 있겠는가?

하버드 경영대학원 리더십과 경영학과 노바르티스 교수Novartis Professor 에이미 C. 에드먼드슨Amy C. Edmondson[3]이 가정하듯이 직장은 직

---

3 에이미 C. 에드먼드슨, "학습 위험 관리하기: 업무 팀의 심리적 안정 Managing the Risk of Learning: Psychological Safety in Work Teams", 《조직 팀워크와 협력 작업에 관한 국제 핸드북 International Handbook of Organizational Teamwork and Cooperative Working》 (뉴저지주, 호보켄: 존 와일리 앤드 선스John Wiley & Sons, 2003).

원들에게 (그들의 인생에서 유일할 뿐만 아니라 매우 소중하고 가치 있는) 부족을 제공함으로써 심리적인 안정을 선사한다. 에드먼드슨이 실시한 연구에서 (직원들이 편안하게 모험하며 수치, 당황, 분리 등 고립을 초래하는 부정적인 피드백을 두려워하지 않고 새로운 것을 배울 수 있는) 심리적인 안정성이 높은 업무 팀은 혁신을 주도하고 개개인이 성과 기준을 충족시킬 가능성이 높은 것으로 나타났다.

'소속'부터 시작해서 직원들의 정서적 건강을 지지하는 문화를 조성한다면 그들이 매슬로 단계의 더 높은 영역에서 생활하고 일함에 따라 이처럼 여러 가지 혜택이 따른다. 그렇다면 이를 마다할 이유가 있겠는가?

진정한 소속감이 WD-40 컴퍼니의 혁신에 불을 붙인다

여느 현대인과 마찬가지로 나는 낯선 땅에서 이방인이 된 듯이 느꼈던 나만의 스토리가 있다. WD-40 컴퍼니에서 근무를 시작하고 7년째 되던 해에 나는 오스트레일리아에서 미국으로 전근을 갔다. 그 무렵 나는 이미 이 회사에서 승진을 거듭하며 여러 아시아 국가에서 일한 경험이 있었다. 비록 내게는 영어가 제1 언어였지만 나는 미국에 적응하지 못해 애를 먹었다. 미국의 방식과 관습은 예상 밖으로 우리나라와 무척 달랐다.

1997년 CEO가 될 무렵 나는 미국이 편안했다. 하지만 우리 회사의 운명을 고민할 때 내 머릿속에 가장 먼저 떠오른 것은 여전히 소속이라는 개념이었다. 당시 WD-40은 성공한 대기업이었다. 하지만 우리 회사의 문화는 아무리 좋게 표현해도 전통적이고 보수적이며 권위적이고 다소 편협했다.

'위대한' 기업이 된 것만으로는 부족했다. 우리는 세계 무대에서 WD-40을 훨씬 더 좋은 회사로 만들고 싶었다(훗날 우리 회사는 176개국 사람들의 삶에 영향을 미친다). 뚜껑이 빨간색이고 파란색과 노란색이 섞인, 우리의 상징적인 캔을 세계에 알리려면 제품에 새롭게 초점을 맞추는 것은 물론이고 자신(그리고 다른 직원)을 새롭고 폭넓게 볼 수 있는 방식을 전 직원에게 제공해야 했다. 한 공동체로서 우리의 시각과 가능성, 사고의 폭을 넓혀야 했다. 모든 사람이 현재 수행하는 일에서 맡은 개별적인 역할보다 더 큰 무언가의 일원으로서 자신을 인식해야 했다. 아울러 공식적인 직무 기술서의 영역에서 벗어나면 벽에 부딪힐 것이라며 두려워하지 않고 편안하게 참신한 아이디어를 제시할 수 있어야 했다.

그 시절 기업들은 유행에 따라 자사의 간부들을 팀이라고 불렀다. 하지만 그것은 내가 WD-40 컴퍼니에서 창조하려고 노력한 것과는 달랐다. 팀이라는 말을 들을 때면 나는 자연스럽게 내 고향 오스트레일리아의 거칠고 공격적이며 투지가 넘치는 럭비를 떠올렸다. 두려움을 모르는 성과 문화를 조성하려면 더 적절한 은유를 찾아야 했다.

부족tribe이 모든 면에서 적합했다. 이 용어는 수단과 방법을 가리지 않는 승패가 아니라 상호 지지와 협력적 환경에서 이바지하는 성과를 강조한다. 전사, 스승, 양육자, 학습자, 정찰병, 사냥꾼 등 토착 부족에서 떠올릴 수 있는 모든 역할을 수행하는 사람이 기업 공동체에도 존재한다. 기업 구조 내부에서 이 모든 역할을 찾을 수 있다.

이에 못지않게 중요한 점은 부족 또한 내게 소속이라는 개념을 떠올렸다는 사실이다. 부족 철학을 토대로 발전하는 문화에서 직원을 해고하는 것은 (우리는 이를 '우리의 경쟁자와 직원을 공유하는 것'이라고 표현한다) 그야말로 극단적인 상황에서만 선택하는 마지막 수단이다. 부족이 구성원을 추방하는 것에 못지않게 부자연스러운 일인 것이다.

집단의 진정한 소속인임을 깨닫고 심리적인 안정을 느낀 직원은 부족의 사명에 정서적인 에너지를 투자할 수 있다.

부족 문화를 조성하는 네 가지 열쇠

토착 부족과 비교할 때 기업의 한 가지 장점은 부족 문화를 의도적으로 조성할 수 있다는 점이다. 대개 완전히 인위적으로 조성할 수 있다. 기업의 의도를 구체적으로 밝힐 기회가 있으니 우리가 부족이라고 부르는 경험의 특성을 구성할 틀이 필요하다.

1. 목적: 부족 문화가 조성되는 초기의 목적은 상당히 단순했다. 바로 생존과 구성원 확산이었다. 부족 활동은 그리 복잡하지 않고 기본적이었으며 부족 구성원을 확산하는 문제에서는 선택권이 그리 많지 않았다. 누군가 한 부족에서 태어나면 그는 이웃 부족에게 생포되어 노예가 되지 않는 한 그 부족에 계속 머물렀다. 구성원 자격을 갱신할 필요가 없었다. 시간은 돈이라기보다는 확실히 칼로리였다. 활동을 낭비하는 것은 바람직하지 않았다. 선택의 폭은 기껏해야 '이 물웅덩이나 저

물웅덩이?' 정도였다.

하지만 현대 부족 구성원은 '이 사람들과 함께 있을 때 드는 느낌이 좋은가? 아니면 저곳을 둘러봐야 할까?'를 반드시 생각해야 한다. 기업 부족의 구성원을 비롯해 개인은 매슬로 욕구 단계의 높은 수준을 충족시키는 경험을 갈망한다. 어디에든 선택권이 있다. 부족 내에서 맡은 역할이 마음에 들지 않으면 다른 역할로 옮길 계획을 세울 수 있다. 부족이나 부족의 존재 이유가 마음에 들지 않으면 언제든지 부족을 바꾸기로 선택할 수 있다.

오늘날의 부족 리더(기업 경영인)는 구성원을 보유하고자 더 정진해야 한다. 헌신적인 직원을 유치하고 보유하며 공통의 목적에 함께 초점을 맞출 수 있는 결정적인 도구는 기업의 '목적'이다. 매일 직원들을 다시금 유치할 만한 초점을 찾는 일은 부족 리더에게 책임이 있다. 가장 적절하고, 감동적이고, 희망적이고, 활력이 넘치는 초점이어야 한다.

'목적'은 기업 내부의 모든 대화에 긍정적인 초점을 제공한다. 그것은 여러분과 직장의 모든 경험이 연결되는 고리이다. 내가 WD-40 컴퍼니에서 승진할 때 이 회사의 초점은 세계의 소음과 냄새를 제거하는 일이었다. 우리 회사가 더 성장하거나 변화하려는 열망이 없었다면 이 목적만으로도 충분했을 것이다. 하지만 우리는 더 많은 것을 원했다. 그래서 다음과 같은 목적을 제시했다.

우리는 우리가 수행하는 모든 일에서 긍정적이고 지속적인 추억을 창조하고자 존재한다. 문제를 해결한다. 일을 순조롭게 진행시킨다. 기회를 창조한다.

이 단순한 한 가지 목적 덕분에 우리는 캔에 넣을 물체보다 더 중요한 존재가 된다. 캔에 넣을 물체는 누구나 만들 수 있다. 우리의 핵심은 긍정적이고 지속적인 추억이다. 여전히 스프레이 캔과 원인 모를 소음(이 회사에서 판매하는 제품이 윤활유와 녹 방지제이기 때문에 소음과 관련이 있다 ─옮긴이)이 우리의 핵심이라는 점은 변함이 없을지 모른다. 하지만 어떤 아이디어가 제시되면 우리는 이렇게 묻는다. "이것이 어떻게 긍정적이고 지속적인 추억을 창조하겠는가?" 그리고 인간의 모든 경험으로 범위를 넓힌다. "어떻게 고객의 삶을 향상시킬 것인가? 기업 부족 환경에서 어떻게 서로의 삶을 향상시킬 것인가?"

훌륭하게 작성한 목적은 세계에서 우리가 위치할 장소를 알린다. 그것은 우리가 원하는 공통의 결과라는 동일한 목적지에 초점을 맞출 수 있는 훌륭한 도구이다.

아울러 헌신적인 부족 구성원을 유치하고 보유할 수 있는 가장 효과적인 도구이기도 하다. 우리는 서로에게 이렇게 말할 수 있다. "당신은 우리에 못지않게 우리의 목적에 열정적이니까 우리의 구성원입니다."

2. 가치관: 사람들은 흔히 가치관을 행복한 표정이 그려진 포장지로 감싼 '금지사항'이라고 생각한다. 하지만 WD-40 컴퍼니는 직원들이 자유를 표현하고 본인이 가장 바람직하다고 생각하는 바를 실행할 프레임워크를 제공하는 것이 가치관이라고 생각한다. 우리의 가치관은

개인과 회사의 안전을 위해 제공되는 울타리 안에서 사람들을 자유롭게 만드는 것을 목적으로 삼는다.

훌륭하게 설계하고 철저하게 전달한 가치관은 또한 세계적인 기업에서 에스페란토(Esperanto, 폴란드의 안과 의사 자멘호프가 1887년에 창안한 국제 보조어—옮긴이)와 같은 역할을 수행한다. 세계의 모든 문화가 수용하는 공통의 이해를 바탕으로 기업의 모든 지사를 통합하는 언어인 것이다. 이를테면 상하이의 한 WD-40 컴퍼니 직원이 볼로냐Bologna 지사에 방문한다고 하자. 이방인들은 공통의 장을 발견하기까지 서로 마찰을 일으키며 시간과 에너지를 낭비하게 마련이다. 이때 훌륭하게 설계하고 철저하게 전달한 우리의 가치관이 이런 마찰을 미연에 방지한다.

우리는 시간을 투자해 우리의 여섯 가지 가치의 의미를 완벽하게 설명했고 이 덕분에 우리의 부족 구성원은 이 가치들을 생생하게 느낀다.

1. 우리는 옳은 일을 실천하는 것을 소중하게 여긴다.
2. 우리는 우리의 모든 관계에서 긍정적이고 지속적인 추억을 소중하게 여긴다.
3. 우리는 오늘보다 나아지는 것을 소중하게 여긴다.
4. 우리는 개인으로서 탁월해지는 한편, 부족으로서 성공하는 것을 소중하게 여긴다.
5. 우리는 가치를 보유하고 있으며 이에 따라 열정적으로 움직이는 것을 소중하게 여긴다.
6. 우리는 WD-40 컴퍼니의 경제를 유지하는 일을 소중히 여긴다.

여섯 가지 가치 가운데 4번 가치는 모든 사람에게 개개인이 지지를 받고 있다는 느낌과 소속감을 전달하겠다는 우리의 결단을 대변한다.

우리는 개인으로서 탁월해지는 한편, 부족으로서 성공하는 것을 소중하게 여긴다.

우리는 집단의 성공이 우선이라는 사실을 인정한다. 우리 조직은 지사가 많은 세계적인 기업이며 우리의 부족 구성원은 넓은 지역에 퍼져 있다. 하지만 우리가 수행하는 모든 일은 회사 전체의 성공을 위한 것이다. 개인이 팀이나 부족을 희생시키거나 독자적으로 성공할 수 없다고 믿는다. 하지만 개인의 탁월성은 조직이 성공할 수 있는 수단이며, 탁월성은 전체에 대한 남다른 공헌으로 정의된다.

3. 혁신 친화적인 문화: 바버라 프레더릭슨의 '확장과 수립' 개념을 생각하라. 긍정적인 시각으로 움직이는 개인의 정신적인 틀은 개인의 역량을 확장한다. 그러면 더 큰 그림을 보고 새로운 아이디어와 창의적인 해결책을 제시할 수 있다. 이와 마찬가지로 긍정성은 현재 어떤 도전에 직면해 있든 상관없이 회복력과 전반적인 행복감을 증진시킨다. 그러면 직원들이 아이디어를 제시하고 동료 부족 구성원을 면밀히 조사할 만큼 모험심이 커진다.

바보처럼 보이기를 원하는 사람은 없다. 누구나 특히 직장에서는 멋진 모습을 보이고 능력을 발휘하고 싶어 한다. 목격자가 지켜보는 가운데 실수를 저지르면 어느 때보다 더 빨리 외부인이 된 것처럼 느낀다. 우선 당황스럽다. 실수를 저지르는 것을 다른 사람들보다 속도가 뒤처진다는 증거라고 생각한다. 이 같은 과도한 자기의식으로 말미암아 새로운 프로세스를 도입하거나 새로운 아이디어를 제시하거나 개선해야 할 기존 관행에 이의를 제기할 의지가 꺾인다. 자신의 업무를 외부인의 신선한 시각으로 바라볼 수 있을 때 정서적으로나 지적인 면에서 새로운 아이디어를 제시할 태세를 갖출 수 있다.

이때 에이미 에드먼슨이 이야기하는 심리적인 안정이 필요하다. WD-40 컴퍼니의 CEO로서 나의 한 가지 도전은 설령 크게 실패할지도 모르는 새로운 아이디어를 제시해도 안전하다고 느낄 수 있는 환경을 조성하는 일이었다. 나는 '나는 모른다'는 말을 편안하게 마음껏 씀으로써 분위기를 조성했다.

아울러 나를 필두로 배움의 순간이라는 개념을 수립했다. 이 개념의 출발점은 새로운 무언가를 시도하고 실패하는 일에 자연스럽게 수반되는 두려움을 줄이고 싶다는 바람이었다. 사람들은 공개적으로 망신을 당할지 모른다는 두려움 때문에 창의력을 마음껏 발휘하지 못한다. 다른 사람들이 보는 앞에서 실패하면 경력에 해롭기 때문이다. 다른 회사에서는 그럴 것이다. 하지만 WD-40 컴퍼니에서 실패는 모든 사람이 경험에서 배우는 탐구적인 대화의 소재가 된다. 배움의 순간은 실패가 아니라 경험에서 얻는 교훈에 관한 대화이다. 똑같은 실수를 직접 저지를 필요 없이 모든 사람이 혜택을 얻는다.

4. 공동체: 위대한 전설, 창조설, 토템, 상징, 은밀한 악수, 아이콘이 없다면 부족은 아무런 의미가 없다. 특히 긍정적이고 지속적인 추억은 시간이 흐르면서 전 세계 사람을 통합하는 풍부한 지식을 형성한다. 그런 공동체의 지표는 내부자에게 누가 동료 부족 구성원인지 알려줄 뿐만 아니라 여러분이 누구이며 무엇을 표방하는지를 세계에 널리 알린다. 아울러 외부인(이들을 보조 구성원이라고 부르자)에게는 열정, 내부자에게는 구성원이라는 자부심을 불러일으킨다.

이 장을 쓰기 전 주말에 나는 기업 간부들의 소모임에 초대받아 콜로라도주 아스펜Aspen, Colorado 외곽의 한 방목장을 방문했다. 이 특별한 소小부족에 초대를 받았다는 것만으로도 충분히 설레었다. 그런데 GE의 한 간부가 내가 WD-40의 CEO라는 사실을 알고는 흥분을 감추지 못했다. 그녀는 내게 같이 사진을 찍자고 부탁하면서 "우리 시아버지께서 그 회사 물건을 대단히 좋아하세요"라고 말했다. 회사로 돌아온 나는 당연히 그녀의 시아버지에게 WD-40의 야구모자와 WD-40의 서명이 담긴 캔을 보냈다. 이보다 더 좋은 선물이 있겠는가?

결론

기업 부족에서 부족 리더의 역할을 간과하지 말자. 끊임없이 배우며 우리의 부족 구성원, 특히 차세대 젊은이의 스승이 되는 것이 우리의 역할이다. 물론 항상 쉽지만은 않지만 이는 부족의 생존에 반드시 필요한 역할이다. 내 조국의 토착민 부족 리더들은 수천 년 동안 젊은

이에게 부메랑을 던지는 방법을 가르치는 임무를 맡았다. 이 무기를 제대로 던지면 주인에게 돌아온다. 부메랑을 효과적으로 던지면 동물을 맞혔고, 이는 부족이 먹을 양식이 되었다. 만일 표적을 맞히지 못했을 때 처벌을 받고 수치를 당하며 기피 인물이 된다면 과연 젊은 토착민이 이 새로운 기술을 배우려 하겠는가?

천만의 말이다. 부족 리더는 반복해서 가르치되, 격려해야 한다. 그러면 결국 젊은이가 성장해서 다음 세대를 가르칠 것이다.

부족 사회와 마찬가지로 기업의 부족 리더는 조직 구성원을 돌보아야 할 책임이 있다. 직원들은 일과가 끝나면 하루 동안 일어난 일을 집으로 가져간다. 그러니 다른 사람들을 진심으로 배려해야 한다. 직원들을 지지하고, 교육시키고, 수용하고, 격려하는 기업 환경을 창조해야 한다. 직원들이 직장에서 일상적으로 경험하는 일은 그들의 정서적인 건강의 토대를 이룬다. 직원들은 이 토대에서 그들이 근본적으로 속해 있는 핵심 부족에게 긍정성의 중요성을 일깨울 힘을 얻는다.

1. 과거에 사업과 업무 관계에 대한 여러분의 개념에 지대한 영향을 미친 사람이 있는가?

2. 직장에서 부족 구성원이라고 느끼는가? 여러분의 조직에 한 조직이나 여러 조직이 존재하는가? 그들의 목표와 가치관은 무엇인가?

3. 여러분이 생각하기에 조직에 아직 부족 문화가 존재하지 않는다면 어떻게 부족 문화를 창조할 수 있을까? 그러면 어떤 혜택을 얻을 수 있을까?

제24장

차세대 리더 개발

두어연구소에서 얻은 리더십 교훈[1]

톰 콜디츠

톰 콜디츠는 라이스대학교Rice University 산하 앤 앤드 존 두어 차세대 리더 연구소Ann & John Doerr Institute for New Leaders의 창립 전무이사이다. 두어 연구소는 세계에서 가장 포괄적인 대학 리더 개발 프로그램을 운용한다. 콜디츠는 예일 경영대학원School of Management의 핵심 리더 개발 프로그램을 설계하고 웨스트포인트West Point의 행동과학 및 리더십 학과장으로 근무했으며 웨스트포인트 리더십센터West Point Leadership Center의 창립 이사였다. 현재 미국심리학협회American Psychological Association의 특별회원이며 경영아카데미Academy of Management 회원이다. 리더투리더 연구소

---

1 이 장은 작가가 2017년 10월 25일 워런 베니스 리더십 우수상 수락 연설에서 부분적으로 발췌한 내용이다. 그는 캘리포니아주 팜데저트Palm Desert에서 열린 세계 리더십 개발 연구소 연례회의에서 이 상을 받았다.

에서는 그녀를 소트 리더로, 리더십 엑설런스Leadership Excellence에서는 최고 리더 개발 전문가로 선정했다. 2017년 워런 베니스 리더십 우수 상Warren Bennis Award for Excellence in Leadership을 받았다. 밴더빌트대학Vanderbilt University 학사 학위, 석사 학위 세 개, 미주리대학교University of Missouri 심리학 박사 학위를 보유하고 있다.

■ ■ ■

내 목적은 리더를 개발하는 일이다. 나는 미국 대학 최대의 리더십 개발 프로그램(텍사스주 휴스턴의 라이스대학교 앤 앤드 존 두어 차세대 리더 연구소Ann and John Doerr Institute for New Leaders)을 지휘한다. 두어연구소는 (리더십 연구소와 프로그램이 전통적으로 취약하고 영향력이 미흡하며 높이 평가받지 못하는) 대학에 전문가 수준의 리더십 개발 전략을 소개함으로써 세상을 바꾸고 있다. 나는 창밖을 바라볼 때 다른 사람에게는 보이지 않는 것을 본다. 그것은 삶과 경력을 이제 막 시작한 젊은 리더들에게 전문적인 양질의 개발 프로그램을 제공하는 리더 개발의 미래이다. 경영 코칭과 잠재력이 높은 직원들을 위한 특별 프로그램이 지배적인 이 분야에서는 다소 역방향적인 접근방식이다. 역방향적이든 아니든 상관없이 나는 각자의 분야에서 리더십을 발전시키려고 노력하는 모든 분야의 리더와 이 견해를 공

* 작가는 이 장에 리뷰와 글을 기고한 라이언 브라운Ryan Brown 박사와 루스 라이트마이어Ruth Reitmeier에게 고마움을 전한다.

유하고 싶다.

우리가 직면한 도전

(짐 콜린스의) 요지는 가장 성공적인 리더가 되려면 자신보다 회사의 이익을 우선해야 한다고 말하는 것처럼 보이는데 나는 의외였다. 지적 능력보다 준비와 의지를 강조한 점 또한 의외였다…나는 성공적인 리더를 타협과 우정을 용납하지 않는 가차 없는 사람이라고 생각하는 경향이 있다.

– 프리코칭 학생 리더 개발 계획, 라이스대학교

이 글에서 현재 새롭게 부상하는 세계 노동인구의 리더십 개발 분야에서 우리가 직면하고 있는 도전을 확인할 수 있다. 대다수 젊은이에게 리더십은 어떤 역할로 승진했을 때 맡는 임무이다. 사람들은 리더십을 조직의 임무라기보다는 이권과 특권을 가진 자아중심적인 지위라고 이해한다. 리더십에는 주변 사람들에게 명령할 수 있는 특권과 권위가 수반된다. 정계와 재계에서 몇몇 최악의 리더십 역할모델이 뉴스에 등장해 주목을 받는다. 이들은 청렴결백, 책임감, 의무감, 충성심, 신뢰성, 다른 사람에 대한 존중, 윤리의식 같은 중요한 리더의 자질이 부족하지만 대단한 권력과 영향력을 휘두른다. 리더십 개발 연구를 시작하려면 우선 리더십은 계층구조나 업무와 관련된 것이며 밀레니엄 세대의 포부와는 거리가 멀다는 지배적인 개념을 극복해야 한다.

전통적인 리더 개발 프로그램은 다년간 경력을 쌓은 리더에게 선택적으로 투자한다. 일반적으로 산업계는 잠재력이 큰 직원으로 확인된 사람들을 발전시키는 일에만 리더십 개발 자원을 집중적으로 투자하는 전략을 채택한다. 이 역설적인 관행을 보면서 나는 왜 잠재력이 적은 사람들을 고용하는 HR 직원들을 색출해 해고하고 이로써 절감한 비용을 조직의 다른 모든 사람을 위한 폭넓은 리더 개발에 사용하지 않는지가 궁금할 따름이다. 잠재력이 큰 사람들에게만 리더 개발 프로그램을 집중적으로 실시한다면 리더에 대한 구태의연하고 잘못된 고정관념, 즉 리더는 엘리트라는 고정관념이 더욱 강해질 것이다.

피츠버그대학교University of Pittsburgh 산하의 진보적인 학생 리더십과 시민 참여 헤셀바인 글로벌 아카데미Hesselbein Global Academy for Student Leadership and Civic Engagement의 설립자 프랜시스 헤셀바인은 대신 리더란 임명된 어떤 역할의 속성이 아니라 존재방식이라는 설득력 있는 주장을 되풀이했다. 다시 말해 대개 조직과 조직 구성원에게 봉사하는 일에 초점을 맞춘 품성의 요소이다. 이와 마찬가지로 하버드 편집자 스콧 스누크Scott Snook, 니틴 노리아Nitin Nohria, 라케시 쿠라나Rakesh Khurana는《리더십 교육 핸드북 The Handbook for Teaching Leadership》[2]에서 '존재하라, 알아라, 행동하라 Be, Know, Do'는 과거의 육군 교리를 인용해 이 책의 부제를 "알기, 행동하기, 존재하기"로 정했다.

하지만 현재의 리더 개발 관행은 일반적으로 경영자 단계에 도달한 사람들, 즉 잠재력이 큰 소수의 사람들(맡은 직책 때문에 리더라는 이름을 얻은 엘

2　S. 스누크, N. 노리아, R. 쿠라나,《리더십 교육 핸드북: 알기, 행동하기, 그리고 존재하기》 (캘리 포니아주, 사우전드오크스Thousand Oaks, CA: 세이지Sage, 2012).

리트)을 겨냥한 것이다. 이는 따라잡기 게임이다. 코칭이 고위 경영자 단계에서 발전한 것은 그것이 사람들을 리더로 개발하는 이상적인 방식이어서가 아니었다. 그것은 잠재력이 가장 큰 직원들에게 기회를 나누어준다는 기업의 방침과 최고 리더가 결국 자신뿐만 아니라 다른 사람들에게 할애하는 교육의 비용과 자원을 책임진다는 현실 때문이었다. 이런 상황은 사회의 전반적인 리더의 질에 걸림돌로 작용한다. 그런 반면에 대학에서 학생들의 리더십 역량을 향상시킴으로써 세계에 영향을 미칠 수 있는 변혁적인 기회를 제공한다.

리더십 개발의 시간적 가치[3]

대학생을 대상으로 하는 리더 개발은 지속적인 리더십 역량 면에서 가장 큰 보상을 얻을 잠재력을 지니고 있다. 당대 최고의 과학이 이 사실을 뒷받침한다. 대학 연령대인 사람들은 더 높은 연령의 성인에 비해 사회지능, 정서지능, 기억력, 처리 속도[4]의 가소성이 더 높다. 그 결과 이들은 학습 속도가 빠르다. 이처럼 외국어나 악기, 야구를 어릴 때 배우는 것이 가장 효과적이라면 리더가 되는 법을 배우는 일을 성인기의 후반까지 미룰 필요가 있겠는가? 빅 파이브Big Five 성격 특성[5] 가운데

---

3 리더십 개발의 시간적 가치란 두어 방법론의 핵심 요소로, 시간이 흐른 후에 효과를 통합할 목적으로 초기에 리더를 개발하는 것을 의미한다.
4 A. 수벨렛A. Soubelet과 T.A. 솔트하우스T.A. Salthouse, "성인기의 성격–인지 관계 Personality-Cognition Relations Across Adulthood", 〈발달심리학 Developmental Psychology〉 47호(2011): 303~310페이지.

개방성/상상력은 대학 연령에서 가장 크게 증가했다가 뒤이은 성인기에는 변화가 없거나 약간 감소한다.[6] 통계적으로 볼 때 이 특성은 더 높은 수준의 리더십과 상관관계가 있다.

이와 마찬가지로 (단호함, 독립성, 사회적 자신감과 관련이 있는) 외향성의 사회적 권위 측면 또한 18~22세에 가장 높았다가 40세가 넘어서면 크게 증가하지 않는다. 마지막으로 정체성 형성에 관한 이론과 연구에서도 대학 연령이 리더십 교육에 특히 전략적인 시기가 될 수 있다고 나타났다. 이 기간 동안 (적어도 서구 국가에서는) 정체성이 가장 많이 형성되며 청소년기에 형성되는 정체성도 이에 미치지 못한다.[7, 8]

두어연구소는 이 결론을 입증하고자 오클라호마대학교University of Oklahoma의 개발심리학 교수 라라 마이외Lara Mayeux에게 자문을 구했다. 그녀는 다음과 같이 말했다. "요즘 사람들은 대학이 일부 교육을 위한 최적기라고 입을 모읍니다. 정체성의 핵심 요소들이 대부분 변화하는 발달 시기이기 때문이죠."

---

5 P.T. 코스타 주니어P.T. Costa, Jr.와 R.R. 매크레이R.R. McCrae, 《NEO 성격 목록 매뉴얼 The NEO Personality Inventory Manual》(플로리다주, 오데사Odessa, FL: 심리평가 자원Psychological Assessment Resources, 1985).

6 B.W. 로버츠B.W. Roberts, K.E 월튼K.E. Walton, W. 빅트바우어W. Viechtbauer, "성인기의 성격 특성 변화: 코스타와 맥크레이에게 보내는 답변 Personality Traits Change in Adulthood: Reply to Costa and McCrae", 〈심리학 게시판 Psychological Bulletin〉 132호(2006): 29~32페이지.

7 J. 아넷J. Arnett, "새롭게 부상하는 성인기: 10대 말부터 20대까지의 발달이론 Emerging Adulthood: A Theory of Development from the Late Teens Through the Twenties", 〈미국 심리학자 American Psychologist〉 55호(2000): 469~480페이지.

8 T.A. 콜디츠, "리더십의 목적이 리더십의 성과를 결정한다 Why You Lead Determines How Well You Lead", 〈하버드비즈니스리뷰〉, 2014년 7월 22일, http://blogs.hbr.org/2014/07/why-youlead-determines-how-well-you-lead/.

리더 개발은 또한 학습의 통합과 동화로 말미암아 시간적 가치가 있다. 가장 간단한 예로 두 가지 리더십 능력인 의사소통능력과 의사결정능력을 키우는 사람을 보자. 각 능력은 개별적으로도 가치가 있다. 하지만 시간이 흘러 의사소통능력이 향상될 경우 의사결정과 관련된 대화의 질이 높아져 의사결정의 결과가 향상될 것이다. 이제 한 젊은이의 발달 여정에서 향상된 모든 능력에 이 원칙을 확대해보라. 그러면 이 젊은이는 리더로서 급성장할 것이다. 리더 개발은 시간이 경과하면서 가치가 증가한다.

미래의 리더십 배우기

4차 산업혁명의 복잡하고 변혁적이며 분산적인 성격으로 말미암아 변화를 위한 공통의 비전을 수립하고…상호 책임과 협력을 기반으로 광범위한 혁신과 조치에 힘을 싣는 새로운 유형의 리더십이 요구된다.
— 클라우스 슈워브Klaus Schwab, 니콜라스 데이비스Nicholas Davis, 토머스 필벡Thomas Philbeck[9]

만일 더 젊은 리더를 개발하는 것이 합리적이라면 이들이 미래에 성공을 거두는 데 가장 중요할 만한 리더십 기술을 구상해야 할 것이

---

9 T.A. 콜디츠, T. 카사스T. Casas, I. 클렛I. Klett, J. 스트랙하우스J. Strackhouse, "당신은 제4차 산업혁명의 리더인가?" 세계경제포럼, 2017 새로운 챔피언 연례회의:4차 산업혁명의 포괄적 성장 성취하기, 38~40페이지, http://www3.weforum.org/docs/AMNC17/WEF_AMNC17_Report.pdf.

다. 2017년 세계경제포럼wEF에서는 '4차 산업혁명'으로 일어나는 기술 변화를 상세히 설명하고 중점적으로 다뤘다. WEF의 2017 새로운 챔피언 연례회의Annual Meeting of New Champions 회의록[10]에 따르면 향후 10~20년 동안 사회와 경제 분야에서 일어날 강력한 트렌드에 적응하기 위해 차세대 리더가 익혀야 할 여러 가지 능력에 변화가 일어난다.

■ 수평적이고 비계층적인 팀에서 일할 수 있는 능력. 형식적인 권위가 배제된 영향력이 팀 성과를 좌우한다. 이는 4차 산업혁명에서 일어나는 가장 중요한 리더십의 변화가 될 것이다. 모든 팀원이 영향력을 발휘하거나 그렇지 않으면 불필요한 존재로 전락할 것이다.

■ 다양한 역할을 수행하는 전문적인 리더 팀의 융통성. 리더 팀이 이사회를 책임질 것이다. 고독한 영웅 같은 CEO 리더에게는 미래가 없다.

■ 여러 조직으로 구성된 분산적인 직장의 효율성. 4차 산업혁명의 리더와 그의 팀은 외딴 교외에 고립된 오피스파크(보통 대도시 교외에 있는 사무실 건물로 공원, 주차장, 오락시설, 음식점 등이 갖추어져 있다 – 옮긴이)에 위치한 단일 기업으로 운영되지 않을 것이다. 대신 점점 분산되는 4차 산업혁명 리더십 구조에 걸맞게 수많은 비영구적 위치의 공유된 공간에서 업무를 수행할 것이다.

■ 추종자 네트워크로서 팀 구성하기. 4차 산업혁명의 리더는 일련

10 앞 주석 내용과 동일.

의 리더의 특성이나 기술을 실천하는 것만으로는 부족하다. 공식적인 팀이나 조직을 넘어 확장된 가상의 환경에서 다른 사람들에게 나타나는 리더의 특성이나 기술을 효과적으로 인식하고 관리하며 개발할 수 있어야 한다.

■ 실용주의 윤리. 리더는 특히 디지털과 정보 관련 수단으로 이루어지는 행동에서 속임수와 부정행위, 위법행위를 식별해야 할 것이다. 비윤리적인 행동을 실망스러울 정도로 용인하는 세상에서 자신의 조직을 보호해야 한다. 탄탄한 개인 윤리를 갖추는 것만으로는 부족하다. 차세대 리더는 다른 사람들이 올바른 일을 하는 데 헌신하지 않을 수 있다는 점을 확실하게 인식해야 한다.

■ 진실성. 4차 산업혁명에서 기술, 속도, 소셜 미디어로 말미암아 프라이버시가 줄어들고 개인생활과 직업생활의 분리나 구분이 거의 없을 것이다. 다른 사람의 신뢰를 얻고 싶은 리더라면 성실하고 일관적인 삶을 살아야 한다.

■ 소심함 인식. 리더는 모호함과 변동성, 모험의 결과에 직면했을 때 노련하게 소심함을 인식하고 억제해야 한다. 이는 용기를 북돋우는 데 그치지 않는다. 소심함은 더욱 일반적이고 전염성이 있는 특성이다. 흔히 단순한 두려움이 아니라 과도한 이기심으로 나타난다.

두어연구소의 방식 : 우리의 반대주의 접근방식

리더십은 권력 행사가 아니라 추종자들이 자신에게 힘이 있다는 인

식을 높일 수 있는 역량으로 정의된다. 리더의 가장 필수적인 임무는
더 많은 리더를 양성하는 일이다.

– 메리 파커 폴릿Mary Parker Follett

두어 차세대 리더 연구소는 처음부터 광범위한 최고 수준의 리더
개발 구조와 일류 대학의 본보기가 되는 것을 목표로 삼았다. 우리 연
구소의 사명은 '재학생들의 리더십 역량을 향상시켜 인간의 모든 활동
에서 리더를 양성하는 다양한 학습 및 발견 공동체를 육성한다'는 라이
스대학교의 사명을 지지하는 일이다. 우리의 지상과제는 인공지능, 빅
데이터, 신속한 컴퓨팅, 세계적인 위협, 급속한 시장 변화 등 기술 변화
가 대대적인 변화를 주도할 세상에서 졸업생들이 리더가 되도록 더욱
철저하게 준비시키는 일이다. 라이스대학교의 연구는 기업 프로그램
설계부터 자기주도적인 리더 개발에 이르기까지 학계 이외의 여러 분
야에서 응용된다. 독자들이 우리의 창밖을 바라보고 우리가 보는 것을
본 다음 자신의 조직뿐만 아니라 개인생활과 직장생활에 새로운 전략
을 적용할 수 있도록 두어연구소의 설계 동기를 다음에 실었다.

1. 누구에게나 리더로서 큰 잠재력이 있다
두어연구소에는 리더 개발을 위한 기회를 놓고 경쟁하는 사람이 없
다. 이렇게 말하면 곧바로 "어떻게 비용을 충당할 수 있느냐?"라는 질
문이 나온다. 사람들이 자발적으로 리더 개발 기회를 선택한다면 언제
나 참가율이 잠재적인 기회보다 훨씬 더 적을 것이므로 비용을 충당할

수 있다. 성장 사고방식이 부족하고 개발에 회의적인 사람이 있다. 어떤 사람은 장기적인 발전에 개인의 시간을 투자하고 싶어 하지 않는다. 그런가 하면 그냥 추종하기를 선호하는 사람도 있다. 인력 자원 부서에서 아무리 역량을 운운한다 하더라도 이런 사람들은 리더 개발 프로세스에 자원을 소비하지 않을 것이며 이들 가운데 잠재력이 큰 사람도 없다. 사람들에게 자발적으로 리더 개발 기회를 선택하도록 허용하고 선택한 사람들을 조직의 리더로 성장시켜라. 하지만 일반적으로 이런 방법 대신 리더가 되고 싶은 의지나 능력과는 무관하게 업무 능력이 뛰어난 사람들을 승진시킨 다음 코치나 다른 리더 개발자들에게 부족한 부분을 채우는 방법, 즉 따라잡기 게임을 택한다.

2. 한 번에 한 사람씩 리더를 개발하라

조직의 리더십 개발 프로그램이라고 말하면 사람들은 흔히 집단방법, 계단식 교실, 사내대학을 떠올린다. 두어연구소에서는 매우 다양한 유형의 차세대 리더, 즉 라이스대학교에서 저마다 독특한 7개 학교의 학생 6200명을 위한 최고의 접근방식을 개발해야 했다. 교실 사용 문제에서는 확실히 규모의 경제를 고려해야 했지만 우리는 한 번에 한 사람과 협력하는 반직관적인 접근방식을 택했다. 학생들에게 리더십 강좌를 듣도록 강요하지 않는다. 대신 강좌를 신청한 모든 학생에게 전문 리더십 코칭을 제공한다. 개인을 코칭하는 방식이 행동 변화와 정체성 형성에서 정량화할 수 있는 결과를 얻는 데 훨씬 더 효과적이다. 일대일 세션 일정을 작성하는 것이 업무 흐름과 학생들의 일정에 적합하다.

우리는 학생들이 이미 참여해 열정적으로 임하는 활동에서 그들을 코치한다. 오락적인 가치를 가미해 학생들의 입맛에 맞추며 인위적인 행사나 경험을 만들지 않는다. 효과적인 리더 개발은 노력이다.

3. 결과물을 엄격하게 평가하라

리더십의 결과가 무형적이거나 정량화하기가 불가능하다는 말 따위는 잊어라. 우리 연구소에는 독자적인 공식 평가 팀을 두고 있다. 노련한 연구 심리학자가 이 팀을 지휘하며 결과를 평가하는 임무만 수행한다. 교육 담당자가 결과물을 평가하지 않는다. 그것은 투수에게 볼과 스트라이크의 결정권을 맡기는 일이나 다름없다. 엄격한 평가를 조직과 개발 작업의 기준으로 삼아라. 정량화할 수 있는 결과물을 생산하지 않는 일에 자원을 낭비하지 마라. 최근 들어 유행하지만 일시적인 감동 이외에 정량화할 수 있는 결과를 생산하지 않는 리더십 개발 활동들이 있다. 리더십 전문 강연, 장애물 훈련, 리더 요가, 훈련소 따위에서 정량화할 수 있는 결과물을 얻는 경우는 드물다. 이것이 사람들이 결과물을 평가하기가 어렵다고 생각하는 한 가지 이유이다. 그들은 결과물을 생산하지 않는 행사를 평가하려고 애쓴다. 리더 놀이leader-tainment에 시간과 자원을 허비하지 마라.

4. 단일 인구집단 접근방식에 건전한 회의주의를 품어라

우리는 내향적인 리더, 엔지니어 리더, 여성 리더 등 리더라는 용어를 한 가지 수식어로 표현하는 방식을 경계해야 한다. 물론 단일 인구

집단 특성과 연결된 리더의 자질과 리더십 도전을 따로 분리해서 서로 관련지을 수 있다. 그뿐 아니라 해당 인구집단을 만족시키는 프로그램을 수립하고 마케팅을 실시할 수 있다. 하지만 주의해야 할 점이 있다. 어떤 사람이 실제로 리더의 역할을 맡는다면 단일 인구집단의 한 특성을 분리할 수 없다. 인종, 성별, 성 정체성, 사회경제적 위치, 출신 국가와 문화, 개인의 이력이 모두 끊임없이 상호작용한다. 특히 문화적 다양성이 복잡한 세계적인 기업이나 대학의 환경에서는 그런 상호작용이 일어난다. 흥미롭게도 우리가 실시한 평가에서 여학생, 외국인 학생 등 대표가 부족한 집단이 일대일 코칭에 참가하는 비율이 전체 학생 집단에 비해 약간 더 높으며, 주류 집단보다 목표를 성취하는 비율이 더 높은 것으로 나타났다. 우리가 맞춤 접근방식을 택하기 때문에 리더로서 발전과 경험에 인구집단 특성이 중요한 경우 이 특성의 모든 면을 고려할 수 있다. 우리는 인구집단 수식어를 붙임으로써 리더의 성과를 폄하하지 않는다.

5. 리더 개발을 다른 고상한 목표로 대신하지 마라

리더 개발(개인의 리더십 역량이나 능력을 증진시키는 일)**과 교육 개발**(리더에게 기업 문화나 정치를 교육시키는 일), 혹은 **경력 개발**(네트워크 멘토링과 인턴십, 혹은 업계에서 개인을 발전시키는 다른 형태)**을** 구별해야 한다. 여러 기업 프로그램을 꼼꼼하게 살펴보면 대개 리더 개발이라는 이름으로 진행하는 활동은 이를테면 직무 중심 인턴십, 성공한 업계 자원봉사자들의 멘토링, 그 밖의 경력 형성 이니셔티브 같은 경력 개발 활동이다. 개인적인 경험을 돌아보

라. 이름은 리더 개발이었지만 내용은 주로 조직 훈련이나 경력 개발이었던 프로그램이 얼마나 많았는가?

미래에 투자하기

대학에서 실시하는 맞춤형 직접 개발 프로그램은 한 개인의 궤적을 50년 이상 바꿀 수 있다. 젊은 리더를 대상으로 초기에 교육을 실시하면 리더 자신은 물론이고 평생 함께 근무할 수많은 동료와 직속 부하, 조직에 이로운 혜택을 얻을 수 있다. 지난 학년도에 코칭을 받은 라이스대학교 학생들의 의견을 생각해보라.

이 코칭 세션을 거치면서 나는 내 의사결정에 영향을 미치는 요인들을 이해할 수 있었다. 자기 인식 능력을 키우고 성장한 결과 성급한 결정을 내리는 대신 전략적이고 목표 지향적인 결정을 내릴 수 있었으며 그 결과 리더로서 내 자신감이 커졌다.

이전에는 리더십이 내게 어떤 의미이며 어떻게 하면 나뿐만 아니라 나와 상호작용하는 사람들에게 리더십을 유익하게 만들 수 있을지를 진지하게 생각할 기회가 없었다. 이제 나는 리더십 경험이 내게 개인적인 혜택뿐만 아니라 무엇보다 내가 속한 공동체에 가장 긍정적인 영향을 미칠 기회를 제공한다는 사실을 깨달았다.

예측하건대 10년 후면 모든 일류 대학에서 리더 개발을 더욱 진지하게 고려할 것이다. 이는 지금도 가능한 일이다. 리더가 되고 싶은 사람만 개발하기, 일대일로 개발하기, 결과물을 철저하게 평가하기, 전인으로 발전시키기, 자원 허비하지 않기, 방해요소에 굴복하지 않기 등 두어연구소의 첨단 개발 프로그램에서 얻은 교훈을 기업과 개인 개발 전략에 실제로 적용할 수 있다. 두어연구소는 우리와 함께 창밖을 바라보고 차세대 리더를 개발하는 우리의 사명에 동참하도록 여러분을 초대한다.

✍️ 자기성찰 질문

1. 리더십 훈련이 언제 가장 효과적이라고 생각하는가? 이유는 무엇인가?

2. 대학에서 리더십 훈련을 받은 적이 있는가? 그때 그것이 얼마나 가치가 있다고 생각했는가? 그 이후로는 어떤 가치가 있다고 생각했는가?

3. 훌륭한 리더의 자질은 무엇이라고 생각하는가? 유능한 리더의 자질은 어떤가? 성공적인 리더의 자질은 어떤가? 이것들은 어떻게 다른가?

4. 연구 결과 리더의 자질 가운데 30퍼센트는 타고날 수 있지만 리더 역량의 약 70퍼센트는 배울 수 있는 것으로 나타났다. 그렇다면 리더십 학습의 속도를 높일 수 있는 최선의 방법은 무엇이라고 생각하는가?

제25장

—— • ——

세계에서 가장 위대한
안과 의사

파월 모틸

파월 모틸은 7년 이상 CEO(ICAN 인스티튜트ICAN Institute—〈하버드비즈니스리

뷰 폴란드 Harvard Business Review Poland〉 출판사와 폴란드 유수의 간부급 교육 회사)로 재

직했을 뿐만 아니라 10년 동안 경영 컨설팅과 간부급 인재 스카우트

분야에서 활동한 것을 포함해 20년 이상 재계에 몸담았다. 그는 의사결

정, 리더십, 개인 효과성, 인재관리 분야에서 유럽 출신 전문가로 손꼽

힌다. 2016년 마셜 골드스미스가 선정하고 지휘하는 100대 코치 집단

에 합류했다.

폴란드에서 열린 〈하버드비즈니스리뷰〉 회의에 연사로 참여한 파

월 모틸은 마셜 골드스미스, 데이브 유리크, 앤드류 맥아피Andrew McAfee,

조지프 바다라코Joseph Badaracco, 닐 래컴Neil Rackham, 하이케 브러크Heike

Bruch 등과 함께 프레젠테이션을 했다. 간부급 워크숍과 훈련 프로그램

의 촉진자이며 간부 교육 프로젝트의 정상급 지도자이다. 컨설팅 솔루션 설계자이자 폴란드 유수 기업 경영진의 자문인 그는 수많은 국제 임무에 참여했다. 그의 책 《미로: 의사결정 기술 Labyrinth: The Art of Decision-Making》은 4주 만에 〈하버드비즈니스리뷰 폴란드〉 선정 베스트셀러 반열에 올랐다. 이 책은 2014 황금부엉이상Golden Owl을 비롯해 권위 있는 상을 여러 차례 받았으며, 곧 영어판이 발행될 예정이다. 이 책에 관한 더 많은 정보는 www.pawelmotyl.com을 참고하라.

■ ■ ■

나는 결코 예측하지 않는다. 그저 창밖을 바라보고 보이지 않지만 볼 수 있는 것을 볼 뿐이다.

– 피터 드러커

2017년 7월 나는 친구 30여 명을 대상으로 간단한 조사를 실시해 피터 드러커의 이 명언에 대한 해석을 요청했다. 응답자들은 모두 '통찰력 있는 리더'라는 범주에 속하는 답변들을 내놓았다. 다른 사람이 보지 못하는 것을 보는 것은 대개 통찰력이 있다는 의미로 해석된다. 따라서 이 명언은 (헨리 포드Henry Ford부터 스티브 잡스와 일론 머스크Elon Musk에 이르기까지) 가장 위대한 기업가와 재계 인사, 발명가와 과학자(니콜라 테슬라 Nicola Tesla, 알버트 아인슈타인Albert Einstein, 스티븐 호킹Stephen Hawking), 영적 지도자와 정계 및 군부 지도자(알렉산더 대왕, 넬슨 만델라, 달라이 라마), 그리고 스웨덴 스키점프 선수 얀 볼코프Jan Boköv처럼 다소 의외의 인물들을 연상시켰다. 볼코프는 1986년 대담하게 오늘날 획기적인 혁신이라고 일컫는 V스타일 스키점프를 도입한 선수이다.

나는 놀라지 않았다. 몇 년 전 처음 이 명언을 접했을 때 나는 마치 〈백투더퓨처 Back to the Future〉의 주인공 마티 맥플라이Marty McFly처럼 기적적으로 1963년의 워싱턴 D.C.로 돌아가서 마틴 루서 킹 주니어Martin Luther King, Jr.를 본 듯한 느낌이었다. 킹 목사는 링컨 메모리얼Lincoln Memorial의 계단에서 자신의 간절한 꿈을 표현했다. 그의 꿈은 머지않아 등장하겠지만 많은 사람의 눈에는 아직 보이지 않는 나라와 사회에 대한 비전이었다.

우리는 언제나 그런 사람들에게 경외심을 느낀다.

이후 몇 년 동안 나는 피터 드러커의 말에 중요한 관점이 한 가지 더 있음을 발견했다. 그것은 통찰력 있는 리더십을 넘어 개인 효과성의 정점이 되는 관점이었다.

내 경험담을 나누어 이 관점을 설명해보겠다.

나는 1975년 공산주의 시대의 폴란드에서 태어나 십 대였던 1989년에 동유럽 전역에서 공산주의가 붕괴하고 자유시장경제가 부상하는 모습을 목격했다. 크라쿠프대학교Cracow University 경제학과를 졸업하고 야기에우워대학교Jagiellonian University에서 석사 학위를 취득한 후 헤이그룹Hay Group 폴란드 지사에 입사했다. 이를 기점으로 나를 하급 자문 단계에서 팀 리더 직책으로 이끈 18년간의 여정이 시작되었다. 나는 중부 유럽과 동부 유럽 지역의 조직 연구와 진단 사업의 책임자를 맡으며 팀 리더가 되었다. 2006년 종합 관리를 더 자세히 배우겠다고 결심하고 CEO나 전무이사 자리를 찾기 시작했다. 2007년 초반에 간단한 채용 과정을 거쳐 〈하버드비즈니스리뷰 폴카(폴란드)〉 출판사인 ICAN 인스티튜트의 CEO에 임명되었다.

나는 세계 최대 경영 잡지의 지사에 소속되었다는 사실이 뿌듯했다. 매우 전문적이고 헌신적인 서른 명으로 구성된 비교적 소규모 팀의 일원이었다. 다음 몇 달 동안 폴란드의 몇몇 경영 잡지에서 인터뷰 요청을 받으며 전국의 소장파 CEO 가운데 한 사람이라는 내 새로운 지위를 만끽했다.

이제 2013년으로 훌쩍 넘어가보자. 우리 회사는 순항하고 있었다. 2008~2009년 세계적인 경제 침체로 이머징마켓이 심각한 타격을 입었는데도 ICAN 인스티튜트는 계속 성장하며 출판과 비출판 사업이 모두 발전했다. 경영 교육 프로그램과 콘퍼런스에서 시장 선두주자가 되었고, 가장 최근에 출범한 경영 컨설팅과 조직 진단 분야가 회사의 성장세에 박차를 가했다. 회사 직원이 200명까지 증가했으며 총수입과 판매수익이 상당했다. 사람들은 내게 계속 축하한다는 말을 건넸다.

그러던 어느 날 내가 '실수'를 저질렀다.

나는 2013년 11월 ICAN 인스티튜트 콘퍼런스의 기조연설자로 마셜 골드스미스를 초청했다.

내가 마셜 골드스미스와 협력한 것은 그때가 처음이었다. 그는 지극히 전문가다운 모습이었을 뿐만 아니라 놀랄 만큼 개방적이고 느긋했다. 우리는 미리 두어 번 스카이프로 통화하며 행사와 표적 청중에 관해 논의했다. 골드스미스가 폴란드에 머무는 이틀 동안 우리는 폴란드의 한 정상급 은행 관리자 100명을 대상으로 워크숍을 함께 진행하고 근사한 저녁 식사를 즐긴 다음 콘퍼런스를 위해 협력했다. 콘퍼런스는 대성공을 거두었고, 골드스미스는 고객만족조사에서 최고점을 받았다. 그것은 ICAN의 행사 가운데 사상 최고의 평가를 받은 행사였다.

그날 저녁 콘퍼런스가 끝나고 참가자들이 떠났을 때 골드스미스가 30분 정도 이야기할 시간이 있느냐고 내게 물었다. 물론 나는 흔쾌히 동의했고 우리는 함께 커피를 마셨다. 골드스미스는 잠시 잡담을 나눈 후에 의외의 질문을 건넸다.

"당신이 훌륭한 CEO라고 생각하십니까?"

나는 잠시 할 말을 잊었다. 그것은 특히 그렇게 성공적인 행사가 끝난 후에 받으리라고는 상상하지 못한 가장 뜻밖의 질문이었기 때문이다.

나는 아주 솔직하게 이렇게 답했다.

"나는 평범한 CEO입니다. CEO는 두 가지 역할을 합친 거지요. 한 가지는 비전과 영감, 사람이 핵심인 리더의 역할이고, 다른 한 가지는 실행과 통제, 명령으로 요약되는 관리자의 역할입니다. 나는 전자에는 훌륭하지만 후자에는 약하니까 평균을 내면 평범한 CEO입니다."

그러자 골드스미스는 다시 질문을 던졌고, 그 질문이 모든 것을 바꿔놓았다.

"그렇다면 당신은 어째서 기껏해야 평범한 수준에 그치는 일을 하면서 직장생활을 하시는 겁니까?"

나는 말문이 막혔다. 골드스미스의 말은 무척 명백했다. 매우 합리적이었다. 한 치도 틀리지 않은 진실이었다. 대단히 강력했다. 허를 찔렀다. 너무 가슴이 아팠다.

나는 CEO 역할이 내 호불호의 혼합체임을 인정해야 했다. 나는 고객과 협력하고, 워크숍을 진행하고, 컨설턴트로 활약하고, 유럽 전역에서 열리는 콘퍼런스에서 연설하고, 글이나 팟캐스트, 웨비나(웹Web과 세미나seminar의 합성어로, 웹 사이트에서 실시간 혹은 녹화로 행해지는 양방향 멀티미디어 프레젠테이션 – 옮긴이)로 노하우를 공유하는 일을 무척 좋아했다. 하지만 운영 업무는 모조리 싫어했기 때문에 이런 유형의 활동으로 일정이 가득한 날이면 의욕이 생기지 않았다.

골드스미스는 흥미롭다는 듯이 눈을 반짝이면서 나를 쳐다보더니 마침내 입을 열었다. "파월, 당신이 특출한 일에 집중하면 어떨까요?"

찰나의 순간에 나는 진리를 깨달았다. 수년 동안 나는 다른 사람의 기대와 내게 특정한 경력 진로를 제시하는 진부한 말의 볼모로 잡혀 있었던 것이다. 모든 경제학과 졸업생의 꿈은 기업의 사다리를 올라 CEO의 자리에 이르고 이후에도 계속해서 같은 사다리를 오르는 것이다.

골드스미스의 질문이 내게 새로운 시각을 열었다. 나는 전문가로서 경력을 쌓는 내내 눈이 먼 채로 다른 사람의 꿈, 한 번도 내 것이었던 적이 없는 꿈을 좇았다. 마음 깊은 곳에서 나는 CEO가 되거나 회사를 경영하는 일을 결코 원하지 않았다. 내가 언제나 진심으로 원했던 것은 세계 최고의 (이따금 반직관적인) 원천에서 사업 관련 지식을 창조하고, 수집하고, 처리하고, 공유함으로써 다른 경영인이 효과성을 높이고 더욱 효과적인 방식으로 기업을 이끌도록 돕는 일이었다. 이것이 말로 표현하지 않은 내 사명이자 목적, 전문가로서 존재 이유였다. 그런데도 나는 다른 사람들이 생각하는 성공을 좇으며 이를 뒷전으로 밀어놓았던 것이다.

콘퍼런스가 끝나고 9개월이 지났을 때 나는 ICAN 인스티튜트의 소유주들과 함께 승계 계획을 준비했고, 2014년 8월 마침내 내 직책에서 사임하고 회사의 CFO를 맡았다.

■　■　■

이제 피터 드러커의 명언으로 돌아가자.

통찰력이 뛰어난 리더가 되는 것은 분명 멋진 일이다. 이 장의 도입부에서 언급한 모든 훌륭한 리더의 배경에는 한 가지 공통분모가 있다. 그것은 자신의 일에 품는 진정한 열정이다. 내가 무척 좋아하는 피터 드러커의 또 다른 명언이 있다.

리더로서 여러분의 첫째 가장 중요한 임무는 자신의 에너지를 책임진 다음 주변 사람들의 에너지를 체계화하도록 돕는 일이다.

한 걸음 뒤로 물러나보자. 지금 본인이 가장 잘하는 일을 하고 있는가? 지금 적절한 장소에 있는가? 본인의 잠재력을 완벽하게 실현하는가? 개발이란 무엇이라고 생각하는가? 현재 본인의 모습과 일에 만족하는가? 그 일에 진정으로 열정을 품고 있는가?

요컨대 창밖을 바라볼 때 우리는 대개 내외부의 수많은 자극으로 말미암아 희미해지거나 왜곡된 그림을 본다. 다른 사람들의 기대와 고정관념, 그리고 우리의 에고가 우리를 자극한다. 그 결과 우리는 진실을 보지 못한다(혹은 보고 싶어 하지 않는다).

마셜 골드스미스에게서 나는 특출한 안과 의사를 만났다. 이 안과 의사는 몇 가지 질문만으로 내 시력을 바로잡았다. 오늘 창밖을 바라볼 때 나는 있는 모습 그대로 대상을 볼 수 있다. 이따금 다른 사람들이 보지 못하는 것도 볼 수 있다.

이것이 피터 드러커의 명언에 대한 내 해석이다.

■ ■ ■

어떻게 목적지에 도착할 것인가? 다음은 자신의 시각을 조정할 때 유용하다고 생각할 만한 몇 가지 질문과 실습이다.

1. 당신은 어디에 있는가?

이 질문은 간단해 보이지만 깊이 생각하면 거의 항상 몇 가지 놀라운 결과를 얻을 것이다.

내가 오색 달력 테스트Five-Color Calendar Test라고 부르는 것부터 시작하자.

최소한 두 시간을 확보하고 마커나 오색 포스트잇 카드를 준비한다. 지난 몇 달 동안의 의제를 인쇄해 벽에 붙인다. 이제 시간을 거슬러 올라가면서 직장에서 매일 일어난 일들을 분석한다. 인쇄된 달력 칸에 다섯 가지 색상으로 표시한다.

1. 초록색은 사업 면에서 성공하고 여러분에게 동기를 부여한 일
2. 빨간색은 성공했지만 기분이 좋거나 의욕을 느끼지 못한 일
3. 주황색은 성공하지 못했지만 활력을 느꼈던 일
4. 노란색은 성공하지 못하고 기분이 좋지 않았던 일
5. 파란색(혹은 다른 색)은 애매한 일

한 걸음 물러서서 바라보라. 결과를 해석하는 방법은 분명하다. 빨간색과 주황색이 많을수록 더 많이 걱정해야 한다.

4주 후에 이 실습을 다시 수행하라. 공책과 펜을 가까운 곳에 두고 직장에서 참여한 행사가 끝날 때마다 생각과 감정을 적는다. 해당 행사를 다섯 가지 색상 가운데 하나로 표시한다.

마지막으로 좋아하는 몇 사람에게 다음과 같은 일련의 간단한 질문을 해 달라고 부탁한다. "당신은 내가 하는 일에 내가 만족한다고 생각하는가?" "내가 내 일을 잘하는가?" "이 일을 계속해야 할까?" 그들이 처음 내놓는 답변에 만족하지 말고 더 깊이 파고들어라. 그런 다음 여러분이 싫어하는 사람에게 같은 질문을 반복한다. 방어적인 태도를 취하지 마라. 그들의 솔직한 대답을 경청하고 고마워하라.

2. 당신은 누구인가?

자신을 더 정확히 이해할 수 있는 심리 테스트와 360도 평가 도구가 많다. 그러나 훨씬 더 간단하지만 똑같이 효과적인 실습을 소개하겠다. 단시간에 비용을 들이지 않고 수행할 수 있는 실습이다.

여러분이 협력하는 조직에는 대부분 구체적인 사명과 비전, 가치관이 틀림없이 있을 것이다. 이것들은 그 회사의 정체성을 반영하며 직원들을 사회적으로 결합시켜 특정한 기업 문화를 창조한다. 아울러 특정한 방식으로 결합해 브랜드의 일부가 된다.

하지만 여러분이라는 브랜드를 생각해본 적이 있는가?

여러분의 개인적 사명은 무엇인가? 비전은 어떤가? 그리 멀지 않은 미래에 어디에 있고 싶은가? 어떤 가치를 추구하며 어떤 가치와 관계를 맺고 싶은가?

나는 수많은 고객과 이 간단한 실습을 수행했다. 그들은 대개 내 질문에 충격을 받았다. 자신이 관리하는 기업의 사명과 비전, 가치관에는 많은 시간을 투자하고 이야기해도 정작 자신에 관해서는 깊이 생각한 적이 없었기 때문이다.

이 실습에 또 다른 요소가 있다. 개인적인 사명과 비전, 가치관을 적고 이 종이를 봉투에 넣어 봉한다. 이제 오랫동안 함께 일한 몇몇 사람에게 여러분이 자신의 사명과 비전, 가치관을 정확하게 평가했는지에 관한 의견을 익명으로 공유해 달라고 부탁한다. 그들의 답변을 읽기 전에는 잊지 말고 마음을 단단히 먹어라.

3. 그곳에는 다른 무엇이 있는가?

오늘 우리가 마주한 최악의 적은 역설적이게도 우리가 거둔 성공이다. 성공은 대개 변화에 대한 개방성과 의지를 축소하거나 제거한다. '지금까지 만사가 순조로웠다면 변화할 이유가 없지 않은가?' 이렇듯 어제의 승리는 흔히 내일의 실패를 위한 발판이 된다.

그러니 탐구하기를 멈추지 마라. 새로운 경험을 갈구하라. 안전지대에서 벗어나도록 자신을 밀어붙여라. 지금껏 해본 적이 없는 일을 시도하라. 자선사업에 참여한 적이 없는가? 다음 달 토요일에 시도하라. 낚시를 가본 적이 없는가? 새벽 낚시 여행에 여러분을 데려갈 사람이 있는지 확인하라. 등산한 적이 없는가? 가장 가까운 산악회를 찾아라. 길 건너에 따분한 부부가 살고 있는가? 그들과 함께 와인을 마셔라.

고정관념과 진부한 행동을 기꺼이 버리기로 마음먹어라. 나는 키르기스스탄Kyrgyzstan의 파미르Pamir 산맥을 올랐던 등반 여행을 결코 잊지 못할 것이다. 그때 한 러시아 사내를 만났는데 그는 훌륭한 등반가였던 것은 물론이고 영어를 매우 유창하게 구사했다. 우리는 함께 등반한 산의 캠프에서 시간을 보내며 꽤 자주 이야기를 나누었다. 그는 러시아에서 미국으로 이주해 일하고 있다고 말했다. 나는 내가 가지고 있던 고정관념에 따라 그가 당연히 동유럽 국가 출신의 육체노동자일 것이라고 짐작했다. 우리는 이야기를 나누며 함께 등반했다. 내가 베이스캠프를 떠나기 전날, 우리는 등반 중에 찍은 사진들을 공유할 목적으로 이메일 주소를 교환했다. 나는 내 눈을 믿을 수가 없었다. 그의 이메일 도메인은 @Princeton.edu였다. 그와 함께 지낸 2주일 동안 나는 줄기차게 일기예보에 관해 이야기하느라 일류 대학교에서 근무하는 훌륭한 응용과학 전문가와 이야기 나눌 기회를 놓쳐버린 것이다.

■ ■ ■

1989년 영화 〈죽은 시인의 사회 Dead Poets' Society〉에 나오는 멋진 장면이 있다. 이 장면에서 영어 선생님 존 키팅John Keating으로 분한 잊지 못할 로빈 윌리엄스Robin Williams는 학생들이 다소 충격을 받은 표정으로 지켜보는 가운데 책상 위에 올라선다. 학생들 가운데 아무도 "왜 내가 여기에 올라섰을까?"라는 그의 질문에 답하지 못한다.

그는 다음과 같이 설명한다.

내가 책상에 올라선 것은 끊임없이 사물을 다른 각도에서 보아야 한다는 사실을 스스로에게 일깨우기 위해서이다. 제군들이 알다시피 이 위에서 보면 세상이 매우 달라 보인다…무언가를 안다는 생각이 든다면 또 다른 각도에서 그것을 보아야 한다. 멍청하고 그릇된 것처럼 보일지라도 시도해야 한다. 제군들이여, 자기만의 목소리를 찾으려고 노력해야 한다. 시작할 때를 오래 기다릴수록 마침내 그것을 발견할 가능성이 줄어들기 때문이다. 소로(Thoreau, 헨리 데이비드 소로, 미국의 사상가 겸 저술가 – 옮긴이)가 말했듯이 "사람들은 대부분 소리 없는 절망적인 삶을 산다." 이런 삶에 체념하지 마라. 탈출하라!

나는 폴란드에서 비 내리는 11월의 어느 날 나만의 존 키팅을 만나는 행운을 얻었다. 여러분의 마셜 골드스미스가 근처 어디엔가 있을지 모른다는 사실을 명심하라.

✍️ 자기성찰 질문

1. 여러분의 삶에서 '존 키팅'이나 '마셜 골드스미스'처럼 멘토나 영감을 주는 존재는 누구였는가?
2. 무엇이 여러분에게 동기를 부여하는가? 여러분이 지금 하는 일이 여러분의 꿈과 조화를 이루는가?
3. 다른 사람들과 더욱 완벽하게 상호작용할 수 없도록 가로막는 여러분의 고정관념과 진부한 행동은 무엇인가?

제26장

—————•—————

문화가 저절로 생기도록
방치하지 마라

앨릭스 오스터발더

앨릭스 오스터발더는 기업가이자 연사, 사업 모형 혁신자이다. 그는 조직이 온라인 애플리케이션과 온라인 강좌로 새로운 성장 엔진과 더욱 바람직한 가치 전제, 강력한 사업 모형을 개발하도록 돕는 일류 SaaS 기업 스트래티지저Strategyzer의 공동 설립자이다.

2015년 앨릭스는 〈파이낸셜 타임스〉에서 '경영 사고의 아카데미 상'이라고 일컫는 싱커스50 전략상을 받았고 전 세계 유력한 경영 사상가 가운데 15위에 올랐다. 2013년에는 유럽연합이 수여하는 혁신지도자상Innovation Luminary Award의 첫 수상자로 선정되었다. 그가 주요 필자로서 발표한 《사업모형 생성과 가치 전제 설계 Business Model Generation and Value Proposition Design》는 37개 언어로 번역되어 100만 부 넘게 팔렸다. 〈USA투데이〉는 이 책을 역사상 뛰어난 경영 서적 12권 가운데 하나로 선정했다. 또 독일어판은 2011년 올해의 경영 서적으로 선정되었다. 〈패스트컴퍼니〉는 2010년 기업 소유주를 위한 최고의 책 가운데 하나로 선정했다. 그는 자신의 오랜 공동 집필자이자 박사논문 지도교수였던 예스 피그누어Yves Pigneur를 비롯해 45개국의 협력자 470명과 함께 이 처녀작을 완성했다. 2009년 처음 발행할 당시 이 책은 혁신적인 크라우드펀딩(일반 대중에게서 재원을 마련하는 방식―옮긴이) 사업 모형으로 자비 출판한 작품이었다.

■ ■ ■

다음 글은 데이브 그레이Dave Gray, 예스 피그누어, 카비 굽타Kavi Guppta가 쓴 것이다.

현재 여러분의 직원 가운데 51퍼센트가 적극적으로 새 일자리를 찾거나 공석이 나기를 지켜보고 있다. 갤럽의 미국 노동인구 상태 보고서 State of the American Workforce Report[1]에서 발표한 이 불편한 통계는 유능한 인재들이 미래의 성장과 발전을 위한 비전을 세운 조직을 찾고 있다는 사실을 지적한다. 이런 조직에는 미래를 위해 공헌하고 업무를 수행하는 과정에 참여했다고 느낄 수 있는 기회가 존재한다.

---

[1] 카비 굽타, "갤럽: 미국 근로자들이 직장에 참여하지 않고 다른 곳을 바라보고 있다", 갤럽의 2016 미국 일자리 보고서, Forbes.com, https://www.forbes.com/sites/kaviguppta/2017/03/08/gallup-american-workers-are-unengaged-and-lookingelsewhere/#1c178fed3e8c.

어떻게 하면 인재를 계속 유치할 수 있을까? 탁구장과 무료 식사 같은 인센티브와 독특한 혜택을 제공해 사람들에게 동기를 부여하고자 노력할 수 있다. 하지만 이런 접근방식으로는 직원 이탈이라는 더욱 심층적인 문제에 대처할 수 없다.

우리는 문화, 즉 조직의 공식적이거나 비공식적인 가치관과 행동, 신념에 해답이 있다고 믿는다. 문화를 의도적으로 창조하는 기업은 매우 드물다. 사실 문화가 저절로 생기도록 방치하는 기업이 많다. 우리는 문화를 의도적으로 설계해야 하며 이 과정을 진행할 힘과 책임이 리더에게 있다고 믿는다. 기업 문화라는 것이 모호한 개념일 수 있으나 적절한 도구가 있다면 유형적이고 관리 가능한 요소로 만들 수 있다. 21세기 기업이라면 문화가 저절로 생기도록 방치하지 말아야 한다.

기업 문화란 무엇인가?

X플레인XPLANE의 설립자 데이브 그레이가 더 효과적으로 문화를 관리할 도구를 설계하기 시작했을 때 예스 피그누어와 나는 그가 실용적이고 단순한 시각적 도구인 컬처 맵Culture Map을 작성하도록 도왔다.

컬처 맵을 이용하면 기존 문화를 계획하고 평가하거나 원하는 문화를 설계할 수 있다.

데이브 그레이는 기업 문화가 정원과 비슷하다는 말을 곧잘 한다. 설계하는 것은 가능하지만 자연이 여전히 영향을 미칠 것이라는 의미이다. 여러분이 문화의 모든 면을 통제할 수는 없어도 의도적으로 관리

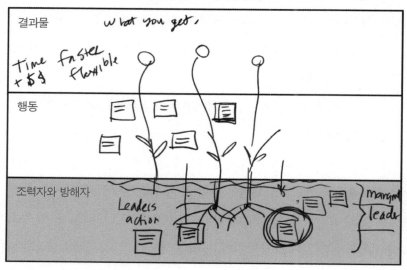

컬처 맵 ^{Beta} 변화 관리 도구

그림 26.1 정원 컬처 맵

하는 것은 가능하다. 꾸준히 관심을 기울이고 육성하면 문화가 모습을 드러낼 것이다.

정원 비유는 다음과 같은 방식으로 리더와 팀원들이 컬처 맵으로 자사의 문화를 시각화하도록 돕는다(그림 26.1. 참고).

■ 문화의 결과물은 열매이다. 이는 여러분이 문화를 통해 성취하기를 바라는 일이나 정원에서 '수확'하고 싶은 것이다.

■ 행동이 문화의 핵심이다. 이는 사람들이 매일 수행하는 긍정적이거나 부정적인 활동이며 그 결과로 풍작이나 흉작을 거둘 수 있다.

■ 조력자와 방해자라는 요소가 정원이 번성하거나 실패하는 데 영향을 미친다. 이를테면 잡초, 해충, 악천후 혹은 지식 부족이 정원을 방해할 수 있다. 그런 반면에 비료, 특정한 작물 재배에 대한 전문지식 혹은 비옥한 땅은 정원의 작물이 성장하도록 도울 수 있다. 조력자와 방해자는 컬처 맵에서 경영진이 직접 통제할 수 있는 유일한 요소이다. 경영진이 마련하는 요소(방침, 의식, 시스템)가 조직을 돕거나 방해하며, 그 결과 직원들이 이에 상응하는 방식으로 행동할 것이다.

정원처럼 문화를 형성하고 육성하라

우버가 최근 겪는 악재들(법정소송, 조사, 지도부 이탈)은 문화를 돌보지 않은 결과를 입증하는 사례이다. 문화를 돌보지 않으면 고객이 생각하는 브랜드 이미지를 파괴할 뿐만 아니라 조직이 더는 잠재력을 성장시키지 못하고 정체된다. 우버는 현재 미래의 성장에 더 바람직한 방향으로 기업 문화를 변화시키고자 의식적으로 노력하고 있다. 반면 넷플릭스 Netflix는 우버와 달리 인재들이 획기적인 제품에 이바지하는 멋진 직장을 설립하는 일에 전념하는 기업의 한 사례이다. 넷플릭스의 온라인 문화 슬라이드셰어를 브라우징해서 의도적으로 긍정적인 직장 문화를 조성하고 협력을 강조하는 기업의 모습을 확인하라. 허브스팟Hubspot은 자사의 '문화 코드'를 명확히 밝히는 기업의 또 다른 사례이다. 인재를 유지하는 과정에서 훌륭한 문화가 담당하는 역할을 보여준다.

물론 유형이 다른 기업 문화도 많다. 일부 기업에는 탄탄한 협력 문

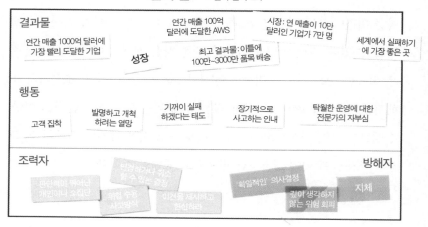

컬처 맵 Beta 변화 관리 도구

결과물		
연간 매출 1000억 달러에 가장 빨리 도달한 기업	연간 매출 100억 달러에 도달한 AWS	시장: 연 매출이 10만 달러인 기업가 7만 명
성장	최고 결과물:이틀에 100만~3000만 품목 배송	세계에서 실패하기 에 가장 좋은 곳

행동			
고객 집착	발명하고 개척 하려는 열망	기꺼이 실패 하겠다는 태도	장기적으로 사고하는 인내	탁월한 운영에 대한 전문가의 자부심

조력자			방해자
면심력이 뛰어난 개인이나 소집단	변경하거나 취소 할 수 있는 결정	'획일적인' 의사결정	지체
	위험 수용 사고방식	이견을 제시하고 헌신하라	깊이 생각하지 않는 위험 회피

그림 26.2 아마존의 컬처 맵

화가 존재하며, 일부 기업은 수평적인 문화와 계층구조적 문화를 놓고 실험하고 있다. 그런가 하면 오로지 혁신 문화를 창조하는 일에 초점을 맞춘 기업도 있다. 이를테면 아마존이다.

강력히 추천하건대 아마존 설립자 제프 베조스Jeff Bezos가 2015~2016년 주주들에게 보낸 편지를 읽어보라. 그러면 베조스가 문화를 저절로 생기게 방치하지 않고 혁신 문화를 의도적으로 설계하고자 노력했음을 알 수 있다. 아마존의 눈부신 성장과 꾸준한 재발명은 기업 문화를 의도적으로 조성한 효과를 보여주는 실질적인 증거이다. 그림 26.2에서는 컬처 맵을 이용해 제프 베조스가 주주들에게 보낸 편지를 분석하고 그가 새로운 영역을 끊임없이 개척하는 문화를 가진 기업을 확립한 과정을 밝힌다.

컬처 맵은 베조스가 아마존에게 원했던 눈부신 성장을 중심으로 결과물을 체계화한다. 조직 내부에서 가시적으로 행해지는 유형적인 행동들이 그 뒤를 잇는다. 마지막으로 조력자들이 이 긍정적인 행동을 주도한다. 이 부분이 문화를 실제로 설계하고 활용하는 영역이다.

베조스가 주주들에게 보낸 편지는 또한 몇몇 방해자를 확실하게 언급한다. 대부분의 대기업에는 이런 방해자가 존재하지만 아마존은 이를 피하려고 노력한다.

이제 우리는 실제로 유형적인 방식으로 문화를 포착할 수 있다. 여러분의 문화와 기업은 아마존과는 다르겠지만 아마존을 참고 사례로 활용해 여러분 조직의 기존 문화에서 성장을 돕거나 방해하는 요소들을 파악할 수 있다. 그런 다음 성장을 더욱 효과적으로 뒷받침하는 미래의 문화를 설계할 방법을 논의하고 해답을 찾을 수 있다.

어떻게 시작할 수 있을까?

기업 문화가 마치 짐승처럼 느껴질 수도 있다. 그렇기 때문에 이 힘든 대화를 피하는 리더가 많은 것이다. 하지만 소박하게 시작할 수 있는 방법이 존재한다. 다음과 같은 세 가지 방법으로 조직 구성원과 대화를 시작할 수 있다.

1. 10+분. 짧은 평가를 실시해 현재의 컬처 맵을 작성하라. 조력자와 방해자를 진지하게 생각하라. 짧은 시간에 기존 문화를 파악하면 여

러분이 원하는 문화에서도 효과를 발휘할 기존의 조력자와 긍정적인 행동을 발견하고 이를 유지할 수 있다.

2. 60+분. 세션의 시간을 약간 더 늘려서 좀 더 많은 사람이 자신의 의견을 제시하면 기존 문화를 공통적으로 이해하는 과정을 촉진시킬 수 있다. 협력이 핵심이다. 다른 사람들이 의견을 공유할 때 컬처 맵이 어떻게 변화하는가?

3. 180+분. 이 장시간 세션에서 여러분이 원하는 문화를 정의하고 기존 문화에서 원하는 문화로 변화할 방법에 관해 대화를 시작할 수 있다. 개인과 팀, 지도부가 협력해 모든 사람이 실험하고 내부에서 시행할 수 있는 바람직한 조력자와 행동을 논의하고 파악할 수 있다.

울창한 정원과 마찬가지로 의도적으로 설계한 기업 문화는 만족스럽게 참여하는 직원이라는 산물을 얻는다. 이는 저절로 생기도록 방치한 결과물이 아니다. 기업은 전략과 사업 모형 혁신과 똑같은 방식으로 문화를 계획해야 한다. 우리는 조직 문화를 논의하고 파악하는 과정에 컬처 맵 같은 도구가 대단히 중요하다고 믿는다. 성장이나 위기, 파괴 등 조직마다 독특한 도전에 대처해야 할 것이다. 하지만 적절한 도구가 없다면 이런 도전에 효과적으로 대처할 문화를 창조할 수 없다.

1. 여러분의 기업 문화를 어떻게 묘사하겠는가?
2. 여러분 조직의 리더들이 이 문화를 육성하고 성장시키기 위해 어떤 조치를 취하는가?
3. 아마존 조직 문화의 어떤 요소가 이 회사가 성공하는 데 가장 주효했다고 생각하는가? 아마존과 여러분 조직의 문화에 유사점과 차이점이 있는가?

제27장

의도와
행동 사이의 공간

리즈 와이즈먼

리즈 와이즈먼은 〈뉴욕타임스〉 선정 베스트셀러 《멀티플라이어 Multipliers》[1]와 《루키 스마트 Rookie Smarts》[2]의 작가이며 전 세계 경영인에게 리더십을 가르친다. 오라클Oracle사의 이사였던 그녀는 오라클대학교 Oracle University 부총장과 HR 개발 세계 리더를 역임했다. 싱커스50과 전 세계 10대 리더십 사상가로 선정되었다.

■ ■ ■

---

1 리즈 와이즈먼, 《멀티플라이어 Multipliers : How the Best Leaders Make Everyone Smarter》 개정증보판, (뉴욕 : 하퍼비즈니스, 2017).
2 리즈 와이즈먼, 《루키 스마트 Rookie Smarts : Why Learning Beats Knowing in the New Game of Work》 (뉴욕 : 하퍼비즈니스, 2004).

프랑스 화가 폴 고갱Paul Gauguin이 말했듯이 "나는 보기 위해 눈을 감는다." 내 삶의 경험을 통해 나는 어둠 속에서 보는 법(보이지 않는 것을 관찰하고 희미한 진리가 담겨 있지만 말과 글로 표현되지 않은 단어를 읽는 법)을 배웠다. 나는 어린 나이에 이 기술을 터득했다.

우리 아버지는 주변 사람들에게 엄격하고 퉁명스러운 분이었다. 아버지는 좋은 가문에서 성장해 당신의 아버지와 형과 함께 가족 회사에서 일했다. 하지만 회사 운영 방식을 놓고 이견이 생겨 난관에 부딪쳤을 때 아버지는 회사는 물론이고 가족을 등졌고 다시는 가족과 말을 섞지 않겠다고 맹세했다. 비극적이지만 아버지는 이 맹세를 지켰다.

가족(아내와 네 자녀)과 함께 있을 때 아버지는 두 가지 모습 사이를 번갈아 오갔다. 첫째 모습은 누구에게든 무엇을 어떻게 하라고 명령하는 '무엇이든 아는 척하는 사람'으로, 까다롭고 무뚝뚝했다. 둘째 모습은 말이 없고 내성적인 은둔자로, 대개 텔레비전 방에 틀어박혀 있었다. 아버지에게는 하지 말아야 할 말을 내뱉고 사람들을 밀어내는 재주가 있었다. 아버지 근처에 있는 사람들은 마음이 상하거나 상처받기 십상이었다. 우리 가족 중에는 아버지를 인정 없는 냉혈한이라고 생각하는 사람도 있었다. 하지만 왠지 내가 생각하는 아버지는 달랐다. 아버지의 퉁명스러운 겉모습을 찬찬히 관찰하는 동안(그리고 경험하는 동안) 나는 그 겉모습의 내면까지 볼 수 있었다. 깊은 상처를 안고 고통스러워하는 사내가 보였다. 사랑과 관심을 표현할 방법을 모르고 마음 여린 훌륭한 아버지였다. 아버지의 강압적인 행동은 자녀들이 당신과 똑같은 실수를 저지르지 못하도록 막으려는 잘못된 시도라는 사실이 내 눈에는 확실히 보였다. 아버지가 나나 다른 사람에게 '사랑한다'고 말하는 모습을 본 기억이 없지만 나는 언제나 사랑받는다고 느꼈다. 아버지의 선한 의도가 내게는 더욱 뚜렷하게 보였기 때문에 나는 아버지의 비판적인 행동에 그리 크게 영향을 받지 않았다. 그래서 아버지와 나는 원만한 관계를 계속 유지했다. 안타깝게도 아버지의 그런 행동의 이면을 보지 못하는 사람들이 있었고, 그래서 그들과 아버지의 관계는 그리 원만하지 못했다.

항상 비관적이고 지나치게 원칙을 강조하는 아버지 슬하에서 자라면서 나는 의도와 행동 사이의 간극을 보는 법을 배웠다. 나는 아버지 때문에 겉과 속이 다른 행동(우리의 행동이 우리의 선한 의도에 미치지 못하는 순간들) 때문에 괴로워하는 모든 사람을 안타깝게 생각했고 이런 이해를 통해 공감하는 법을 배웠다. 어떤 사람이 본인의 긍정적인 의도를 기준으로 본인을 판단하는데 다른 사람들은 그의 부정적인 행동을 보고 그를 판단한다면 단절이 일어난다. 공감하는 법을 배운 나는 이런 단절을 민감하게 느꼈다. 의도와 행동 사이에 존재하는 어둡고 축축한 공간에서 오해와 문제가 불거질 수 있음을 체험했다.

대학을 졸업하고 사회생활을 시작한 다음 나는 우리 아버지와 비슷한 사람(지나치게 강압적이고 무엇이든 아는 척하는 사람)을 수백 번은 아닐지언정 수십 번 만났다. 좌중에서 가장 똑똑한 사람이 되기로 결심한 이런 리더들이 실제로 사람들을 차단하고 밀어내는 모습을 직접 목격했다. 그들은 자신의 똑똑함을 줄기차게 과시하면서 주변 사람들을 초라하게 만들었다. 훗날 이 역학을 연구하기 시작했을 때 나는 이 같은 디미니셔 리더가 부하직원의 지적 능력과 역량의 절반 수준에도 미치지 못하는 반면, 멀티플라이어 리더는 직원들이 완벽하게 발휘한 지적 능력에서 보상을 받는다는 사실을 발견했다. 경제적인 측면에서 볼 때 매력적인 결과였다. 멀티플라이어 리더가 디미니셔 리더에 비해 동일한 대가를 지불하고 직원들에게서 역량을 두 배로 끌어냈으니 말이다.[3]

나는 더 많은 연구를 실시해 디미니셔 밑에서 일하는 직원 수천 명의 이야기를 들으면서 경제학보다 더 많은 것이 작용하고 있음을 깨달았다. 디미니셔 리더는 사람의 감정에 더 깊은 흔적을 남겼다. 직장에서 차단과 억압, 괴롭힘을 당한 사람들은 이로 말미암은 해로운 영향이 삶의 모든 면에 확산된다고 느낀다. 디미니셔 유형의 상사와 일하는 직원들은 스트레스 증가, 자신감 저하, 에너지 감소, 우울증, 건강 악화, 전반적인 불행 등을 경험한다고 일관적으로 말했다. 부수적인 피해는 여기에서 끝나지 않았다. 적절히 대처하지 않으면 이런 현상이 더욱 심화되었다. 대다수 사람들이 스트레스를 집까지 떠안고 가서 화를 내고, 짜증을 부리고, 더 많은 불평을 늘어놓고, 사회적으로 위축되었다.

연구를 실시하면서 들은 수백 가지 이야기 가운데 특히 두 가지가 내 뇌리에 남았다.[4] 한 사람은 다음과 같이 말했다. "내가 어떤 일을 제대로 할 수 있을지 의심스러웠어요. 내가 이미 한 일 가운데 제대로 한 것이 있을지 의심스러웠죠. 가족과 친구, 직장 동료에게 실망스러운 존재라는 느낌이 들었어요. 페이스북/구글플러스Google+에서 모든 사람을 '친구 차단'했고 우울해지는 일도 너무 많았죠. 심지어 스스로 목숨

---

3 와이즈먼, 《멀티플라이어》, 10~13페이지.
4 와이즈먼, 《멀티플라이어》, 220페이지.

을 끊을까를 심각하게 고민했어요." 가슴이 찢어지게 아픈 또 다른 이야기를 전한 사람은 스트레스와 자기 의심이 너무 심각해져서 "애완견까지 제대로 돌볼 수 없었다"라고 말했다. 이런 근시안적인 리더는 조직에 큰 타격을 준 것은 물론이고 직원들에게 가혹한 고통을 안겨주었다.

우발적인 디미니셔

내가 연구한 수많은 디미니셔는 약자를 괴롭히는 인물의 전형이었다. 다시 말해 다른 사람들을 초라하게 만들어 거물이 되려고 애쓰는 유형의 관리자였다. 하지만 연구를 계속함에 따라 직장에서 일어나는 '축소'의 대다수는 이런 자아도취에 빠진 폭군 같은 얼간이가 아니라 선의에서 비롯된 일이었다. 나는 좋은 관리자가 되려고 노력하는 선한 사람들을 '우발적인 디미니셔Accidental Diminishers'라고 일컫는다. 영화에서와 똑같이 이따금 선한 사람이 실제로는 나쁜 사람인 것이다.

이들 우발적인 디미니셔는 선의를 품은 점잖은 관리자이다. 하지만 의도가 아무리 선하다고 해도 그들은 결국 다른 사람들의 지적 능력을 차단한다. 이런 유형을 연구한 결과 나는 두 가지 사실을 발견했다. 첫째, 의도가 아무리 긍정적이었다고 해도 우발적인 디미니셔는 대개 노골적인 디미니셔에 못지않게 크게 부정적인 영향을 미쳤다. 둘째, 이런 선의를 품은 리더 가운데 자신이 다른 사람들을 억압한다는 사실을 아는 사람은 지극히 드물었다. 대부분 자신이 옳은 일을 한다고 여겼다. 자신의 지적 능력 때문에 칭찬을 받고 성장해서 개인적인 (대개 지적인) 장점 덕분에 경영진으로 승진한 사람이 많았다. 그들은 높은 사람이 되었을 때 좌중에서 가장 똑똑한 사람이 되어 부하직원들을 관리하는 것이 자신의 임무라고 생각했다. 아니면 헬리콥터 부모처럼 간섭하는 것이 자기 수하의 사람들에게 상처가 아니라 도움이 된다고 생각했다.

지나칠 정도로 남을 돕는 이런 유형의 관리자는 대부분 자신의 경영방식에 사람들을 축소시키는 효과가 있다는 사실을 깨달으면 오히려 당황스러워했다. 3M의 한 간부는 선의에서 비롯된 자신의 행동이 실제로는 다른 사람들을 차단했다는 사실을 인식했을 때 예전 직원과 동료를 찾아가 본인의 잘못된 행동을 사과했다. 그리고 겉보기에는 돕는 것 같았으나 실상은 피해를 입혔던 본인의 행동을 더욱 정확하게 이해하겠다는 목표를 세우고 실천했다.

어떻게 의도가 매우 선했는데 다른 사람들을 축소시키는 영향을 미칠 수 있을까? 어떻게 선의가 의도와 다르게 해석될 수 있을까? 다음은 아무리 의도가 좋았다고 해도 축소하는 영향을 미칠 수 있다는 몇 가지 지표이다.

1. 쉬지 않는다. 여러분은 에너지가 전염된다고 생각하는, 역동적이고 카리스마 넘치는 리더이다. 자신이 팀의 에너지 수준을 높이고 있다고 생각한다. 하지만 에너지를 제공하는 리더들은 대개 모든 공간을 차지하며 다른 사람들을 차단한다. 예컨대 매출이 2억 5000만 달러에 이르는 한 계열의 총 관리자가 직원들과 외부 회의를 열었을 때 한 팀원이 다가와 이렇게 말했다. "당신이 이 방의 산소를 모조리 흡입하고 있

습니다. 나머지 사람을 위한 공간이 없어요." 여러분이 그들의 에너지 수준을 높이려고 노력할 때 다른 사람들은 대개 '쉬지 않는' 리더의 말을 듣지 않는다.

2. 도움을 준다. 여러분은 고군분투하는 사람을 보면 재빨리 돕는 공감하는 리더이다. 사람들이 성공을 거두고 본인의 평판을 보호할 수 있도록 돕고 싶다. 하지만 관리자(혹은 부모)가 사람들을 너무 일찍 또는 너무 자주 구제할 때 직원들(혹은 자녀)은 의존적으로 변하고 자신감과 평판을 잃는다. 리더가 도움을 삼갈 때 오히려 도움이 되는 때가 있다.

3. 컵이 반쯤 차 있다고 생각한다. 여러분은 언제나 새로운 가능성과 다른 사람들의 큰 잠재력을 보는 긍정적이고 의욕적인 리더이다. 사람들을 향한 여러분의 믿음이 그들을 새로운 경지에 이르도록 영감을 불어넣는다고 생각한다. 하지만 낙천주의자 역할을 맡는 리더는 팀원들이 경험하는 어려움을 과소평가하고 어렵게 배우고 일하는 것을 무시한다. 더욱 안타깝게도 본인의 의도와 달리 실수와 실패는 용납되지 않는다는 메시지를 보낼 수 있다. 리더가 밝은 면만 볼 때 다른 사람들은 어두운 면에 사로잡힐 수 있다.

틈 속을 들여다보기

만일 이 지표 가운데 익숙하거나 죄책감을 일으키는 것이 있다면 여러분은 우발적인 디미니셔일 수 있다. 물론 리더로서 성장하는 첫걸음이 통찰이지만 통찰에서 끝나서는 안 된다. 아랫사람에게 그들의 통찰력을 공유해 달라고 부탁할 때 더 많이 배울 것이다. 우발적인 디미니셔는 자신도 깨닫지 못하는 사이에 어두운 곳에서 영향을 미치며 그렇기 때문에 본인도 이를 인식하지 못한다. 리더가 자신이 미치는 영향을 인식하려면 행동의 의도뿐만 아니라 그것이 미치는 영향을 깨닫도록 정신을 훈련시켜야 한다. 가장 가까운 고객, 즉 직원들의 렌즈로 자신의 행동을 보는 법을 배워야 한다. 다음과 같은 몇 가지 질문으로 이런 피드백을 이끌어낼 수 있다.

- 의도가 선했는데도 내가 어떻게 다른 사람들의 아이디어와 행동을 차단할 수 있는가?
- 내가 무심코 다른 사람들을 축소시킬 수 있는 행동은 무엇인가?
- 어떻게 내 의도가 다른 사람들에게 다르게 해석될 수 있는가? 내 행동이 의도와는 달리 어떤 메시지를 전달할 수 있는가?
- 어떻게 내 행동을 바꿀 수 있을까?

차지하는 공간 줄이기

멀티플라이어가 되는 것은 디미니셔 행동을 줄이는 것에서 시작한다. 그러려면 전반적으로 행동을 삼가야 한다. 말, 반응, 확신, 그리고 고군분투하고 스스로 배워야 할 사람들을 구제하는 일을 줄여야 한다.

대단한 사람이 되어야 한다는 생각이 들 때 그것을, 행동을 삼가는 한편 양은 적고 효과는 강렬하게 의견을 전달해야 한다는 신호라고 생각하자. 그리고 우리의 본능이 더 많이 도우라고 말할 때, 도움을 줄여야 할 필요가 있을지 모른다고 생각하자. 대개 최고의 리더는 작은 발자국으로 확실한 흔적을 남긴다. 그리고 다른 사람들이 공헌하고 성장할 공간을 남긴다.

훌륭한 관리자가 자신을 인식하고 한 걸음 물러날 때 위대한 리더가 될 수 있다. 다음과 같이 단순하지만 강력한 네 가지 출발점을 선택하면 의도와 영향을 일치시키고 다른 사람들을 밀어내기보다는 한 단계 상승시키며 이끌 수 있다.

1. 더 적게 말하고 더 많이 질문하라. 최고의 리더는 모든 해답을 제시하지 않는다. 그들은 적절한 질문을 제시한다. 주변 사람들의 지적 능력과 에너지에 초점을 맞춘 질문, 사람들이 깊이 생각하고 한 단계 올라가며 결과에 책임지게끔 만드는 질문이다. 사람들에게 해야 할 일을 명령하는 대신 지식을 활용해 사람들이 멈추어 생각하고 또다시 생각하게끔 만드는 지혜롭고 도전적인 질문을 제시하라.

2. 칩을 적게 사용하라. 대화를 지배하기보다는 양은 적고 효과는 강렬하게 아이디어를 전달하려고 노력하라. 회의를 시작하기 전에 사용할 '포커 칩'의 예산을 세워라. 칩 한 개는 회의에서 한 번 발언하거나 참여할 기회를 뜻한다. 칩을 현명하게 사용하고 나머지 공간은 다른

사람을 위해 남겨두어라. 자신의 아이디어를 더욱 신중하게 전달하면 다른 사람들이 참여할 기회가 증가하며 아이디어의 영향력이 더욱 커질 것이다.

3. 돌려주어라. 여러분이 판단하기에 해결할 능력이 충분한 사람이 여러분에게 문제를 의논한다면 나서서 문제를 해결하기보다는 그에게 해결책을 요청하라. 문제해결사가 아니라 코치 역할을 맡아라. 팀에 마땅히 도움이 필요하다고 판단된다면 기꺼이 도와라. 하지만 통제권은 여전히 팀에게 있음을 일깨우고 그들에게 통제권을 돌려주어라.

4. 다른 사람에게 통제권을 맡겨라. 사람들에게 업무 부담을 위임하기보다는 (여러분이 아니라) 그들이 책임자임을 알려라. 가장 쉬운 방법은 결정권을 맡기는 것이다. 그들에게 51퍼센트의 결정권과 100퍼센트의 책임이 있다고 말하라.

시각 재조정하기

리더는 반드시 선의를 품어야 한다. 하지만 이것만으로는 충분치 않다. 위대한 리더가 되려면 아무리 훌륭한 의도라도 축소시키는 영향을 미칠 수 있으며 이따금 그 영향이 깊이 남는다는 사실을 이해해야 한다. 자신의 선의만 보는 리더는 외눈박이 세계관을 가지고 움직이며 대개 오해와 이탈, 성취하지 못한 열망이라는 흔적을 남긴다. 리더는 자기 인식에 다른 사람의 인식과 반응을 결합할 때야 비로소 명확하게 볼 수 있다. 그리고 의도가 아무리 선했다 해도 결과가 나쁠 수 있음을 깨달을 때 시각이 더 예리해지고 넓어진다. 로버트 프로스트Robert Frost 의 표현을 빌리면 "두 눈이 하나의 시각을 만든다." 현명한 리더는 이 통찰력을 발판으로 삼아 팀의 역량에 대한 믿음을 거듭 확인함으로써 행동을 조정하고 의도를 명확히 전달한다.

의도와 영향 사이에 존재하는 이 어두침침한 공간을 더욱 명확히 들여다보면 리더를 위한 성장 기회뿐만 아니라 추종자와 협력자로서 우리가 맡은 역할에 대한 가능성을 발견할 수 있다. 리더의 행동 때문에 좌절을 느낀다면 그 행동의 숨겨진 이면을 보려고 노력하라. 불평하기보다는 '그들의 가장 훌륭한 의도는 무엇일까? 그들이 어떻게 내가 성공하도록 돕고 있을까?'를 생각하라. 소로가 말했듯이 "중요한 것은 당신의 눈에 보이는 것이 아니라 당신이 보는 것이다." 우리가 주변 사람들의 선의를 보기로 선택한다면 오해라는 낮은 수준에 머물기보다는 모든 사람이 의도라는 높은 수준에서 협력할 기회를 얻을 수 있다. 어린 시절 내가 아버지의 부당한 행동에 사로잡혀 좀 더 바람직한 아버지의 모습을 원할 수도 있었다. 하지만 나는 더 바람직한 부분(아버지가 표현하지 못한 선의)에 내 시각을 맞추었다. 로버트 프로스트의 유명한 시에서 단풍이 든 숲속을 거닐던 나그네처럼 그 길을 선택한 것이 내 모든 것을 바꾸어놓았다.

행동과 진정한 의도를 일치시킬 때 우리는 (사사건건 간섭하는 상사든 까다로운 아버지든 간에) 다른 사람들에게서 최고의 모습을 이끌어내는 리더가 된다. 그리고 그것은 우리의 유산을 정의하는 경제적인 이익보다 더 많은 것을 약속한다. 어떤 리더로 기억되고 싶은가? 인격이 훌륭한 사람인가, 아니면 다른 사람들을 성장시키는 사람인가? 직원들을 무시하거나 제대로 활용하지 못할 때 일은 고되고 심지어 고통스러워진다. 그러나 리더가 사람들이 진심에서 우러나서 완벽하게 공헌할 수 있는 환경을 조성할 때 일은 매우 즐거워진다. 일이 단순한 직업이나 경력에 그치지 않고 더 큰 의미가 된다. 완벽한 자아를 즐겁게 표현하는 수단이 된다. 그러면 진정한 의미에서 일이 눈에 보이게 만든 사랑이 된다.

✍️ 자기성찰 질문

1. 당신은 멀티플라이어 리더인가? 아니면 디미니셔 리더인가?
2. 당신의 의도가 대개 행동과 일치하는가? 의도와 행동이 일치하거나 일치하지 않는 이유는 무엇인가?
3. 의도와 행동이 일치하지 않는다면 어떤 조치를 취해 일치시킬 수 있을까?

PART 5

밝은 미래여!

프랜시스 헤셀바인은 우리에게 밝은 미래로 향하는 길에 동참하라고 자주 말하곤 한다. 그녀가 내다보는 미래는 이런 모습이다. "건강한 아이들, 튼튼한 가족, 훌륭한 학교, 근사한 집, 안전한 동네, 버젓한 일, 지속적인 믿음의 세계—다양성과 응집력, 포용력을 갖추고 모든 사람을 배려하는 지역사회가 수용하는 이 모든 것."

PART 5에서 우리의 기고 작가들은 내일을 향한 희망과 오늘 발생하는 도전을 해결한 방법을 공유한다. 희망과 해결책이 우리가 그리는 밝은 미래로 우리를 이끌 것이다. 프랜시스 헤셀바인은 특히 미국 걸스카우트 CEO로 재직하는 동안 젊은 리더들을 지도하고 발전시킨 다양한 경험을 공유하고, 세계 사회에서 리더로 부상할 젊은 밀레니엄 세대에게 품는 열정과 희망을 이야기한다. 그녀가 그리는 미래는 매우 밝다. 세라 맥아서는 협력 방식을 전달하는 의사소통의 중요성, 정보 시대의 도전, 의사소통 단절을 예방하고 바로잡을 수 있는 방법을 탐구한다. 데이비드 앨런David Allen은 잠재적인 문제를 인식하는 시각을 바꾸면 개인뿐만 아니라 세계 차원에서 목표를 추구하는 방식이 파격적으로 바뀔 수 있다고 제안한다. 그는 피해의식에서 역량증진으로 변화할 방법을 설명한다. 휘트니 존슨은 응원의 은유('수술 다발을 내던지고 경기에 뛰어들어라')를 삶과 경력의 가장자리에 앉아 있기보다는 열정적으로 꿈을 추구하라고 촉구하는 도구로 이용한다. 애쉬슈 아드바니 Asheesh Advani는 미국의 인도 이주민이었던 어린 시절의 경험을 바탕으로 낙천주의, 자기 효능감, 독특한 세계관을 형성한 과정을 전한다. 아울러 주니어 어치브먼트 월드와이드 Junior Achievement Worldwide 프로그램의 리더십에 이런 특성을 응용한 경험을 돌아본다. 그리고 마지막으로 애니 맥키 Annie McKee는 성공에 대한 논의에서 흔히 간과되는 개념인 직장에서 느끼는 행복에 대해 이야기한다. 그리고 여러분의 경력에서 이 행복을 창조할 구체적인 몇 가지 전략을 개설한다.

제28장

긍정적으로
변화하라

프랜시스 헤셀바인

펜실베이니아에서 걸스카우트 단▧을 인솔하는 자원봉사자로 시작해 전 세계 여성에게 봉사하는 최대 조직(USA 걸스카우트)의 CEO로 입신하기까지 프랜시스 헤셀바인은 언제나 사명과 가치관, 인구통계 데이터에 따라 움직였다. 빌 클린턴 전 대통령은 1970년대 걸스카우트를 변화시킨 프랜시스 헤셀바인의 공로를 인정해 민간인 최고 영예 훈장인 대통령 훈장을 수여했다. 프랜시스 헤셀바인은 25년이 넘는 세월 동안 뉴욕에 본부를 두고 작지만 강력한 조직을 이끌었다. 이곳에서 그녀는 교육과 간행물로 새로운 세대의 지도자를 계속 육성한다. 프랜시스 헤셀바인 리더십재단의 이사장이자 국제정책대학원과 피츠버그대학교 존슨 책임리더십연구소의 일원이며 〈리더투리더〉 편집장이다. 명예박사 학위 21개를 받았고 자서전 3권을 발표했으며 책 30권을 30개국어로 공동 편집했다. 미국 대표로 68개국을 방문한 그녀는 〈포천〉에서 '세계 50대 리더'로 선정되었다.

■ ■ ■

생각을 조심하라. 생각이 말이 된다. 말을 조심하라. 말은 행동이 된다. 행동을 조심하라. 행동은 습관이 된다. 습관을 조심하라. 습관은 품성이 된다. 품성을 조심하라. 품성은 운명이 된다.

– 작가 미상

오늘날 우리의 일(대화)에서 핵심은 운명이다. 다시 말해 우리 자신의 운명과 우리가 지원하는 모든 조직의 운명, 그리고 우리가 지원하는 리더의 운명이 핵심이다. 내 생애와 내 조국, 그리고 수많은 나라에서 신뢰가 바닥을 치고 냉소주의가 하늘을 찌르는 이 시대에 우리는 리더십의 새로운 지상과제에 직면해 있다. 이 대화가 오가는 배경은 전쟁 중인 세계에서 모든 세계인이 오랫동안 직면했고 지금도 직면하고 있는 거대한 변화만큼이나 심각하고 도전적이다.

강연할 때면 나는 건국 이래로 우리의 민주주의를 지탱한 제도와 기관이 있다는 사실을 자주 언급한다. 그것은 바로 공교육과 미국 육군이다.

최근 미국 웨스트포인트에서 강연이 끝난 후에 멋진 질의응답 시간이 이어졌다. 내가 자리를 떠나려는데 강당 뒤편에서 사관생 한 무리가 못다 한 질문을 하려고 나를 기다리고 있었다. "헤셀바인 부인, 어째서 당신은 그렇게 밝은 면만 보십니까?" 나는 웃음을 머금고 판에 박힌 농담으로 답변을 시작했다. "글쎄요, 내 혈액형조차도 B-양성이거든요." 그런 다음에 리더십에 대한 내 B-양성 접근방식을 공유했다. 이 접근방식은 리더십에 대한 내 정의로 시작한다. "리더십은 행동방식이 아니라 존재방식의 문제이다. 성과와 결과를 결정하는 것은 리더의 자질과 품성이다."

사람들은 대개 내가 사상 최대의 도전에 직면한 이 나라와 지역사회의 밝은 미래에 어째서 그토록 긍정적인지 궁금해한다. 이 나라의 수많은 학교와 지역에는 도움이 필요한 가족과 조직이 있으며, 이들은 모두 다음과 같은 오늘날의 도전에 대처하고자 노력하고 있다.

- 정치 토론은 온통 추악하고 이따금 거의 악의적인 대화로 가득하다.
- 고향에 돌아온 퇴역군인들은 건강과 주택, 고용 문제로 어려움을 겪고 있다.
- 주로 아편 때문에 사망이 급속도로 증가하고 있다.
- 미국의 학교 총격 사태가 지속적으로 증가한다.

이 모든 현상이 우리 시대의 배경을 구성한다. 하지만 그것은 일부일 뿐이다.

나는 밀레니엄 세대(1980~1995년에 태어난 남녀), 즉 새 천년에 성년이 되는 첫 세대에 큰 희망을 걸고 이런 밝은 미래를 계속 이야기한다. 나는 이 세대를 보고 그들의 현재와 밝은 미래를 연결할 기회를 가진 위대한 리더들을 꿈꾼다.

퓨 리서치센터Pew Research Center의 연구에 따르면 현대 밀레니엄 세대는 이후의 어떤 코호트(cohort, 인구통계학에서 동시 출생 집단 등 통계 인자를 공유하는 집단을 일컫는 용어—옮긴이)보다도 1928년 이전에 태어난 사람들(이른바 가장 위대한 세대Greatest Generation)과 공통점이 더 많다. 사람들은 밀레니엄 세대가 튼튼하고 지속가능한 경제를 이끌 잠재력이 매우 높은 경력 지향적인 집단이라고 말한다. 밀레니엄 세대는 지금 여러 가지 도전에 직면해 있다. 그들이 소속된 여러 대규모 집단에 해로울지도 모를 배타적인 정책 변화가 빠른 속도로 일어나고 있기 때문이다. 하지만 밀레니엄 세대와 머지않아 등장할 Z세대, 즉 1996~2010년에 태어난 세대의 전문가들에게 새로운 활력소가 있다. 이것은 배제하기보다는 포용하는 말이며, 피터 드러커가 의사소통에 관해 정의한 다음과 같은 내용을 떠올리게 한다. "의사소통이란 무언가를 말하는 것이 아니라 상대방의 경청을 받는 것이다."

그런데 그들이 경청을 받고 있다. 그들에게 동참하다니, 감동적인 일이다. 명심하라. 모든 도전은 기회이다. 이 중대한 도전의 시대에 가치를 기반으로 하는 새로운 세대의 리더에게 훨씬 더 큰 기회가 있다.

그리고 원칙을 중요시하고 윤리적이며 효과적인 기업과 조직의 파트너들은 배우는 리더들이다. 그들이 문을 열 것이다. 랠프 왈도 에머슨이 남긴 글처럼.

당신 뒤에 들어올 사람들을 위해 문을 여는 사람이 되어라.
그리고 우주를 캄캄한 뒷골목으로 만들려고 애쓰지 마라.[1]

최근 중동 출신의 세 젊은이가 내 집무실을 찾았다. 피츠버그대학교University of Pittsburgh 산하 헤셀바인 글로벌아카데미Hesselbein Global Academy 에 참석한 젊은이들이었다. 올해로 열 번째 해를 맞이한 이 리더십 정상회담Leadership Summit은 3일간 콘퍼런스를 열어 전 세계 학생 50명과 저명한 멘토들을 한데 모았다. 우리는 그렇게 다양한 집단이 한데 모여 관계를 맺고 개개인의 근사한 문을 열기까지 얼마나 긴 시간이 필요할지 궁금했다.

악수와 포옹이 시작되기까지 약 5분이 걸렸다. 그들은 처음부터 남달리 친밀한 한 집단이었다. 이전 회담에 참석한 사람들이 세계 전역에 거주하면서도 지속적으로 관계를 맺고 있다는 사실은 인상적이다. 내가 만나는 차세대 리더들은 리더십과 신뢰 형성, 윤리 실천, 다양성과 포용의 위력, 용기의 중요성, 지성인들에 대한 존경, 봉사라는 강력한 메시지를 보내고 있다. 그들에게 '봉사가 곧 삶'은 외국어가 아니다.

피터 드러커는 이렇게 말했다. "나는 결코 예측하지 않는다. 그저 창밖을 바라보고 보이지 않지만 볼 수 있는 것을 볼 뿐이다." 지금 나는 세계 각지의 리더들이 똑같은 근본적인 도전에 관해 논의하는 목소리

---

1 《강연과 인물 소고 Lectures and Biographical Sketches》 중 "설교자 The Preacher", 《랠프 왈도 에머슨 전집 The Complete Works of Ralph Waldo Emerson》 10권, (보스턴과 뉴욕: 호튼, 미플린 Houghton, Mifflin, 1891), 224페이지.

가 들린다. 그들은 현재에서 원하는 미래로 움직이는 변화의 여정에 관해 논의한다. 급변하고 격동하는 이 시대는 '깔끔하게 정돈된' 전략이 아니라 '관행대로 하라'는 전략을 제시한다. 현상現狀에 도전하려면 용기가 필요하다. 나는 젊은 리더들에게서 그 용기를 본다.

이 거대한 변화의 도가니에서 미래를 향해 돌진하는 우리는 구태의 연하고 부적절한 정책과 관행, 절차와 가정을 그리워하며 협상할 시간이 없다. 과거의 리더는 존재하지 않으며 오로지 미래의 리더가 존재할 뿐이다. 젊은 세대 리더가 그들이 받은 소명에 따라 벽 건너편으로 이끌고 삶과 세상을 바꿀 것이다. 그들과 우리 모두에게 지금은 언제나 기억해야 할 시기이다. 그들에게 경의를 표하자. 이 냉소의 시대에 빛을 비추어야 한다. 격동하는 이 시대에는 사명을 실천하고 가치관을 구현하며 믿음을 지키는 리더가 절실히 필요하다.

미래의 세계 사회를 이끌 차세대 리더가 배움이라는 새로운 모험에 나설 것이다. 우리는 이 차세대 리더가 배움의 위력을 보여주는 인상적인 본보기이자 윤리적인 세계 시민의 전형으로서 미래를 향하는 길을 선도할 것을 기대한다.

나는 내가 밝은 미래라고 일컫는 것에 대한 비전이 있다. 나는 우리가 이를 공유하라는 소명을 받았기를 바란다. 그것은 건강한 아이들, 튼튼한 가족, 훌륭한 학교, 근사한 집, 안전한 동네, 버젓한 일, 지속적인 믿음의 세계이다. 다양성과 응집력, 포용력을 갖추고 모든 사람을 배려하는 지역사회가 이 모든 것을 수용한다. 이 비전이 멀리서 아른거린다. 미래는 밝다.

1. 미래에 대해 낙관적인가 아니면 비관적인가? 무엇이 이런 시각에 영향을 미치는가?

2. 개인생활/직장생활을 하는 동안 미래에 대한 비전이 변화했는가? 만일 변화했다면 어떤 요인이 이 변화에 영향을 미쳤는가?

3. 현대 밀레니엄 세대를 어떻게 생각하는가? Z세대를 어떻게 생각하는가? 이들이 이전 세대 젊은이와 어떤 면에서 똑같거나 다르다고 생각하는가?

4. 현대 젊은이들에 대한 여러분의 견해가 미래에 대한 여러분의 비전에 영향을 미치는가?

제29장

사람들은 하루 종일
무엇을 하는가?

세라 맥아서

주로 작가와 편집자, 글쓰기 코치로서 출판계에서 20년 넘게 경험을 쌓은 세라 맥아서는 급변하는 출판 사업에 대한 지식과 전문기술을 제고함으로써 널리 알리고픈 메시지가 있는 사람들과 공유하고자 끊임없이 노력하고 있다.

마셜골드스미스사의 COO, *sdedit의 CEO인 세라 맥아서의 전문 분야는 경영과 리더십, 경영 및 비즈니스 코칭이다. 그녀는 마셜골드스미스사의 일상 업무를 관리하며《리더십 코칭: 세계에서 가장 위대한 코치의 리더십에 대한 작품》을 포함해 마셜 골드스미스, 로렌스 S. 라이언스와 책 여러 권을 공동으로 집필하고 편집했고, 마셜 골드스미스, 존 발도니와《AMA 리더십 핸드북》을 공동으로 편집했다〈초이스〉에서 2010년 10대 비즈니스 및 경영, 업무 서적으로 선정되었다).

세라 맥아서는 자신의 작품뿐만 아니라〈뉴욕타임스〉선정 베스트셀러인 마셜 골드스미스의 작품 《트리거》의 세 가지 판본, 베스트셀러 경영 고전인 《리더십 코칭》, 아마존닷컴, 〈USA투데이 USA Today〉, 〈월스트리트저널〉에서 베스트셀러 1위로 선정한 마셜의 《일 잘하는 당신이 성공을 못하는 20가지 비밀》을 비롯해 여러 출판 프로젝트에서 중대한 역할을 담당했다. 세라 맥아서는 오리건대학교에서 영국 및 환경 연구학으로 학사 학위를, 조지워싱턴대학교에서는 출판학으로 석사 학위를 취득했다.

■ ■ ■

나는 가장 좋아하는 책으로 리처드 스캐리Richard Scarry의 《허둥지둥 바쁜 하루가 좋아 What Do People Do All Day》를 꼽는다. 내가 다섯 살쯤 되었을 무렵 부모님이 런던에서 사준 책이다. 우리 가족이 폭스바겐 밴을 타고 유럽과 러시아, 아프리카를 달릴 때 나는 언니와 함께 뒷좌석에 앉아 1년 동안 열심히 탐독했다. 지금도 이 책을 가지고 있다. 너덜너덜해지고 닳아빠졌으며 표지도 겨우 붙어 있고 군데군데 어린 시절에 내가 한 낙서가 있다. 이 글을 준비하면서 쓴 내 공책과 비슷하다.

글과 삽화로 구성된 《허둥지둥 바쁜 하루가 좋아》의 배경은 비지타운Busytown이라는 소도시이다. 여우 시장님, 농부 알팔파(염소), 식료품 장수 고양이네, 사자 의사 선생님, 재봉사 엄마, 애비 토끼 등 다양한 인물이 등장한다. 모든 사람이 도시 기능에서 한 가지 역할을 담당한다. "우리는 모두 일꾼이다. 우리 가족을 위해 넉넉한 먹을 것과 살 곳, 입을 것을 구하려고 열심히 일한다."[1]

내게 이 책은 '일은 눈에 보이게 만든 사랑', 다시 말해 사회의 기능과 전 세계 사람의 행복을 위한 협력의 결정체이다. 이 책이 전하는 메시지는 우리 모두가 사회에 공헌한다는 사실이다. 모든 사람이 설 자리가 있고 모든 사람이 포함되며 모든 사람이 참여한다. 인류는 협력하는 사람들의 거대한 네트워크이다. 의사소통이 원활하지 못해 일어나는 단절은 존재하지 않는다.

'새 집 짓기', '편지 부치기', '구조 소방관' 같은 장에서는 각 프로젝트의 다양한 역할을 자세히 설명한다. 이를테면 '기차여행' 장에서는 앙증맞은 돼지 가족이 기차를 타고 시골에 사는 사촌을 방문한다. 도중에 돼지 가족은 상냥한 고슴도치의 가판대에서 읽을 잡지를 사고, 부지런한 개와 쥐가 기차에 연료를 주입하고, 친절한 여우 기관사가 기차를 몰고, 집중력이 뛰어난 돼지 전철사가 트랙을 바꾸어 기차는 종착역에 제대로 도착한다. 비지타운은 주변 사람들을 무시하지 않고 함께 소통하던 소박한 시대를 배경으로 협력과 조직, 생산성을 구현하는 도시이다. 애비 토끼가 셀카를 찍어 수학 시간에 스냅챗SnapChat에 올리는 모습은 볼 수 없다.

이것이 지금 내가 창밖을 바라볼 때 내 눈에 보이는 것이다. 나는 정보 기술이 야기한 의사소통의 붕괴를 본다. 사회에는 대단한 진보이지만 제대로 사용하지 않으면 파괴력이 있는 이 정보 기술이 대단히 부

---

1 리처드 스캐리, 《허둥지둥 바쁜 하루가 좋아》 (뉴욕: 랜덤하우스Random House, 1968).

정적인 결과를 초래할 수 있다. 붕괴 원인은 다음과 같다. 첫째, 다음 날 밀려드는 미디어의 홍수에 휩쓸려 중요한 이야기가 금세 자취를 감추는 현상의 주범인 정보 기술의 빠른 속도이다. 둘째, 소셜 미디어 채팅에서 흔히 찾아보기 어려운 예의와 존중을 꼽을 수 있다. 셋째, 자비 출판의 가능성과 공개하기 전에 내용을 검토하는 감시자(발행인)의 역할 감소이다. 넷째, 개인적으로 관계를 맺거나 지식을 전달할 때 사람들이 서로 의존해야 할 필요성을 무력화시키는 디지털 정보의 끊임없는 유입에 대한 중독이다. 이것들이 붕괴에 한몫씩 한다.

■ 속도 : 커뮤니케이션 기술의 속도는 놀랍다. 사실 기하급수적으로 속도가 빨라진다. "수확가속의 법칙에 따르면 특히 정보 기술 같은 기술은 그것을 추진시키는 공통적인 힘이 존재하기 때문에 진보 속도가 시간이 갈수록 기하급수적으로 빨라진다." 결국 기하급수적이라는 사실이 진화의 핵심이다… 레이 커즈와일Ray Kurzweil은 2001년[2] 10년마다 전반적인 진보 속도가 두 배로 증가했다고 말했다. "21세기에 우리가 경험하는 진보는 100년 동안의 진보가 아닐 것이다. (현재 속도로 진보한다면) 그것은 2만 년 동안의 진보에 더 가까울 것이다."[3]

■ 예의와 존중 : 널리 알려졌듯이 프랜시스 헤셀바인은 자신이 받

---

2 레이 커즈와일, 2001년 3월, www.kurzweilai.net/the-law-ofaccelerating-returns.

3 앨리슨 E. 버먼Alison E. Berman과 제이슨 도리어Jason Dorrier, 2016년 3월, https://singularityhub.com/2016/03/22/technology-feels-like-its-accelerating-because-itactually-is/#sm.00000jlmvildgnd5uymy2x1clcu0d.

은 최고의 조언이 모든 사람을 존중하라는 것이었다고 말했다. 이 위대한 리더는 또한 다음과 같이 말한다. "언어는 가장 훌륭한 동기부여 요소이다. 어떤 말을 긍정적으로 표현해 사람들에게 최선을 다하도록 영감을 불어넣거나 아니면 부정적으로 표현해서 그들을 걱정과 불안, 자의식을 느끼도록 만들 수 있다… 나는 배려와 존중, 감사와 인내심을 보여주는 방식으로 내 목소리를 사용하려고 노력한다. 여러분의 목소리, 여러분의 언어가 여러분의 문화를 결정한다. 그리고 조직을 위해 일하는 사람들의 언어 사용 방식에 따라 기업 문화의 일부가 정의된다."[4]

우리가 세계적으로 의사소통할 때 사용하는 언어가 우리의 세계 문화를 창조하고 있다. 어떤 세계 문화를 원하는가? 정중하고 예의바르며 친절하고 포용적인 문화인가? 아니면 첨예하게 대립해 파벌과 파벌, 부서와 부서, 개인과 개인이 싸우는 문화인가? 졸리와 애니스턴, 스위프트와 페리를 생각해보라(앤젤리나 졸리Angelina Jolie와 제니퍼 애니스턴Jennifer Aniston: 미국 영화배우 브래드 피트의 두 전 부인, 테일러 스위프트Taylor Swift와 케이티 페리 Katy Perry: 한때 친한 친구였으나 앙숙이 된 미국의 두 여가수-옮긴이).

■ 윤리: 이 책에서 톰 콜디츠가 쓴 글에 따르면 "2017년 세계경제포럼WEF에서는 '4차 산업혁명'으로 일어나는 기술 변화를 상세히 설명하고 중점적으로 다뤘다. WEF의 2017 새로운 챔피언 연례회의 회의

---

4 샐리 헬게센, 《여성의 장점 The Female Advantage》 (캘리포니아주 오클랜드: 베렛-코엘러출판사, 2010년 6월), 81~82페이지.

록[5]에 따르면 향후 10~20년 동안 사회와 경제 분야에서 일어날 강력한 트렌드에 적응하기 위해 차세대 리더가 익혀야 할 여러 가지 능력에 변화가 일어난다…리더는 특히 디지털과 정보 관련 수단으로 이루어지는 행동에서 속임수와 부정행위, 위법행위를 식별해야 할 것이다. 비윤리적인 행동을 실망스러울 정도로 용인하는 세상에서 자신의 조직을 보호해야 한다. 탄탄한 개인 윤리를 갖추는 것만으로는 부족하다. 차세대 리더는 다른 사람들이 올바른 일을 하는 데 헌신하지 않을 수 있다는 점을 확실하게 인식해야 한다."[6]

■ 중독: 이 글을 쓰는 시점에도 우리는 여전히 소셜 미디어 중독자 같은 것이 존재하는지 여부를 놓고 논쟁하고 있다. 2018년 1월 세계보건기구는 비디오게임 중독을 정신장애에 포함시킬 것이라고 발표했다. 소셜 미디어 중독은 아직 이 목록에 포함되지 않았다. 노팅엄트렌트대학교Nottingham Trent University의 마크 그리피스Mark Griffiths는 페이스북, 트위터, 인스타그램 같은 소셜 네트워킹 사이트의 과도한 사용과 도박, 인터넷 중독을 줄곧 연구한 결과 소셜 미디어가 '잠재적인 중독성'이 있다고 믿는다. 그는 "'소셜 미디어 중독' 같은 기술 강박 충동에서 대개 흡연이나 알코올 중독 같은 화학물질 중독을 연상시키는 모든 행동 신호가 수반된다는 사실을 발견했다. 여기에는 기분 변화, 사회적 위축,

---

5 토머스 A. 콜디츠, "리더십의 목적이 리더십의 효과를 결정한다 Why You Lead Determines How Well You Lead," 〈하버드비즈니스리뷰〉, 2014년 6월 22일, http://blogs.hbr.org/2014/07/why-you-lead-determines-how-well-you-lead/.
6 토머스 A. 콜디츠, 이 책의 24장.

갈등, 퇴보가 포함된다."[7]

붕괴에 대한 해결책

의사소통의 붕괴를 바로잡고 이것이 미래에 미칠 영향을 막기 위해 무엇을 할 수 있을까? 이 난제를 바로잡고 대처하기 위한 나만의 한 가지 방법은 '상대방이 나를 경청하고 있을까?'를 묻는 것이다. 프랜시스 헤셀바인은 "의사소통이란 무언가를 말하는 것이 아니라 상대방의 경청을 받는 것"이라고 자주 말한다. 나는 글, 말, 디지털 할 것 없이 모든 방식으로 소통할 때 이 말을 명심한다. 상대방이 내 말을 경청하지 않는다면 나는 소통하지 않은 것이다.

어떻게 하면 대부분의 사람들이 내 말을 경청할까? 세 가지 요소가 매우 중요하다.

1. 메시지가 있다. 경청을 받는 첫 열쇠는 메시지, 즉 여러분이 느끼기에 상대방이 경청할 만큼 중요한 요소가 있어야 한다는 점이다. 위대한 리더의 메시지에는 대개 감동과 희망, 매력이 있다. 이 책에서도 우리는 PART 5의 제목을 영감을 불러일으키는 '밝은 미래여!'라고 붙여서 희망을 불어넣고 사람들의 마음을 끈다.

---

7 소피아 스미스 갤러Sophia Smith Galer, "소셜 미디어에서 '지나치게 많은 시간'은 어느 정도 많은 것인가?How Much Is 'Too Much Time' on Social Media?" 2018년 1월 19일, www.bbc.com/future/story/20180118-how-much-istoo-much-time-on-social-media.

2. 모든 사람에게 예의와 존중을 보여라. 나는 프랜시스 헤셀바인이 《내 삶의 리더십 My Life in Leadership》에서 표현한 것보다 더 적절한 방법을 떠올릴 수 없다. 그녀는 다음과 같이 말한다. "오늘날 신뢰가 바닥을 치고 냉소주의가 하늘을 찌를 때 치료사이자 통합자인 리더를 부르는 외침은 응답을 받아 마땅하다. 우리가 어디에 있고 어떤 일을 하든, 우리의 플랫폼과 포럼이 무엇이든 간에 우리는 치유하는 언어와 통합하는 포용심을 찾아야 한다. 지금은 모든 단계의 리더가 변화를 일으키고 모든 사람에 대한 존중이 최고 가치임을 입증해야 할 중요한 시기이다. 우리 모두가 '나팔 소리가 선명하지 않다면 누가 전투에 나갈 준비를 하겠는가?'를 강렬한 좌우명으로 삼아야 할 것이다.[8]

3. 명확하고 구체적으로 표현하라. 이는 사상 최고의 전달자, 리더, 작가, 연사가 사용하는 기술이다. 이 기술은 대부분 후천적으로 배우지만 특정한 부분은 선천적인 재능으로 타고난다. 명확하고 구체적으로 표현하려면 어휘를 신중하고 조심스럽게 선택해야 한다. 그러면 가장 폭넓은 청중이 이해할 수 있도록 복잡한 개념들을 단순화시킬 수 있다. 명확성은 일관성과 일맥상통한다. 우리는 다른 사람들에게서 이 기술을 배워 의사소통할 때 실행한다. 이를테면 청중이나 대화 상대에게 민감하게 반응하는 사람들은 상대방이 경청하지 않는다는 비언어적인 신호를 포착해 표현을 바꾸거나 혹은 하던 말을 멈춘다. 일관적인 메시지

8 프랜시스 헤셀바인, 《내 삶의 리더십》 (샌프란시스코: 조시-베이스, 2011), 27페이지.

와 가장 폭넓은 청중이 이해할 수 있는 방식으로 전달하는 능력을 갖추면 상대방의 경청을 이끌어내야 할 때 유리하다.

흥미롭게도 정보 시대의 한 가지 중대한 도전은 의사소통의 붕괴이다. 놀라운 의사소통 도구와 검색만 하면 얻을 수 있는 풍부한 정보가 있으니 이제 유토피아가 멀지 않았다고 생각하는 사람이 있을 것이다. 비록 아직은 성공하지 못했으나 많은 사람이 긍정적으로 변화함으로써 이런 미래에 도달하고자 노력하고 있다. 우리는 포용하는 세계 문화를 창조하고, 신중하게 어휘를 선택하고, 앞을 내다보고 상대를 존중하며 명확한 방식으로 의사를 전달하고 있다. 의사소통 체계에 일어난 거대한 발전에 수반되는 거침없는 부정성의 홍수에 휩싸이거나 이를 방치하지 않는다. 긍정적인 면에 초점을 맞추면서 인류를 위해 밝은 미래를 창조하고 있다. 여러분과 전 세계 모든 사람에게 동참할 것을 촉구한다.

✎ 자기성찰 질문

1. 개인생활과 직장생활에서 의사소통의 붕괴를 발견하는가?
2. 이 붕괴를 바로잡고 앞으로 예방하기 위해 무엇을 할 수 있는가?
3. 상대방이 당신의 말을 경청하는지를 어떻게 알 수 있을까?
4. 어휘를 어떤 식으로 사용하면 자신과 주변 사람들을 위해 긍정적인 환경을 조성할 수 있는가?

제30장

문제는 존재하지 않고 프로젝트만 존재한다면 어떨까

데이비드 앨런

세계에서 가장 영향력 있는 생산성 전문가로 손꼽히는 데이비드는 경영컨설턴트와 경영코치로 35년 동안 경험을 쌓아 〈패스트컴퍼니〉에서 '개인 생산성 구루', 그리고 〈포브스〉에서 미국 5대 경영코치로 인정받았다. 미국경영협회American Management Association는 그를 10대 비즈니스 리더로 선정했다. 그의 획기적인 베스트셀러 《쏟아지는 일 완벽하게 해내는 법 Getting Things Done: The Art of Stress-Free Productivity》은 30개 언어로 출간되었고, 이 책에서 묘사한 'GTD' 방법론은 세계적으로 인기를 얻어 60개국의 훈련 기업이 이를 가르치고 있다. 데이비드와 그의 회사, 그리고 그의 파트너들은 급변하는 세계에서 긴장을 늦추고 생산성을 유지할 방법을 사람들에게 가르치는 일에 전념하고 있다.

■ ■ ■

세계 인구 다수가 경험하고 수많은 언론이 보도하듯이 현대 세계는 문제투성이이다. 단순히 최적 상태라 할 수 없는 상황부터 참을 수 없을 정도로 비극적인 상황에 이르기까지 잘못되거나 파괴된 것들이 급물살을 타고 증가하는 것처럼 보인다.

"우리나라 정부에서 무슨 일이 일어나고 있는지 이해가 안 된다."
"내 거래 은행이 다른 은행과 막 합병되는 바람에 개인 거래가 영향을 받고 있다."
"아프리카에서 수백만 명이 갈 곳을 잃고 굶주리고 있다."
"딸이 다니는 학교가 안전한지 모르겠다."

잠재적으로 잘못될 가능성이 있는 일에 대한 자각과 이에 관한 보도가 세계적으로 확산되고 있다.

실제로 과거에 비해 부정적인 상황이 대폭 증가했는지는 논란의 여지가 있다. 하지만 얼마나 많은 나쁜 일이 얼마나 많은 곳에서 얼마나 많은 방식으로 일어나고 있는지에 사람들의 관심과 인식이 증가하고 있다는 사실은 분명하다. 그러한 결과로 (대부분) 체념부터 (드물게) 단호한 행동까지 다양한 반응이 나타날 수 있다. 사실 많은 사람이 불평과 걱정, 비판으로 반응하는 것처럼 보인다.

내 요지는 세계가 문제가 아니라 프로젝트라고 생각하는 식으로 관점을 바꾸어야 한다는 것이다. 이렇게 관점을 전환하면 넓게는 국내외 정계와 좁게는 개인 삶이 향상될 기회가 무궁무진해질 것이다.

지금껏 우리는 언제나 자신의 개인적인 문제와 딜레마를 어느 정도 인식했다. 지금 좀 더 투명해진 우리의 조직이 수치스러운 모습을 드러내고 있다. 우리가 사는 환경의 문제와 위험을 인식하는 우리의 시각 또한 점점 예리해지고 있다. 24시간 쉬지 않는 언론은 로마 시대 콜로세움에서 벌어지는 광경을 바라보던 시각에 버금가는 잔혹한 시각으로 전 세계에 가장 극적인 상황을 보도함으로써 우리의 관심을 끌기 위해 경쟁한다.

그런데 대부분의 경우 한 가지 관점이 빠져 있다. 무언가를 볼 수 있는 가장 좋은 방법은 보이지 않는다.

이런 모든 문제를 '프로젝트'라고 생각하면 어떨까?

이게 무슨 말인가?! 우주에서 우리의 마음에 들지 않거나 혹은 우리가 끔찍하거나 부당하거나 비도덕적이거나 아니면 그저 어리석다고 생각하는 나쁜 일들을 부인해야 하는가? 천만의 말이다. 그저 이런 문제를 우리가 대처할 능력이나 의지가 있는 일이라고 인식하자는 뜻이다. 만일 우리가 대처할 능력이나 가능성이 있는 일이라면 결단을 내리고 이 과정에 적절히 참여해야 한다.

(독자 여러분이 이 글을 읽는 동안에도 사람들에게 중상을 입히고 있는 중력처럼) 불변의 법칙이라서, 아니면 (지구온난화를 멈추거나 문화에 대한 누군가의 고집스러운 선입견을 바꾸는 일처럼) 변화를 일으킬 시간이나 돈이라는 자원이 없으니까 우리가 바꿀 수 없다고 인식하는 일들이 있다. 우리는 만사가 잘될 것이라고

긍정적으로 생각하며 이런 현실들을 그냥 수용하거나 외면할 수 있다.

여기에서 보이지 않지만 우리가 볼 수 있는 것은 무엇일까? 바로 세상은 있는 그대로 (좋지도 나쁘지도 않은) 상태로 존재할 뿐이지만 세상에 참여하는 방식은 언제나 우리가 선택할 수 있으며 이 선택이 긍정적이거나 부정적인 경험을 낳는다는 사실이다. 개인과 조직이 생태계에서 일어나는 모든 긴장 상태에서 '원하는 결과를 얻으려고 행동하는' 성향을 기준으로 선택한다면 얼마나 좋겠는가. 그러면 우리가 사는 세상은 징징대는 고집불통 아이들의 유치원이 아니라 결심하고 해결하는 성향이 존재하는 곳이 될 것이다.

어떤 상황이 지금보다 나아야 한다고 생각하면서도 긍정적으로 참여해 개선하는 일은 회피한다면 불평이나 걱정(불평의 수동적인 형태)이 나타난다. 현재 상황이 우리 마음에 들지 않을 때 우리는 달라져야 한다고 생각하거나 혹은 달라지기를 바라면서 자신과 다른 사람들을 못살게 군다. 대처하면 좋을 문제를 직접 결정하거나 정의하지 않은 경우 대부분 우리는 비판 행위에 빠진다. 그리고 이때 '하면 좋을'이라는 요인이 매우 중요하다.

이는 단순히 난해하거나 심리학적인 대화라거나 다양한 정치 풍토와 대화의 근시안적이고 이기적이며 답답한 본질이라고 치부할 만한 사안이 아니다. 그것은 우리가 일상적인 세계의 현실에 대처하는 방식에 영향을 미친다.

내가 세계에서 가장 훌륭하고 똑똑하며 고상한 사람으로 손꼽히는 몇몇 사람과 함께 실시한 연구에서 우리는 변함없이 이들의 머릿속을 차지하고 있는 사안과 문제, 기회를 발견했다. 스트레스와 내적 동요를 일으키는 상황이 존재하지만 개선하려는 움직임은 보이지 않는다. 사실 불평을 늘어놓는 직원, 실망스러운 조직 프로세스, 불편한 노부모 등 이런 요소들은 대개 미묘하고 모호하다. 단순하지만 매우 효과적인 사고 프로세스를 적용해 사람들의 관심사를 확인하고 그들이 원하는 결과와 다음번에 취할 구체적인 조치를 명확하게 밝히자 사람들의 시각이 바뀌고 엄청난 스트레스가 해소되었다.

일차적인 문제는 대개 사람들의 창의성이 그들의 발목을 잡았다는 점이었다. 역설적이게도 가장 포부가 크고 의욕적이며 생산적인 사람들이 그들의 일과 삶에서 궤도를 벗어난 일, 즉 저절로 움직이는 일을 가장 두려워한다.

가령 여러분 팀의 한 고위 인사가 기대치에 못 미치는 성과를 거두고 있다고 하자. 혹은 여차하면 여러분의 개인적인 재무와 법률 업무에 차질이 생긴다고 하자. 아니면 회사가 올바른 방향으로 가고 있다는 확신이 없거나, 노부모를 책임지고 부양해야 하거나, 운동과 명상을 더 열심히 해야 한다는 사실을 안다고 하자.

어떻게 우리의 심리적 사슬을 잡아채고 한밤중에 자다 말고 일어나게 만드는 이런 일들에 긍정적으로 대처할 수 있을까? 외면하려고 애쓰는 것, 마음챙김을 실천하는 것, (어쩌다가 한번은 행동하겠다는 약간의 거짓 용기를 줄 수 있지만) 술을 마시는 것은 소용이 없다. 의식적인 연습이 필요하다. 우리의 관심을 사로잡고 있는 일이 무엇이며, 정확히 말해 '대처하면 좋을 문제'에 대처하려면 무엇을 해야 하는지에 대해 몇 가지 결정을 내려야 한다. 내 경험상 우리가 이 행성에서 실행하고 배워야 할 일은 단순하지만 숭고하다. 우리는 우리가 어디에 관심과 애정을 품는지를 깨닫고 책임지며 피조물로서 우리가 어떤 사람인지 인식하고 에너지를 투자해 전진하고자 이곳에 왔다.

나는 이 사실을 내 고객들과 자주 공유하지 않는다. 솔직히 그래야 한다고 생각지 않았다. 만일 이 사실이 진리라면 고객들이 자기만의 완벽한 시기에 스스로 찾을 것이다. 그렇지 않다면 굳이 누군가에게 내가 틀렸다는 사실을 들킬 필요가 없다.

내가 발견한 것은 개인의 생산성 방법론이다. 이는 가장 쉽고 일반적이며 실용적인 방식으로 이 역학을 구체화하고 사람들을 참여시킬 도구이다.

첫 단계에서는 사람들에게 자신의 모든 관심사를 확인하게 만든다. 무언가가 누군가의 머릿속에 남아 있는 이유는 그 일을 처리하는 데 어느 정도 관심이 있으나 아직 접근할 방식을 정확히 결정하지 않았기 때문이다.

왜 저 이메일을 아직 지우지 않았는가? 책상 위에 놓인 저 문서는 여러분에게 무엇을 하라고 요구하고 있는가? 왜 저 영수증이 아직 가방에 들어 있는가? 저 회의록을 어떻게 처리할 것인가?

우리가 연관된 일들은 우리가 고리를 완전히 끊거나(위원회에서 사임하거나) 적절히 참여해서 전념할 때까지(원하는 결과와 다음 조치를 확인하고 그것에 관한 메모를 적절한 곳에 둘 때까지) 끊임없이 관심을 가지라고 요구할 것이다.

책상 위에 놓인 종이나 컴퓨터에서 기다리고 있는 이메일을 처리하려면 반드시 필요한 일을 결정하는 단순한 행동은 세상의 희생자가 되는 일에서 운전석에 앉는 일로 옮겨가는 소우주의 실현이라 할 것이다. 흥미롭게도 나는 심지어 가장 일상적인 문제에서조차 이런 우유부단한 사고방식과 결정방식을 그만두는 것이 대단히 우수하고 똑똑한 사람들에게도 얼마나 어려운 것인지를 직접 목격했다.

여러분에게 무료 관람권 네 장이 있다. '누구를 초대할 것인가?' 훨씬 더 힘들고 심각한 문제 때문에 계속 골치가 아프다. '이혼을 선택해야 할까?'

그런데 우리의 딜레마를 문제가 아니라 프로젝트라고 생각하고 재구성한다면 이 일이 얼마나 간단해질까? '어떤 결과를 원하는가?' '그 프로젝트를 적절히 진척시키려면 다음에 어떤 조치를 취해야 할까?' 매우 단순하지만 이따금 매우 어렵기도 하다.

지지 기반에 이로울 만한 바람직한 결과보다는 유권자들에게 그럴싸해 보이는 결과에 초점을 맞추는 정치인이 얼마나 많은가? 긍정적인 결과를 정의하고 명확히 전달하며 실질적인 조치를 취하는 대신 비판하기에 급급한 정치 활동이 얼마나 많은가?

모든 뉴스 기사가 다음과 같다면 어떤 일이 일어날까? '현실은 이렇다.' '변화를 일으키는 일에 헌신한 사람을 소개하겠다.' '이 상황에서 그들이 바라는 결과는 이것이다.' '그들이 이 문제에 접근하는 방식을 소개하겠다.'

실제로 국립공원에서 산불이 걷잡을 수 없이 번지는 사건을 비롯해 어느 정도는 이런 구성 방식을 택하는 뉴스 기사가 많다. '우리가 생각하는 가장 정확한 현황은 이렇다.' '이 사건에 할당된 인력과 자원은 이 정도이다.' '그들의 전략은 이것이다.'

그러나 세계의 나머지 뉴스는 대체로 이런 방식으로 구성되고 전달되지 않는다(우리도 그런 방식으로 받아들이지 않을 것이다). 우리는 끔찍한 상황을 흔히 보지만 그것을 바로잡는 과정에 누가 어떻게 참여하고 있는지에 관한 뉴스 기사는 좀처럼 보지 못한다.

애초에 무언가를 여러분의 우주에 들어오도록 허용한 것이 여러분의 책임이듯이 여러분의 우주에 받아들인 일에 적절히 참여하는 것도 여러분의 책임이다.

자신(무엇이 내 것 혹은 그들의 것인가? 이것이 내가 참여할 수 있는 일인가? 이 일에 나는 어느 정도 관심을 가지고 무엇을 투자하는가?)에 대해 명확히 정의하는 것이 명확성과 생산성을 가장 적절히 유지할 수 있는 열쇠이다.

우리가 모두 이렇게 행동한다면 어떻게 될까?

여러분의 아들이나 딸이 태권도를 배우거나 생일파티를 열고 싶어 하는 경우라면 어떤 일이 일어날까? 아이들이 원하는 결과(태권도를 배우겠다)를 미리 결정한 다음에 여러분을 찾아올까? 그럴 수 있다. 하지만 적어도 이때 일관적인 태도로 평정심을 유지할 아이는 드물 것이다.

의회가 예산 처리 방식을 바꾸기로 결정한다면 어떤 일이 일어날까? 여기에서 우리가 원하는 긍정적인 결과는 무엇인가? 만일 우리가 이 문제에 합의한다면 누가 책임자가 될 것인가?

엄격하게 협의하는 최고의 의사결정 프로세스라면 '원하는 결과, 필요한 행동' 접근방식을 택할 것이다. 비록 토론과 협상이라는 수렁에 빠지면 대개 이런 초점을 놓치지만 말이다.

그런데 전 세계의 상황은 어떤가? 왜 우리는 결과와 행동이라는 초점으로 우리의 경험 환경에 접근하라는 교육을 받지 못했을까? 물론 세상에는 우리가 나쁘다고 생각할 만한 결과에 이런 초점을 맞추는 사람들이 일으키는 일들이 많다. 인정한다. 하지만 내 경험상 부정적인 행동은 대부분 불안, 즉 자신의 가치와 힘에 대한 자각의 부족에서 비롯된다. 피해자라고 느끼는 것과 가해자가 되는 것 사이에는 직접적인 상관관계가 존재한다. 만일 처음부터 우리가 문제를 프로젝트라고 보는 훈련을 받았다면 그 역량을 발휘해 더욱 훌륭한 모습으로 성장하고 그 모습을 표현할 수 있었을 것이다.

걱정과 불평이 가치 있는 목적을 성취하는 데 도움이 될 수 있다. 이를테면 변화와 개선을 위한 기회를 확인할 수 있다. 문제가 눈에 띌 수도 있을 것이다. 하지만 우리는 우리가 원하는 긍정적인 결과와 전진하는 길에 계속 초점을 맞추어야 한다. 다시 말해 창밖을 바라보고 보이지 않는 것을 보아야 한다.

1. 개인생활과 직장생활에서 직면하는 장애물을 어떻게 보는 가? 어디에서 그런 관점을 얻었는가?

2. 관점을 바꾸어 도전을 문제가 아니라 프로젝트로 보면 왜 자신의 역량이 증진되었다는 느낌이 더 커질까?

3. 특정한 상황에서 여러분이 책임을 결정하는 방식을 생각해 보라. 누가 무엇을 책임지며, 또 여러분의 책임은 무엇인지 를 어떤 식으로 결정하는가?

4. 어떻게 원하는 결과와 필요한 행동의 관계를 구성하는가? 어떤 단계를 거쳐 전자에서 후자로 움직이는가?

제31장

뼛속까지 치어리더

휘트니 존슨

휘트니 존슨은 자신의 다채로운 전문적 경험을 토대로 전략적인 시각과 장기적인 비전을 제시한다. 월스트리트 투자지분 분석가로 대성공을 거두었을 뿐만 아니라 (하버드 경영대학원의 클레이튼 크리스텐슨과 함께) 파괴적 혁신 펀드인 로즈파크 어드바이저스를 공동으로 설립해 관리했다. 전통적인 교육을 받은 피아니스트라 훈련과 연습, 끈기에 대한 통찰력이 남다르다. 파괴적 혁신과 개인 파괴의 전문가로, 리더들이 독점적인 프레임워크를 실행함으로써 변화를 활용할 수 있도록 도구를 제공하는 것이 전문 분야이다. 그녀는 비평가들의 찬사를 받은 《자신을 파괴하라: 파괴적 혁신의 힘을 일에 불어넣기》에서 이 프레임워크를 요약했다. 싱커스50과 리딩 비즈니스 싱커 글로벌리, 그리고 2015 인재 톱싱커 결승진출자로 선정되었다. 팟캐스트 '당신을 파괴하라'를 진행하는 그녀는 구글의 전 CFO 패트릭 피체트와 WD-40의 CEO 개리 리지 같은 유명 인사들을 초대 손님으로 모셨다. 다양한 산업의 고위 경영진을 코치하며 경영자들이 가치를 창조하거나 파괴하는 방식을 깊이 이해했다. 개개인이 파괴의 기본 단위라는 전제를 토대로 삼는 그녀의 코칭 방식은 파괴적 혁신 이론에 뿌리를 두고 있다. 그녀는 개인의 책임을 바탕으로 마셜 골드스미스의 이해관계자 중심 코칭(변화는 생태계에 따라 촉진되는 것이 아니라 내면에서 시작한다)을 활용해 경영진과 협력한다.

■ ■ ■

고백하건대 나는 고등학교 시절 치어리더였다.

이것은 소녀 시절에 내가 소중하게 간직했던 꿈이었다. 나는 이 소망을 실현하려고 정진했다.

노력은 내게 낯설지 않았다. 나는 모범생이었고 어린 나이에도 아침 일찍 일어나 피아노를 연습했다. 하지만 그것은 내 꿈이라기보다는 우리 엄마의 꿈이었다.

사실 나는 다소 내키지 않았지만 대학에서 음악을 전공해(엄마가 다시금 내 야망이 아직 영글지 않은 틈에 자신의 야망을 밀어 넣었다) 학사 학위를 취득했다. 그것은 수년간 기울인 노력의 결정이었다. 하지만 나는 공연하고 싶다는 특별한 소망이나 사실상 공연할 무대가 없었다. 하물며 전문 피아니스트에게 요구되는 타고난 욕구가 있었겠는가. 그 시절 내 유일한 열망은 치어리더가 되는 일이었다. 나는 이 열망을 실현할 수 있을 만큼 구체적으로 되새겼다.

그런데 대학을 졸업한 후의 내 삶은 전혀 다른 방향으로 향했다. 내가 졸업할 무렵과 거의 맞물려서 남편이 석사 과정을 끝냈다. 우리는 남편이 컬럼비아대학교에서 박사 과정을 밟을 수 있도록 뉴욕으로 이사했다. 나는 맨해튼에서 위압감을 느꼈다. 나 혼자였다면 결코 그곳으로 이사하지 않았을 것이다. 하지만 남편이 참여한 미생물학 프로그램은 5~7년이 걸릴 예정이었다. 공과금과 식비를 해결할 돈이 필요했다. 정식 직업을 구해야 했다(그리고 구하고 싶었다). 그래서 월스트리트로 향했다.

나는 회계나 재무 혹은 경제학 강좌를 들어본 적이 없었다. 비즈니스 관련 자격증도 전혀 없었다. 뉴욕에 아는 사람도 없었다. 이 시절을 회상하면 내가 남달리 소질이 없었던 일을 시도했다는 사실에 자주 놀라곤 한다. 나는 비서직을 구했다. 1980년대 월스트리트에서 일하는 여성에게 그리 특별하지 않은 초보 수준의 역할이었다.

그 무렵은 《라이어스 포커 Liar's Poker》(마이클 루이스Michael Lewis가 월스트리트 최고 두뇌들의 머니게임을 그린 작품—옮긴이)와 《허영의 불꽃 Bonfire of the Vanities》(언론인 출신 작가 톰 울프Tom Wolfe가 1980년대 월스트리트를 배경으로 쓴 작품—옮긴이)의 시대여서 내 책상 주변에는 20대 남성 예비 증권중개인 무리가 있었다. 그들은 불특정 가망고객에게 전화를 걸고, 툭 하면 끊어지는 전화를 견뎌내고, 가망 투자자들에게 인기 주식을 매입하라고 설득하면서 나날을 보냈다. 걸어야 할 전화 횟수, 개설해야 할 계좌 개수, 매출 등 실적을 올려야 한다는 압박감이 심했다. 항상 강매가 진행 중이었다. 그들이 자동으로 되풀이하던 한 가지 설득 도구는 다음과 같은 말이었다. "수술 다발을 내던지고 경기에 뛰어들어라."

나는 기분이 상했다. '여성적인 행동은 그만두고 남자처럼 행동하라'는 이런 도발에 담긴, 노골적으로 성적인 분위기에 여성으로서 기분이 상했다. 그뿐 아니라 나는 치어리딩이라는 통과의례를 간절히 원했던 전직 치어리더였으니 개인적인 의미에서도 기분이 상하는 말이었다. 내가 태어날 무렵에는 학교나 지역에 여자 운동선수가 흔치 않았다. 여학생을 위한 기회가 지금만큼 많지 않았던 시절에 치어리딩은 내게 그야말로 스포츠였으며, 특별활동에 참여할 수 있는 중요한 기회였다.

그러던 어느 날 똑같은 책상에 앉아 반대편에서 진행되는 똑같은 일상적인 통화 소리를 듣다가 나는 문득 진리를 깨달았다. "수술 다발을 내던지고 경기에 뛰어들어라"라는 도발적인 문구가 이전과는 다른 의미로 마음에 와닿았던 것이다. 나는 이렇게 생각했다. '내 수술 다발을 내던지고 경기에 뛰어들어야겠어.'

'당분간 나는 가장 역할을 맡아야 해. 수입을 열 배로 불릴 수 있는데 왜 지금 수입에 만족하는 거지? 좀 더 노력하고 훈련하면 게임의 판도를 바꾸는 선수가 될 수 있는데 어째서 월스트리트의 구경꾼이나 후보 선수, 치어리더로 남아야 하는 거야? 조언 역할을 찾고 있는 거야? 아니면 주인공이 되고 싶은 거야?'

이것이 결정적인 순간이었다.

나는 회계와 재무 야간 강좌에 등록해서 월스트리트 게임에서 셋째(혹은 네다섯째) 줄의 후보 선수에서 주전 선수로 옮기겠다는 꿈을 끈질기게 좇았다. 몇 년이 흘렀고 부단한 노력에다 나를 위해 기꺼이 다리를 놓아줄 상사를 만나는 행운이 더해졌다. 나는 지원 담당 직원에서 투자금융 분석가로 자리를 옮겼다. 그리고 다시 투자연구로 자리를 옮겨 기관투자가 전문 주식 분석가가 되었다. 이후 하버드의 클레이튼 크리스텐슨과 함께 창업했으며 현재 경영코치, 연사, 작가, 경력 개발 전문가로 활약하고 있다. 나는 다른 사람들이 직장생활의 사이드라인에서 센터필드로 자리를 옮겨 자신의 성공담을 쓰는 주인공이 되도록 돕고 싶다.

나는 오랫동안 '수술 다발을 내던지고 경기에 뛰어들어라'의 경험을 이용해 다른 여성들이 나처럼 따분한 일(혹은 무직)에서 벗어나 성장하고 성취할 수 있는 흥미진진한 경력의 길로 들어서라고 격려했다. 어쨌든 연구 결과에서는 여전히 여성에게 조연을 맡기는 것이 우리 문화의 기준이며, 대부분 여성이 리더가 되기보다는 사이드라인에 붙어서 다른 사람들을 지지하고 격려할 때 사회적으로 더 인정받는다고 느끼는 것으로 나타났다. 나는 모든 여성이 경력을 쌓으면서 자신의 꿈을 실현할 도구, 특히 자신감을 가지기를 바랐다. 이 바람은 지금도 변치 않았지만 나는 한 가지 주의사항을 잊지 않는다. '이 꿈이 진정 그들의 꿈인가? 아니면 다른 사람들이 그들에게 품는 꿈인가? 그들이 아니라 내가 그들에게 품는 꿈인가?'

현재 노동인구와 대학생 가운데 50퍼센트 이상이 여성이다. 그리고 비록 대부분 분야에서 고위직에서는 여전히 남성에게 뒤처지지만 시간이 갈수록 인구통계학이 경력 기회에서 향상하기를 꿈꾸는 여성에게 유리해진다.

인구통계학을 보면 실업자가 전례가 없을 만큼 많은 남성 가운데 꿈을 잃는 사람이 점점 많은 것으로 나타난다. 미국의 남성 노동 참가 인구가 경제협력개발기구OECD 23개국 가운데 22위를 차지했다. 니콜라스 에버슈타트Nicholas Eberstadt가 《직장을 잃은 남자들: 미국의 보이지 않는 위기 Men without Work: America's Invisible Crisis》[1]에서 밝혔듯이 20세 이상 남성 가운데 유급 직장이 없는 사람이 32퍼센트에 육박한다.

에버슈타트의 추정에 따르면 이들은 대부분 직장을 구하지 않는 사람들이다. 때때로 가정에서 아이들의 1차 양육자 역할을 맡는 남성이 있지만 그리 흔치는 않다. 대개 자발적인 실업자이며 대부분 텔레비전을 보거나 비디오게임을 한다.

이런 복잡한 문제는 전부는 아니어도 대부분 최근 일어난 대침체 (Great Recession, 2009년 9월 서브프라임 사태 이후 미국과 전 세계가 겪고 있는 경제침체 상황을 1930년대 대공황에 빗대어 일컫는 말—옮긴이)에서 비롯되었다. 나는 이 문제가 우리 사회에 나타난 사기 저하의 한 가지 증상이 아닌지 걱정스럽다. 그래서 이 남자들에게 새로운 응원 문구를 전하고 싶다. "조이스틱을 내던지고 (진짜) 경기에 뛰어들어라." 우리는 모두 꿈을 꾸어야 한다. 달성하기 위해 노력할 목표, 우리 삶에 의미를 선사할 중요한 직업이 필요하다.

내 첫 경력은 비서직이었다. 사실 그것은 내가 간절히 원했던 흥미로운 일을 맡아 하는 남자들을 위한 일종의 치어리더였다. 그런데 마침내 내가 원하던 경기에 뛰어들었을 때 나는 여성을 위한 치어리더가 되

---

1 니콜라스 에버슈타트, 《직장을 잃은 남자들: 미국의 보이지 않는 위기》(펜실베이니아주 웨스트 콘소호켄West Conshohocken, PA: 템플턴프레스Templeton Press, 2016).

었다. 나는 자신의 이야기에서 주인공이 될 만한 능력이 있음을 믿으라고 여성을 격려했다. 그리고 이제 나는 다시 남성을 위한 치어리더가 되어야 한다는 의무감을 느낀다. 그들이 최신 역할연기 게임의 들러리가 아니라 자기 운명의 주인이자 자신이 주인공으로 등장하는 이야기의 작가가 되라고 도전을 제시하는 치어리더 말이다.

가치만 있다면 어떤 꿈을 꾸는지는 그리 중요하지 않다. 경력에서 이루고 싶은 꿈은 근사하다. 여러분의 가족, 양육, 자녀들을 위한 꿈도 마찬가지이다. 무언가를 발명하거나, 창업하거나, 예술 활동에 참여하고 싶을 수 있다. 어쩌면 자선사업이 여러분을 스타덤이나 자원봉사로 이끄는 길일지 모른다. 한 친구는 은퇴한 후에 호스피스로 자원봉사를 하겠다는 간절한 꿈을 간직하고 있다. 그는 사람들이 살아온 이야기를 말년에 글로 써서 사랑하는 사람에게 유산으로 남기고 그들만의 독특한 무대에서 우아한 모습으로 퇴장하도록 돕고 싶어 한다.

우리 꿈은 변할 수 있다. 십중팔구 변할 것이다. 지혜와 경험이 쌓이고 어쩔 수 없이 나이가 들면 어린 시절과는 다른 가치관이 생긴다. 하지만 성취를 향한 욕구, 새로운 지평의 미스터리에 대한 욕구, 중대한 문제를 배우고 해결하며 크든 작든 상관없이 지역이나 세계의 향상에 이바지할 기회를 찾는 욕구는 결코 우리를 떠나지 않을 것이다. 우리는 열정을 불러일으키는 한 프로젝트에서 다른 프로젝트로 옮겨가며 우리 자신을 거듭 파괴할지 모른다. 어떤 꿈을 버리거나 성취하고 그래서 다른 꿈이 이 꿈을 대신한다. 여러분의 꿈이 무엇이든 간에 나는 여러분에게 수술 다발이나 조이스틱을 내던지고 경기에 뛰어들라는 도전을 제기한다.

여러분이 그것을 다시 집어 들기 전까지 말이다. 왜냐하면 진정으로 고백하건대 내 첫 꿈이 십중팔구 내 마지막 꿈이 될 것이기 때문이다. 나는 뼛속까지 치어리더이다.

✍️ 자기성찰 질문

1. 어떻게 개인생활에서 다른 사람을 위한 치어리더가 되는가? 직장에서는 어떤가?

2. '수술 다발을 내던지고 경기에 뛰어들어라'처럼 현재 삶에 적용하는 어린 시절의 좌우명이 있는가? 그 좌우명이 여전히 효과적인가? 아니면 이미 수정했는가?

3. 직장에서 여성과 남성이 직면한 도전이 같다고 생각하는가? 아니면 다르다고 생각하는가? 그렇게 생각하는 이유는 무엇인가?

제32장

실버라이닝

애쉬슈 아드바니

애쉬슈 아드바니는 젊은이들에게 창업가정신과 금융지식을 교육하고 직업교육을 제공하는 세계적인 NGO 주니어 어치브먼트JA 월드와이드의 CEO이다. 115개국에 사무실을 두고 있는 JA 네트워크는 연간 학생 1000만 명에게 서비스를 제공하며 세계에서 가장 영향력이 큰 NGO로 손꼽힌다. 성공한 기업가인 아드바니는 코베스터(Covestor, 인터랙티브 브로커스Interactive Brokers가 인수한 금융시장)의 CEO, 서클렌딩[CircleLending, 리처드 브랜슨의 버진 그룹에서 인수한 소셜 렌딩(돈을 빌리려는 사람과 투자하려는 사람들이 금융기관을 거치지 않고 하는 금융 직거래 – 옮긴이) 회사]의 설립자 겸 CEO이다. 그는 규제기관과 신용조회기관과 협력해 피어투피어 렌딩(자금이 필요한 쪽과 자금을 보유한 쪽을 연결하는 새로운 금융산업 – 옮긴이)과 크라우드펀딩을 위한 지침을 개발함으로써 소셜 금융 산업을 개척하는 데 이바지했다. 아드바니의 경험은 하버드 경영대학원과 뱁슨칼리지의 사례연구에 기록되었다. 그는 시민사회자문위원회Civil Society Advisory Council와 교육, 성별, 업무의 미래를 위한 세계의제위원회Global Agenda Council for the Future of Education, Gender, and Work의 회원으로서 세계경제포럼에 활발하게 참여한다. 와튼스쿨과 옥스퍼드대학교Oxford University의 졸업생이며 옥스퍼드대학교에서는 커먼웰스 장학생Commonwealth Scholar이었다.

■　■　■

내가 어렸을 때 어머니가 들려주었던 힌두교 신화가 있다. 두 형제가 등장하는 짧은 이야기였다. 형제는 같은 스승에게서 사사했고 능력이 엇비슷했다. 어느 날 그들에게 밖으로 나가 새로운 기술을 가르칠 수 있는 사람을 찾으라는 과제가 주어졌다. 형이 돌아와 스승에게 이렇게 말했다. "제가 만난 모든 사람이 제게는 없는 기술을 가지고 있으니 누구에게나 배울 수 있습니다." 동생은 돌아와서 스승에게 반대의 결론을 내놓았다. "저는 모든 사람에게는 없는 특정한 기술들을 가지고 있으니 아무에게도 배울 수 없습니다."

창밖을 바라볼 때 나는 내가 배울 수 있는 사람들이 가득한 세상을 본다. 기회로 가득한 세상을 본다. 젊은이들이 새로운 것을 배움으로써 자신감을 키우려고 노력하는 세상을 본다. 이곳에서는 다른 사람들과 상호작용함으로써 대부분의 학습이 이루어진다. 창밖을 바라볼 때 나는 마음이 급해지고 배울 것과 할 일이 매우 많다고 생각한다.

이런 식으로 세상을 본다고 해서 내가 디너파티에서 인기인이 되지는 않는다. 나는 지나치게 낙천적이며 가십을 주고받는 데 그리 소질이 없다. 이런 식으로 세상을 본다고 해서 내가 훌륭한 프로젝트 매니저가 되지는 않는다. 나는 대개 마감시한을 놓치는 직원들이 그럴만한 이유가 있다고 생각하며 섣불리 판단하기보다는 그들의 욕구를 이해하려고 노력한다. 이런 식으로 세상을 본다고 해서 내가 최고의 남편이 되지는 않는다. 대학 신입생 때부터 만난 아내는 그녀의 일진이 좋지 않은 날이면 내 환한 모습을 높이 평가하지 않을뿐더러 실버라이닝(silver lining, 원래 구름의 흰 가장자리라는 뜻으로 밝은 희망의 은유로 쓰인다－옮긴이)을 찾기보다는 함께 슬퍼할 사람을 원한다. (나는 이를테면 이렇게 말한 적이 있다. "오전 7시 회의는 열지 못했지만 적어도 일과를 계획하면서 혼자 아침을 먹을 기회가 생겼잖아.")

창밖을 바라볼 때 나는 낙천주의, 감사, 학구열이 포함된 별자리를 본다. 이 별자리는 큰곰자리와 연결되어 있다.

무슨 이야기인지 설명해보겠다.

낙천주의는 타고나는 것이 아니다. 세월이 흐르면서 습득하는 것이다. 감사(가진 것에 고마워하는 것)는 낙천주의를 낳는다. 우리 가족은 고마움을 느끼는 세 가지 일을 규칙적으로 서로에게 말로 표현하는 습관을 길렀다. 아내가 매일 아침 자동차로 아이들을 학교에 데려다주는 동안 아이들과 함께 이 연습을 시작했다. 좋은 시험성적, 경기에서 기록한 점수, 가장 좋아하는 디저트가 나오는 저녁 식사 등 한 가지나 두 가지는 쉽게 찾을 수 있다. 그런데 마지막 한 가지를 찾는 일은 더 어려워지게 마련이라 마음을 조금 바꾸어 중립적이거나 자칫 부정적일 수 있는 경험을 긍정적인 경험이라고 생각한다. 이를테면 통학버스를 놓쳤지만 그래도 차를 얻어 타고 등교한 일이나, 사랑하는 사람에게 건강 문제가 생겼지만 그를 돌볼 수 있다는 사실에 감사한다. 그러면 우리의 마음은 모든 일에서 긍정적인 면을 찾는 습관을 기르기 시작한다.

내가 이런 식으로 세상을 보는 이유를 완벽하게 이해하는 것은 아니다. 한번은 내 친구들이 이유를 찾아보려고 시도했다. 나는 친구 여덟 명과 함께 젊은 기업대표 단체Young Presidents' Organization, YPO의 부분모임으로 토론회를 만들어 매달 모임을 연다. 토론회에서 수련회를 갔을 때 우리는 전문 사회자를 고용했다. 그는 우리에게 서로의 깊은 면을 파고들어 이해하라는 과제를 주었다. 내 차례가 되었을 때 친구들은 내 지독한 낙천주의와 '모든 사람에게 배우는' 세계관에 대해 탐구하며 내 행동특성을 설명할 수 있는 '내면의 악마'를 찾아내려고 시도했다. 내가 인도 출신 이주민이라서 새롭게 선택한 조국인 캐나다에 적응하려고 열심히 노력했다는 것이 그들의 결론이었다. 나는 성장하면서 영화를 보고 주인공들을 따라 하려고 애썼다. 특히 십 대 시절에 나는 스펀지 같았다. 새로운 환경에 적응하려고 내가 할 수 있는 한 모든 사람과 대상에서 배웠다. 그 결과 나는 틀림없이 무심코 불행을 피하려는 대응기제로서 모든 부정적인 경험을 긍정적인 경험으로 바꾸었을 것이다. 이 때문에 어린 나이에 습관이 생겼고 이 습관은 평생 깊이 새겨졌다. 이런 심리분석이 정확한지는 알 수 없다. 이를테면 비슷한 이주 경험이 있는 다른 사람들이 얻은 결과와 행동이 왜 나와 다른 것인지 모른다. 하지만 낙천주의, 감사, 학구열이 내 성격에 복잡하게 얽혀 있다는 사실은 분명해 보인다.

나는 현재 비영리 단체 '주니어 어치브먼트 월드와이드'에서 리더로 일하며 내가 어린 시절 개발했던 것과 비슷한 '할 수 있다'는 태도를 가르치고 있다. 1919년에 설립된 이 조직은 수년 동안 크게 성장해 (가봉과 스웨덴처럼 다양한) 115개국 이상에 확산되었고 매년 1000만 명이 넘는 젊은이에게 프로그램을 제공한다. 우리는 JA가 미래의 직업에 대비해 젊은이들을 활성화시킨다고 말하곤 한다. 확신하건대 이 조직이 성장한 한 가지 요인은 오늘날 젊은이들에게 충만한 기업가정신과 자신감을 향한 갈망과 열망이다. 내가 출장을 많이 다니며 발견한 바로는 적절한 방식(게임, 현장학습, 사업 스타트업 프로젝트, 직장에서 관리자나 리더를 모방할 기회 등)으로 제시하면 모든 젊은이가 배우기를 매우 좋아한다. 젊은이들은 긍정적인 피드백을 간절히 원할 뿐만 아니라 누군가 방법만 알려주면 자신감을 키우고 싶어 한다.

자기효능감은 증폭기이다. 다시 말해 다른 모든 기술을 배우고 익힐 수 있도록 만드는 기술이다. 어떤 사람은 자기효능감을 자기 믿음 혹은 자신감이라고 표현하지만 의미는 매우 비슷하다. 스탠퍼드 심리학자 앨버트 반두라Albert Bandura[1]는 다음과 같은 네 가지 방법으로 자기효능감을 높일 수 있다고 말한다.

1. 직접 경험하여 기술을 익힌다.
2. 자기효능감이 있는 다른 사람들이 성공하는 모습을 지켜본다.

---

1 앨버트 반두라, 《자기효능감 이론 Self-Efficacy: The Exercise of Self-Control》 (뉴욕: 워스출판사 Worth Publishers, 1997).

3. 다른 사람들이 자신의 성공능력을 믿는다는 말을 듣는다.

4. 부정적인 생각을 긍정적인 생각으로 바꾼다.

이 가운데 첫째(기술 익히기)는 학습 자기효능감과 매우 밀접한 상관관계가 있다. 성공은 성공을 낳으니 일리가 있는 말이다. 학생들이 목표를 세우고, 성취하고자 노력하고, 난관에 부딪쳐도 포기하지 않고 마침내 성취하기를 실천하면 그런 과정이 미래에 효과가 있을 것임을 배울 것이다. 다음번에 어떤 기술을 배워야 한다면 그들은 배울 수 있다고 믿을 것이다.

나는 특히 JA 컴퍼니 프로그램에서 이런 사례를 매일 목격한다. 중·고등학생들이 소매를 걷어붙이고 사업계획과 회사 임원, 제조하거나 조립해야 할 제품, 외주를 맡길 공급업체, 공과금, 가망고객 등이 있는 실질적인 회사를 세운다. JA 컴퍼니 프로그램에서 학생들은 대개 처음으로 CEO, CFO, CMO 등의 여러 가지 직책을 체험한다. 스티브 잡스 같은 유명한 기업에 대한 글을 읽는 대신 실제 동료와 함께 실제 제품을 창조하고 실제 수입을 얻는다. 실행하고 경험하면 책으로는 완벽하게 소화할 수 없는 방식으로 가능성을 맛볼 수 있다. 그리고 모든 성공(개인의 성공과 팀이 공유하는 성공)은 미래의 성공을 기대할 수 있는 장을 마련한다.

학생들은 또한 다른 사람들이 성공을 거두는 모습을 지켜보면서 자기효능감을 배우지만 이 상관관계는 직접 경험해 습득한 기술에 비해 약간 떨어진다. 그렇다 해도 또래 집단이든 성인이든 상관없이 다른 사람을 지켜보면서 그들이 성공할 수 있다고 믿는(실제로 성공한다) 학생들은 자신도 미래에 성공을 거둘 수 있다고 믿을 확률이 더 높다.

마셜 골드스미스를 만나기 전까지 나는 자기효능감을 향상시키는 일상적인 습관의 힘을 완벽하게 이해하지 못했다. 마셜 골드스미스의 책 《트리거》[2]는 행동 변화에 책임을 지고 여러분을 방해하는 환경적 유인과 심리적 유인을 인식하는 데 도움을 주는 지침서이다. 골드스미스는 매일 '적극적으로 질문'하는 습관을 길러서 결과가 아닌 노력을 평가하는 방법을 추천한다. 예컨대 친구와 관계가 원만하지 못하다면 친구나 사회적 환경 혹은 불운을 탓하지 마라. 대신 매일(매일!) 이 문제에 대처하려고 개인적으로 무엇을 했는지 자문하라. 자기효능감은 개인의 책임에서 비롯된다.

창밖을 바라볼 때 나는 내가 배울 수 있는 사람들이 가득한 세상을 본다. 기회로 가득한 세상을 본다. 젊은이들이 새로운 것을 배움으로써 자신감을 키우려고 노력하는 세상을 본다. 이곳에서는 다른 사람들과 상호작용함으로써 대부분의 학습이 이루어진다. 창밖을 바라볼 때 나는 마음이 급해지고 배울 것과 할 일이 매우 많다고 생각한다.

---

2 마셜 골드스미스, 《트리거: 행동의 방아쇠를 당기는 힘 Triggers: Creating Behavior That Lasts-Becoming the Person You Want to Be》 (뉴욕 : 크라운비즈니스/랜덤하우스, 2015).

1. 여러분의 세계관과 주변 사람들의 세계관은 어떻게 다른가? 이것이 여러분의 관계에 어떤 영향을 미치는가?

2. 자신의 삶에서 낙천적인 태도가 얼마나 중요하다고 생각하는가? 일에서는 얼마나 중요한가? 낙천적인 태도를 가지고 있는가?

3. 삶의 어떤 요소가 자기효능감에 도움이 되는가(혹은 자기효능감을 떨어뜨리는가)? 자기효능감이 낮을 때 어떤 전략으로 이를 높일 수 있을까?

제 33 장

직장에서 행복한가
그리고 그것이 왜 중요한가

애니 맥키

애니 맥키 박사는 펜실베이니아 교육대학원University of Pennsylvania Graduate School of Education의 선임연구원이자 베스트셀러 작가, 연사, 세계 일류 리더의 자문이다. 그녀의 최신작 《직장에서 행복해지는 법: 목적과 희망, 우정의 힘 How to Be Happy at Work: The Power of Purpose, Hope, and Friendship》(하버드비즈니스리뷰 출판HBR, 2017)은 대니얼 골먼Daniel Goleman과 리처드 보이애치스Richard Boyatzis와 함께 쓴 《감성의 리더십 Primal Leadership》과 《공감하는 리더 되기 Becoming a Resonant Leader》 등 몇몇 HBR 베스트셀러의 뒤를 따른다. 〈포천〉/FTSE 선정 500대 기업과 공공기관의 경영코치인 그녀는 개인 중심의 접근방식을 활용해 리더들이 정서지능을 개발하고 전략적 사고능력을 제고하며 감성 문화를 조성하도록 돕는다.

··· ·

　직장에서 행복한가? 만일 그렇다면 여러분은 행운아이다. 동료들과 신뢰를 바탕으로 따뜻한 관계를 맺고 있다. 여러분이 하는 일이 중요하며 여러분의 일상적인 행동은 여러분 가치관의 표현이라고 느낀다. 여러분의 미래는 찬란하고 일은 여러분의 꿈으로 향하는 길이다. 직장에서 권태와 비참함을 느끼는 숱한 사람의 삶에 비해 여러분의 삶은 더욱 풍요롭고 충만하며 의미가 있다. 어쨌든 우리는 삶의 3분의 1을 일하면서 보내며 더 장시간 일하는 사람도 많다. 만일 여러분이 좋아한다고 확실히 말할 수 없고 여러분을 좋아하지 않을 수 있는 사람들과 스트레스 속에서 상호작용하며 이 시간을 보낸다면, 혹은 자신이 변화를 일으키지 못하고 있거나 미래가 암담하다고 느낀다면 모든 사람이 삶에서 갈망하는 진정하고 영속적인 즐거움을 느낄 가능성은 희박하다.

　상식적으로 삶의 다른 영역에 못지않게 직장에서 느끼는 행복이 중요하다. 현재 이를 입증하는 연구 결과가 존재한다. 행복한 사람이 일을 더 잘한다. 일에서 성취감을 느끼는 사람이 더 창의적이고 헌신적이며 활동적이다. 적응력이 더 뛰어나고 학습 속도가 더 빠르며 성공 가능성도 더 높다.[1]

행복이 중요하다

통념과 연구 결과가 똑같은 결론을 내리고 있지만 나는 직장에서 행복하지 않은 사람이 많다는 사실이 몹시 안타깝다. 갤럽의 통계는 행복(성공)의 구성요소라 할 수 없는 권태와 이탈이라는 음울한 그림을 보여준다.[2]

내가 전 세계 사람들을 접할 때마다 듣는 이야기가 있다. "나는 내 일을 사랑하고 싶습니다. 직장에서 행복해지고 싶어요. 하지만 그렇지 못하니까 고민입니다." 그들이 이어서 덧붙이는 말에서 행복하지 못한 사람이 많은 첫째 이유가 등장한다. "그런데 그게 중요합니까? 일은 원래 힘든 거잖아요? 제게 행복할 자격 따위가 있나요?"

이제 이런 잘못된 생각을 버릴 때가 왔다. 행복은 인간의 권리이다. 어디에서 무슨 일을 하든 상관없이 모든 사람이 가질 수 있고 누려야 마땅한 권리이다. 행복은 삶의 질과 건강, 관계에 영향을 미친다. 직장에서 거두는 성공에도 영향을 미친다.

우리가 직장에서 소속감과 만족감, 성취감을 느끼지 못한다면 좋은 성과를 거둘 리 만무하다. 이런 상태에 밀려드는 파괴적인 감정, 즉 두려움과 좌절, 분노 같은 감정이 이성적 사고를 가로막고 혁신을 파괴한

---

1 정서와 행복, 효과성 사이의 관계에 대한 연구와 견해는 다음을 참고하라. 애니 맥키 《직장에서 행복해지는 법: 목적과 희망, 우정의 힘 How to Be Happy at Work: The Power of Purpose, Hope and Friendships》(보스턴: 하버드 경영대학원 출판, 2017), 숀 어쿼Shawn Achor, 《행복을 선택한 사람들 Before Happiness》(뉴욕: 크라운비즈니스, 2013), 조지 E. 베일런트George E. Vaillant, 《행복의 비밀 Triumphs of Experience: The Men of The Harvard Grant Study》(매사추세츠주, 케임브리지: 런던: 하버드대학 출판의 벨크냅프레스Belknap Press, 2012), 바버라 L. 프레더릭슨, 《긍정성: 일류 연구에서 인생을 바꿀 상승곡선이 드러나다 Positivity: Top-Notch Research Reveals the Upward Spiral That Will Change Your Life》(뉴욕: 스리리버스프레스Three Rivers Press, 2009).

2 애나마리 만Annamarie Mann과 짐 하터Jim Harter, "세계적인 직원 참여 위기 The Worldwide Employee Engagement Crisis", 갤럽, 2016년 1월 7일, www.gallup.com/ businessjournal/ 188033/worldwide-employee-engagement-crisis.aspx.

다. 그뿐 아니라 건강과 인간관계를 해친다. 개인은 물론이고 회사 역시 좋은 성과를 거두지 못한다.[3]

실제로 직원들이 행복하게 참여하는 기업은 경쟁업체에 비해 20퍼센트가량 우수한 성과를 거둔다.[4]

직장에서 행복해지는 방법

내 생애에 직장에서 정말 행복하지 않았던 때가 두 번 있었다. 좀 더 최근에 겪은 상황에서는 두 가지 문제로 말미암아 나는 비참한 상태에 빠졌다. 첫째 문제는 너무 오랫동안 과로한 나머지 소진(burnout, 과도한 업무나 학업에 지쳐 자기혐오감, 무기력증, 불만, 비판, 무관심 등이 극도로 커진 상태를 이르는 심리학 용어 ─ 옮긴이)에 이르렀다는 사실이었다.[5]

첫째와 무관하지 않은 둘째 문제는 내가 내린 결정으로 말미암아

---

3 정서가 인지와 능력, 건강에 미치는 영향에 관한 정보는 다음을 참고하라. 달라이 라마와 데스몬드 투투Desmond Tutu 대주교, 더글러스 에이브럼햄Douglas Abrams, 《기쁨의 책: 변화하는 세상의 지속적인 행복 The Book of Joy: Lasting Happiness in a Changing World》 (뉴욕: 에이버리Avery, 2016), 제인 E. 더턴Jane E. Dutton과 그레첸 M. 스프라이처Gretchen d M. Spreitzer, 《긍정적인 리더가 되는 법: 작은 행동, 큰 영향 How to be a Positive Leader: Small Actions, Big Impact》 (샌프란시스코: 베렛-코엘러출판사, 2014), 리처드 J. 데이비드슨Richard J. Davidson과 샤론 베글리Sharon Begley, 《너무 다른 사람들 The Emotional Life of Your Brain: How to Change the Way You Think, Feel and Live》 (런던: 호더Hodder, 2012), 애니 맥키와 리처드 보이애치스, 프랜시스 존스턴Frances Johnston, 《공감하는 리더 되기: 정서지능을 개발하고 관계를 회복하며 효과성을 유지하라 Becoming a Resonant Leader: Develop Your Emotional Intelligence, Renew Your Relationships, Sustain Your Effectiveness》 (보스턴: 하버드비즈니스프레스, 2008).

4 데이비드 시로타David Sirota와 더글러스 클라인Douglas Klein, 《열성적인 직원: 기업이 직원에게 원하는 것을 제공함으로써 수익을 거둔다 The Enthusiastic Employee: How Companies Profit by Giving Workers What They Want》 (인디애나주, 인디애나폴리스Indianapolis, IN: 피어슨FT프레스 Pearson FT Press, 2013).

내 개인적인 가치관에 반하는 일이 직장에서 일어나도록 방치했다는 사실이었다.

내가 발견한 바로는 스트레스는 행복의 적이다. 매 순간 걱정이 끊이지 않고 어떤 인간도 감당할 수 없을 만큼 업무량이 많을 때 삶을 즐길 방법은 사실상 존재하지 않는다. 안타깝게도 이런 생활이 길어지다 보니 스트레스가 소진을 초래하고 소진으로 말미암아 판단력이 흐려지고 돌파구가 없다고 느끼는 사람이 나뿐만이 아니다.

나는 이런 일이 어떻게 일어났는지 알고 있다. 그리고 나 혼자만 겪는 일이 아니라는 점도 알고 있다. 우리는 쉼 없이 일할 수 있는 연중무휴 세상에 살고 있다. 어떤 회사에서는 하루 종일, 주말, 휴가 중에도 직원들이 일할 수 있다고 기대한다. 그렇다면 어떻게 이 길에서 벗어나 건강하게 살 수 있을까?

행복 되찾기, 1단계: 정서지능

소진 상태를 피하는(혹은 소진 상태에서 빠져나오는) 출발점은 기본적인 정서지능emotional intelligence, EI 능력으로 나타나는 자기 인식이다.[6] 내 경우

---

5 세라 그린 카마이클Sarah Green Carmichael, "연구는 명확하다: 장시간 근무는 직원과 기업에 역효과를 일으킨다 The Research Is Clear: Long Hours Backfire for People and for Companies", 〈하버드 비즈니스리뷰〉, 2015년 8월 19일, https://hbr.org/2015/08/the-research-is-clear-long-hours-backfi re-forpeople-and-for-companies.

6 리처드 보이애치스와 애니 맥키, 《감성의 리더십 Primal Leadership: Realizing the Power of Emotional Intelligence》 (보스턴: 하버드 경영대학원 출판, 2002), 리처드 보이애치스와 애니 맥키, 《공감 리더십 Resonant Leadership: Renewing Yourself and Connecting with Others Through Mindfulness, Hope and Compassion》 (보스턴: 하버드 경영대학원 출판, 2005).

에는 내가 자신에 관해 알고 있는 것(직장에서 정서와 신체, 지적 능력 면에서 내게 필요한 것)을 활용하기까지 어느 정도 시간과 노력이 필요했다. 내가 협력했던 다른 리더들이 그랬듯이 나는 몇 년 동안 열심히 일하는 과정에 내게 일어난 일을 찬찬히 꼼꼼하게 살펴야 했다. 이는 녹록지 않을뿐더러 솔직히 용기가 필요한 일이었다. 그런 다음 나와 동료, 그리고 나와 협력하는 다른 사람들에게 영향을 미치는 요소에 대해 어려운 결정을 내려야 했다. 뒤로 물러나야 했다. 이 과정에도 역시 노력과 자기관리, 또 다른 정서지능 능력이 필요했다. 우리가 창조했고 다른 사람들이 익숙해진 패턴을 바꾸기란 쉽지 않았다. 스트레스가 내 행복은 말할 것도 없이 내 삶과 일에 미치는 부정적인 영향을 더 정확히 인식함에 따라 나는 주도적으로 움직여 상황을 개선할 준비가 되었다.

행복 되찾기, 2단계 : 가치관을 직장에 적용하라

우선 나는 소진의 몇 가지 여파를 살펴야 했다. 무엇보다 일하는 과정에 내 개인적인 가치관에 반하는 몇몇 결정에 동의했다는 사실을 돌아보았다. 이는 보기만큼 쉽거나 간단한 일이 아니었다. 우리가 진행하던 컨설팅 프로젝트에 위법 행위는 없었으며 어떤 사람은 윤리에 어긋나는 일도 없었다고 말했다. 하지만 내가 보기에 회사가 하는 일은 옳지 않았다. 나는 오랫동안 다음과 같이 혼잣말을 하면서 우리의 집단행동을 합리화했다. '적어도 우리는 사람들을 돕고 있어.' '사이드라인에서 돌을 던질 순 없지. 뛰어들어서 사태를 바로잡으려고 노력해봐.' 이런 합리화가 처음에는 현명하고 합리적인 것처럼 보였다. 하지만 시간이 지나면서 나는 우리 회사의 활동이 진정으로 사람들을 돕거나 상황을 개선하고 있지 않다는 점을 깨달았다. 오히려 눈속임에 지나지 않았다. 고객들은 실제로 긍정적인 변화를 원하지 않는 게 분명한데도 우리는 그러기를 원하는 것처럼 보이게 만들었다.

이런 상황에서 나는 자신의 핵심 가치를 포기하거나 자신의 신념을 저버리면 행복할 수 없다는 사실을 배웠다. 이 무렵 우리 회사는 전 세계 수많은 조직의 리더십과 문화 등을 연구하고 있었다. 이 수많은 연구 결과를 살펴보면서 나는 행복을 되찾으려고 필요한 것을 찾는 사람이 나뿐만이 아니라는 사실을 다시금 발견했다. 우리는 누구나 자신의 노력이 긍정적인 변화를 일으키고 있으며 직장에서 자신의 가치관을 실천하고 있다는 사실을 확인하고 싶어 한다.

나는 우리에게 자사의 문화를 개선해 달라고 도움을 청했던 기업에 대한 연구 결과를 찬찬히 읽으면서 무엇이 직장에서 우리를 행복하게 만드는지를 훨씬 더 많이 배웠다. 새롭게 깨달은 이 지혜가 오래전에 근무했던 다른 직장에서 무엇이 잘못되어 내가 불행했는지를 이해하는 데 도움이 되었다.

행복 되찾기, 3단계 : 관계를 개선하라

오래전에 나를 좋아하지 않는 사람 밑에서 일한 적이 있었다. 처음에는 그 사람이 나를 좋아하지 않는다는 사실을 깨닫지 못했다. 어쨌든 그가 나를 고용했으니 틀림없이 나와 내 조건에서 다른 장점을 보았을 것이다. 하지만 몇 달이 지나지 않아 그가 나에 대한 존중이나 신뢰 혹은 배려가 없다는 사실을 확실히 깨달았다.

나는 상황을 개선하려고 온갖 방법을 시도했다. 더 열심히 일하고 되도록 유쾌하게 행동하려고 애썼으며 그가 직장에서 겪는 문제의 해결책을 찾았다. 하지만 상황은 악화될 뿐이었다. 돌아보면 그가 내게 위협을 느꼈거나 팀의 일원으로 일하는 것을 그리 좋아하지 않았을지 모른다. 어쨌든 그가 왜 나를 그런 식으로 대했는지는 중요하지 않았다. 중요한 것은 내가 너무 좌절하고 두려워진 나머지 내 장점을 잃기 시작했다는 사실이었다. 나는 더는 내 실력을 완벽하게 발휘하지 못했다. 에너지와 창의력을 잃었다. 그리고 결국 병이 났다.

인간관계가 나쁠 때 행복은 불가능하다. 안타깝게도 우리 조직에는 내 옛 상사 같은 사람들이 너무나 많지만 처벌도 받지 않는다. 그래도 인간관계가 개인과 집단의 성공에 영향을 미친다는 사실을 확실히 보여주는 학문 연구와 실용 연구가 점점 늘고 있으니 희망이 보인다.[7]

우리는 일과 삶에서 사랑(동료애)이 필요하다.[8]

---

7 대니얼 골먼과 리처드 보이애치스, 애니 맥키, 《감성의 리더십》 (보스턴: 하버드 경영대학원 출판, 2002), V.S. 라마찬드란V.S. Ramachandran, 《착각하는 뇌 The Tell-Tale Brain: A Neuroscientist's Quest for What Makes Us Human》 (뉴욕: W.W. 노턴앤드컴퍼니W.W. Norton and Company, 2011.

8 시걸 G. 바세이드Sigal G. Barsade와 올리비아 A. 오닐Olivia A. O'Neill, "사랑이 무슨 상관인가? 장기적인 배려 환경에서의 동료애 문화와 직원, 고객 결과에 대한 장기연구 What's Love Got to Do with It? A Longitudinal Study of the Culture of Companionate Love and Employee and Client Outcomes in the Longterm Care Setting", 〈행정과학 쿼털리 Administrative Science Quarterly〉 59호, 4권(2014): 551~598페이지.

우리는 사랑받는다고 느끼는 동시에 다른 사람들에게 우리의 배려와 관심을 공유하고 그들을 돕고 지지해야 한다. 소속감을 느껴야 한다 (사람들이 우리를 있는 그대로 좋아하고 존중한다고 느껴야 한다).

우리는 직장에서 친구가 필요하다. 아울러 직장의 인간관계가 우리의 꿈, 미래에 대한 개인적인 소망을 키운다는 사실을 깨달을 수 있어야 한다.

행복 되찾기, 4단계: 꿈을 위해 노력하라

직장에서 진정으로 행복하려면 일을 현재와 미래의 필수적인 부분이라고 생각해야 한다. 직장에서 우리가 하는 일이 경력 사다리의 다음 가로대가 아니라 우리의 목표에 이르도록 돕는다고 느껴야 한다.

예전의 두 직장에서 행복하지 않았을 때는 대체 내가 어디로 가고 있는지 깨닫기가 어려웠다. 가장 우울하던 시기에 나는 사방이 막힌 것 같다고 느꼈고 당장의 비참한 상황밖에 보이지 않았다. 하지만 나는 희망을 잃으면 죽는 것이나 다름없다는 사실을 깨달았다. 그래서 상황이 암담할 때에도 삶과 직장, 인간관계에서 내가 원하는 것에 초점을 맞추려고 노력했다. 희망의 끈을 놓지 않고 미래를 낙천적으로 생각하며 계획을 세우려고 노력했다. 그때 내가 이겨내고 다시 행복하게 일할 수 있었던 원동력은 이 비전과 계획을 실천한 일이었다.

1. 우리는 우리의 일이 의미가 있으며 우리가 숭고하게 여기는 목적과 연결되어 있다고 느껴야 한다. 일을 밥벌이가 아니라 소명처럼 느껴야 한다. 우리가 무슨 일을 하든 상관없이 일을 소명으로 경험할 수 있다는 연구 결과가 있다. 어떻게 자신의 경험을 해석하고 일상 활동을 수행하며 사람들과 관계를 맺는지가 중요하다.[9]

그래서 병원 복도를 청소하고 있다면 환자들의 건강을 유지한다고 생각한다. 보험회사에서 데이터를 입력하고 있다면 사람들이 급여를 받고 생활하도록 돕는다고 생각한다. 운이 좋아서 사람들을 관리하고 있다면 그들이 자신의 잠재력을 발휘하도록 돕는다고 생각한다. 직업이 무엇이든 상관없이 그 안에 담긴 숭고한 목적을 발견하고, 가치관을 실천할 방법을 찾고, 사람들과 이 행성에 긍정적인 영향을 미치는 것은 우리의 몫이다.

2. 우리는 직장에서 친구가 필요하다. 우리는 근본적으로 사회적 존재이다. 우리에게는 서로가 필요하며 서로를 즐겨야 한다.[10] 신뢰가 중요하다. 사람들에게 우리의 진정한 자아와 본성을 보여주어도 괜찮을 만큼 안전하다는 느낌과 존중도 마찬가지로 중요하다. 그렇다고 직장 사람들에게 우리의 사생활을 시시콜콜 털어놓아야 한다는 의미는

---

9 D. 로소D. Rosso와 K.H. 데커스K.H. Dekas, 에이미 프제스니에프스키Amy Wrzesniewski, "일의 의미에 대해: 이론적 통합과 검토 On the Meaning of Work: A Theoretical Integration and Review", 〈조직행동연구 Research in Organizational Behavior〉 31호(2010): 91~127페이지.

10 대니얼 골먼, 《SQ 사회지능: 성공 마인드의 혁명적 전환 Social Intelligence: The New Science of Human Relations》 (뉴욕: 밴텀북스Bantam Books, 2006).

아니다. 우리가 사랑하고 사랑받아야 한다는 의미이다. 오늘날 우리의 조직은 우리의 부족이다. 따라서 우리는 소속감을 느껴야 한다.

3. 우리는 희망이 필요하다. 일이 포함된 개인적이고 매력적인 미래의 비전이 필요하다. 가고 싶은 곳과 하고 싶은 일, 살고 싶은 방식에 대한 희망적이고 감동적인 비전은 현재의 시련에 대처할 에너지를 주고 초점을 잡아주며 좋을 때나 궂을 때나 경로에서 벗어나지 않도록 돕는다.[11]

직장에서 행복해지는 것이 항상 쉽지만은 않다. 나는 큰 대가를 치르고 이 사실을 배웠다. 하지만 목적과 우정, 희망에 초점을 맞춘다면 잠재력을 십분 발휘하고 다른 사람들과 더 큰 선에 보탬이 될 수 있을 뿐만 아니라 우리의 참모습과 목표에 어울리는 길을 찾고 그 길에 계속 머물 수 있다.

---

11 셰인 J. 로페즈Shane J. Lopez, 《희망 실현하기: 자신과 다른 사람을 위한 미래를 창조하라 Making Hope Happen: Create the Future You Want for Yourself and Others》 (뉴욕: 아트리아Atria, 2013), 리처드 E. 보이애치스와 K. 애크리부K. Akrivou, "변화주도자로서 이상적인 자아 The Ideal Self as a Driver of Change", 〈경영 개발 저널 Journal of Management Development〉 25호, 7권 (2006): 624~642페이지, A. 잭 이외, "두뇌의 시각화: 영감을 불어넣는 코칭과 멘토링의 fMRI 연구 Visioning in the Brain: An fMRI Study of Inspirational Coaching and Mentoring", 〈사회신경과학 Social Neuroscience〉 8호, 4권(2013): 369~384페이지, 애니 맥키와 리처드 보이애치스, 프랜시스 존스턴, 《공감하는 리더 되기》 (보스턴: 하버드 경영대학원 출판, 2008).

1. 직장에서 느끼는 행복이 여러분에게 얼마나 중요한가?

2. 직장에서 느끼는 행복을 어떻게 정의하는가? 어떤 요인들이 직장에서 느끼는 행복을 증가시키거나 감소시키는가?

3. 직장에서 행복하지 않은 것이 실제로 문제가 되는가? 행복하지 않아도 직장에서 계속 일할 수 있는가? 만일 그렇다면 어떤 대가를 치르는가? 어떤 혜택을 얻는가?

4. 직장에서 느끼는 행복을 증가시키는 요인에 관해 이 책에서 제시한 몇 가지 결론을 참고해 행복을 증진할 수 있는 영역이 있는가?

옮긴이 **이미숙**

계명대학교 영어영문학과를 졸업하고 동대학원 영어영문학과 석사 학위를 취득하였으며, 한국외국어대학교 통번역대학원에서 수학했다. 현재 번역 에이전시 엔터스코리아에서 출판기획 및 전문 번역가로 활동하고 있다.

주요 역서로는 《무엇이 당신을 최고로 만드는가》, 《스토리를 훔쳐라 : 성공한 리더 31인의 은밀한 설득술》, 《친절한 리더십 : 소통과 신뢰의 힘》, 《리더는 어떻게 단련되는가》, 《스마트 혁명과 오픈소스 리더십》, 《피터 드러커의 위대한 통찰》, 《목표를 앞당겨 줄 자기경영 52》, 《소심한 사람이 빨리 성공한다》, 《SUCCESS MAP》, 《드림 빅 Dream Big》 등 다수가 있다.